昭和16年10月20日、引き継ぎ時の東條英機新首相(右)と近衛文麿前首相。当初、近衛の後継には東久邇宮が推されていたが、軍部統制、外交に効果的であるという木戸幸一の意向もあり、東條が推戴された。だが、内外に主戦派として認められていた東條の大命降下は驚きをもって迎えられた。

昭和16年４月、ドイツで歓迎にこたえる松岡洋右外相(前方右)と大島浩駐独大使。松岡は、米国に対する牽制になるとして日独同盟を提言していた。

ハル米国務長官。事実上の最後通牒ともいえる、ハル・ノートを提案した。

野村吉三郎駐米大使。日米開戦の直前まで、ハル長官を相手に交渉をつづけた。

NF文庫
ノンフィクション

新装版

軍閥興亡史

3 日米開戦に至るまで

伊藤正徳

潮書房光人社

序

既にして、六兆五百五十億円の戦費が投ぜられ、十九万人が戦死し、九十五万人が傷つき或は病み（四ヵ年半に亙る支那事変の犠牲）、しかも尚お七十五万の大軍が戦場にあった昭和十六年十二月、日本は更に新たに米英を敵とする大戦争に突入したのであった。恐らくは史上最大の冒険であり、また不可解事でもあろう。

日本は何うして斯んな無謀な戦争に赴いたのか。或は、赴かざるを得なかったのか。太平洋戦争（日本名大東亜戦争）の原因を要約すれば、昭和十二年の日支事変、同十五年の日独軍事同盟、同十六年の南部仏印進駐の三つに帰するであろう。近因は、アメリカの対日石油遮断と、其後の外交失敗にあるが、それも前三者が誘導した結果と見て大過ないようである。

しかしながら、吾々はそれら諸原因のモウ一つ奥の本源を見遁がしてはならない。軍国主義（ミリタリズム）がそれであった。軍人が政治を支配したことである。軍が強いことは善い。それが政治を支配するのが悪であって、即ちミリタリズムが排除されねばならぬ所以を実證したのだ。

昭和十一年から軍人の政治容喙は漸く繁きを加えて行ったが、十五年には略ぼ支配の大勢を成し、翌十六年には名実共にミリタリズムの天下を築き上げて了った。和戦の決は軍人の手に委ねられた。この場合、暫く屈して和を求めるか、敢て一戦を賭するかの分岐点に立てば、軍は後者に赴くのが勢いである。明治二十八年の三国干渉に面しては、政治家が朝にあって臥薪嘗膽に就いたが、昭和十六年の危機に面しては、軍人が政治を支配して戦争に赴いた。

近衛文麿が齢五十歳を迎えて漸く首相の本領に醒めた時は既に遅く、軍人の猛る勢いを抑えることが出来なかった。大将東條英機が首相に推され、直接に天皇の御軫念を拝して心を改め、一転日米和局の方向に進もうとした時は既に間に合わず、その号令も遂に軍の南進を制することが出来ずに終った。

この軍閥興亡史第三巻は、それらの経緯、即ち支那事変から対米開戦に至るまでの四ヵ年半に亙る昭和軍閥の支配史を検討したものである。服部卓四郎氏の大東亜戦争全史四巻、青木得三氏の太平洋戦争前史三巻を初め、多数の著書に目を通しながら、一方、現に生きて居る多くの事件関係者に就て真相を尋ね、略ぼ正確を信じ得た後に之を産経新聞紙上に連載し、更に改訂を施して出版する次第である。前記各関係の人人に感謝すると同時に、世上他の叱正を得れば倖せである。

昭和三十三年十一月

伊藤正徳

軍閥興亡史〈第三巻〉——目次

序

軍閥興亡史

〈第三巻〉

第一章　亡国戦争の発端

1　蘆溝橋事件の真相

類似の事件は早晩避け得なかった

蘆溝橋の名は、柳条溝の名とともに、日本の歴史に永く伝えられるであろう北支那の一集落の名である。

昭和十二年七月七日の夜半、北京郊外のこの集落で、日支両軍一個中隊の小競り合いが起こった。そうしてその小さい衝突は、幾多の原因によって加重拡大され、ついに帝国日本を亡ぼす起因となってしまった。この小さい暗夜の衝突が、日本の亡国を導く大戦争にまで発展しようとは、いかなる先見者といえども予想するものはなかった。ただ、さきに柳条溝の線路一メートルの爆破事件が、満州事変にまで発展した記憶が生々しかったので、蘆溝橋の小事件も、あるいは北支に兵乱を起こすのではないかと憂慮した少数の識者はあった。しかし、それは最悪の場合、北支の一戦闘であって、それが日支の全面戦争となり、そのまま世界戦争にまで横すべりしようとは、夢にも想察することができなかった。

もとより、日支全面戦争にまで発展させないで片づけるべきはずのものであった。まして対米英戦争などは論外であるが、それが片づかなかった原因は数多くある。さらにさかのぼって、蘆溝橋事件は決して偶発事ではなく、そこには、その種の事件が発生しそうな底流が存在し、その流れを堰き止めて方向を変えないかぎり、早晩同類の不祥事が起こったであろうと想像する理由は十分にあった。

それは、日本の北支政策、支那の抗日意識、両国政治外交の貧困、軍閥の国策支配、支那共産党の暗躍等々を主たるものとする。これらが改まらないかぎり、蘆溝橋類似の事件は、いつかは発生を避け得なかったであろう。

しかしながら蘆溝橋事件そのものを、早期適切に解決し得なかったかどうかは別個の問題である。とにかくこの事件の交渉解決が不可能となり、武力による解決へと転じたことが、そのまま八ヵ年にわたる大戦争の口火となったのだから、もしもそれが無事に解決されていたら、日本は亡国戦争に突入することはなかったであろう。その意味で蘆溝橋事件はまさに運命の大事件であった。そこでまず蘆溝橋衝突の真相と、それを解決し得なかった政治家と軍部の動向とを回顧しなければならない。

北京の南西十五マイルのあたりを流れる永定河に蘆溝橋がかかっていた。その橋の袂に同名の小さい町があり、そこに平漢線の一停車場があって、そこから支線が豊台（日本軍一個大隊駐屯）に連絡されていた。その蘆溝橋集落の近所に何万坪かの不毛の荒地があって、日本の駐屯兵はこれを練兵場として使っていた。そこで夜間演習をやっている最中に、七月七日（昭和十二年）の夜半近く、どこからか小銃弾が部隊の中に撃ち込まれ、日本軍は銃声の聞こえた方角にある支那兵を反撃し、双方数名の死者を出したという事件なのである。

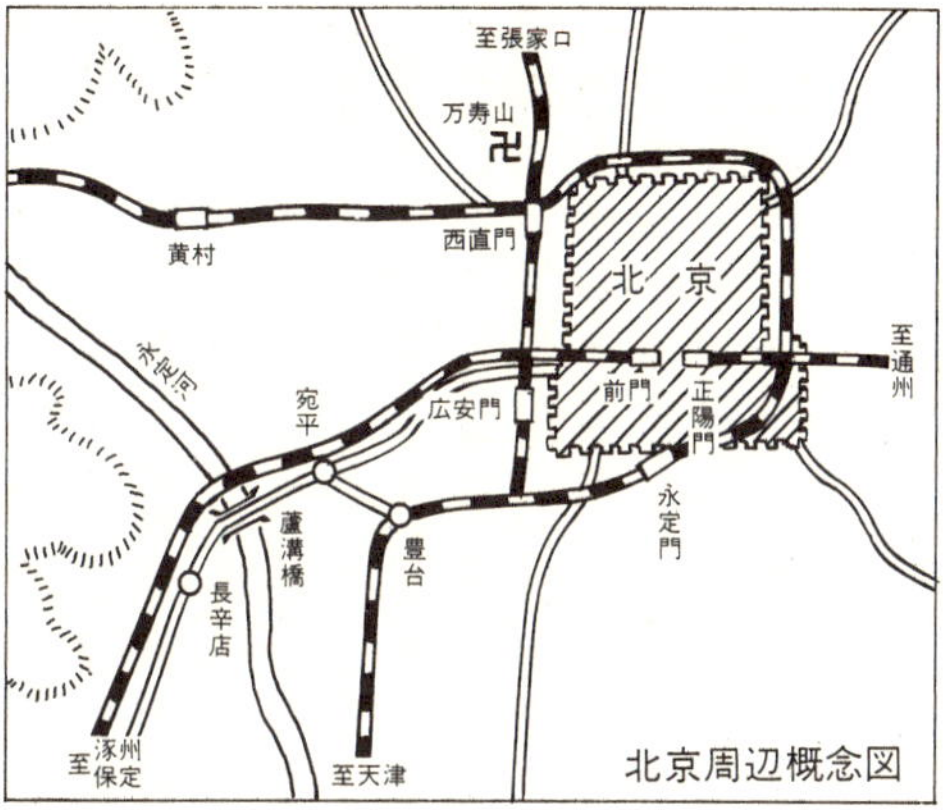

北京周辺概念図

日本軍が最初に撃たれたことは確実であるが、誰が撃ったかはついに最後まで判らなかった。練兵場の南正面は氷定河の堤防で、その上に支那保安隊の分駐所があり、日本軍はその方面から飛弾したものと認めて反撃した。すると、左方一キロの宛平県城の支那軍が、味方を救うべく発砲したので相撃ちとなり、双方に死傷者が出たという次第であるが、あるいは発砲下手人は右方にある八宝山からの謀略的射撃であったという説も有力に唱えられた。

すなわち（イ）日支間を裂こうと狙っていた共産党の仕組んだことか、（ロ）排日の急先鋒であった北京大学の学生たちが、計画的に侮辱の悪戯をやったか、または、（ハ）邦人のいわゆる満州ゴロが北支に擾乱の発生を望んで火をつけたか、いずれも極めてありそうな事柄である（満州で治安攪乱をやった連中は、満州立国の後は追放されて多数が北支に流れ込んでいた）。

いずれにしても、蘆溝橋付近で夜半に演習をやっていた事実、それが支那軍の猜疑心を挑発していた事実、一般に抗排日の空気が強く北支に流れていた事実などが、事件の背景をなしていたことは争われない。日本軍（一個大隊）の夜間演習は、毎年七月が中隊の教練検閲期にあたるので、日夜予習教練を行なっていたため、その場所が蘆溝橋畔の空地であったことも避け難いことであった。というのは、わが豊台の兵営は、昭和十一年に、豊台停車場付近の線路に沿うて、貧民長屋のように仮設されたもので、付近には練兵のできる空地は全然なく、したがって二、三キロも離れた前記の荒廃地へ出かけて教練を重ねていたのである。これを、支那側は、日本が蘆溝橋に野心ありと猜疑し、あるいは宣伝していたのであった。

豊台の兵営がなぜかくも狭隘にして喧騒なる線路側にあったかといえば、昭和十年の天津軍増強に際し、支那側が容易に適地を供与せず、かろうじて、この細長い不適地に近い場処を提供した結果である。天津軍の兵力は、明治三十三年の北京条約以来、四十年にわたって「五個中隊」であったのを、満州事変以来、関東軍との関係もあってこれを混成旅団(歩兵二個連隊、砲兵一個連隊、飛行機若干)に増強し、兵舎の増築などで北京政権と難しい交渉を重ねたのであり、「豊台」も「蘆溝橋」畔の練兵場もその増兵策の片割れとして生まれ出たものであって、多くの不自然も猜疑もまたここに胚胎した。

2　脈打つ侵略警戒の心

北支の諸部隊は日本軍を敵視す

軍が政治を掌握していなければ、北支駐屯軍の五個中隊を一挙に歩砲兵三個連隊に急増するような軍拡は不可能である。が、それはしばらく擱いて、増強の理由は、第一に、北支の情勢が満州事変以来一変して抗日的となり、五個中隊が北京、天津の鉄道沿線に小部隊に分かれて駐屯するのは何となく危険を感じられたこと、第二に、小さい紛擾にも関東軍の力を借りることは、事を荒立てる恐れがあり（関東軍は積極的に過ぎ、屢々中央の命令を無視する危険があった）、よってできるだけ天津軍の自力で解決するのを安全とした点にあった。

天津軍は格上げされ、司令官に田代皖一郎中将、参謀長に橋本群少将（後に参謀本部作戦部長）、旅団長に河辺正三少将、連隊長に牟田口廉也大佐という陣容をととのえた。歩砲兵三個連隊の混成旅団は、支那軍の六個師団を制圧し得る計算であったから、兵力安全感は一応確保された。問題は、兵営と練兵場と飛行場を建設するための土地を租借することであったが、北京政権は言を左右に托して拒否した。日本の希望した土地は長辛店、豊台、蘆溝橋等であったが、それらは北京の南玄関を扼する要害の地であるから、支那としては、たとえば東京の政府が、川崎や市川に外国軍の基地を認めることを欲しないのとおなじ心理を以て拒絶したわけだ（その外国軍は同盟国とは反対の想定敵国の兵隊である）。

ここにおいてか日本側は苦肉の策を考え、それらの地方の住民を懐柔し、利を以て誘い、相当の価格を以て土地を租借または譲渡させる工作を進めた。ところがこれを知った宛平県の長官王冷斉は、住民代表を集めて寸尺の土地といえども譲るべからずと諭し、土地譲渡反対の連判状を作って署名捺印させた。そうして、後に日本の交渉委員が、住民に土地売却の希望が強いから政府がこれを認めるよう談判したところ、支那代表秦徳純は机の中から右の連判状を出してわが参謀連を沈黙させた一幕もあった。

それは昭和十二年早春のことであった。かくて日本軍が土地を得ることは当分見込みのない状態となった。そこへ蘆溝橋事件が突発したので、彼らがたちまち感じたことは、日本が政治手段で得られずに終わった土地を、こんどは武力手段で取りに来たという邪推であった。ゆえに七月八日未明、報を聞いた秦徳純は、宛平の部隊長吉星文に対し、宛平県城および蘆溝橋を死守し、日本軍を一兵たりとも進入せしむるなかれ、と厳命した。

その夜の行動において、日本軍が蘆溝橋を占領しようと企てた確証はどこにもない。原因は、共産党の謀略か、無頼漢の事変作為か、あるいは無統制の反日支那兵の悪戯か、いずれにしてもわが軍の直接関係したものではなかったが、支那側としては、従来の交渉の経緯から察して、日本がいよいよ武力で来たナと直感したのだ。まして政策背景は、日本が北支を勢圏下に収めようと欲しており、支那が極力それを警戒していたところであったからだ。

もちろん北京政権（冀察政務委員会）の成立には、日本は一肌も二肌も脱いでおり、軍事顧問も入れてあり、少なくとも表面は親日的の政府ではあったが、肚の中は敬遠的であり、あるいは排日的で、いわば面従腹背の標本のようなものであった。表で日本軍と談笑し、裏で南京政府と囁いていた。日本側は北京に親日政権を築き、北支五省を緩衝地帯として満州国の安定を確保しようと欲し、彼は親日の姿を作って北支を日本の侵略から防御しようと苦心していたのだ。

しかしながら、姿を売るだけで果たして北支の侵略をまぬかれ得るやいなや、という疑いが、昭和十二年初め頃からだんだんと彼らの胸に脈打って来た。日本の天津軍は一挙数倍に増強された。飛行機も現われた。そうして豊台や蘆溝橋近傍の土地を欲して已まないのは、武力を以て北京の首頸部を抑えようとするものだ。これはもはや侵略の一歩が踏み出されたことではないか。その警戒心と憤懣とが、北京政客および第二十九軍の中に燃え上がってきたことは事実であった。

第二十九軍というのは、昭和十年の梅津・何応欽協定で中央軍が北支を撤退した後に、代わって同地方の守備についた地方軍で、軍長は宋哲元であり、常備三個師半、臨時四個師の兵力を備えていた。臨時軍の中には満州を追われた張学良の部下も相当に混じっていた。また常備軍の中、第三十七師というのが、馮治安を長として最も抗日的かつ主戦的であり、宛平や龍王廟などにいたのもその部隊の分営であった。

彼らは、昭和十年十一月の綏遠事件で、日本の参謀が指揮した軍隊が支那軍に敗れた一事を以て（百霊廟の戦闘）、日本軍恐るるに足らずという過早なる判断に溺れ、それに排日抗日の感情を土台として、いちじるしく挑戦的になっていたのである。

日本軍の方はもとより支那軍隊の数なぞは問題にしていない。わが一個大隊をもって彼の一個師を制するという公算は常識になっていた。だから彼らの挑戦を小癪なりとあざけった。一方で支那軍はもはや日軍恐るるに足らずとした。この自負と感情の対立激化が、蘆溝橋の現地における睨み合いを、容易に制御し得ない方向に導き、そうして北京の交渉を妨げる一大原因となったのである。

3　最初は威圧で足ると信じた

たちまち出兵に転換した軍部

その頃（昭和十二年夏）、北支に軍事上のトラブルを起こすことは大禁物とされ、この方面には絶対に平和を保つことが軍の大方針であった。ソ連を想定敵国とする陸軍としては、当然過ぎる政策であった。満州国が独立して日本が全面的にその防御を指導するかぎり、戦略形状は、日ソが広範囲に国境を接することになった一方に、ソ連の五ヵ年計画はその軍事力をいちじるしく向上しつつあったので、日本も急遽これに備える必要に迫られていた。すなわち今は兵を他の方面に消費するときではなく、営々として貯えねばならぬ時であった。だから、消費の危険性のある北支にはとくに警戒し、その初夏、陸軍次官梅津美治郎はわざわざ満州から北支を巡察して各参謀に訓諭した。さらに、六月には、蘆溝橋あたりが物騒だという噂が入ったので、軍事課の岡本清福中佐（終戦時中将。瑞西で自決）を説得に派遣したほどであった。しかして、梅津、岡本両氏の観測では、北支も無事に行けるという結論であった。さらば、軍は全力をあげて対ソ軍備の充実に向かうことができるわけであった。

そこへ蘆溝橋の撃ち合いが突発した。が、前記の大方針を決めていた軍部はあわてなかった。陸軍省と参謀本部の首脳会議で、結論は半日で簡単に打ち出された。「事変拡大すべからず、兵力行使すべからず」という命令が、参謀総長から天津軍司令官に発せられたのは、衝突の報告を入手した八日の午後であった。また翌九日の閣議は「事件不拡大・現地解決」の方針を決定してこれを声明した。ともに当然の措置であった。

現地解決には天津軍の参謀長橋本群少将、同特務機関長松井久太郎中佐、大使館武官補佐官今井武夫中佐等があたった。参謀の多くは、和知鷹二中佐を筆頭に強硬派であったが、前記三将校は穏健派に属したので、あくまで武力不行使で早急に話をまとめようと努力した。

多少高飛車の慣行はまぬかれなかったが、日本側が提示した解決条件は、
一、第二十九軍は遺憾の意を表し、責任者を処分し、事件再発防止を声明すること
一、宛平県城および龍王廟に駐兵せず、保安隊を以て治安を維持すること
一、抗日各団体を徹底的に取り締まること
の三項であった。支那側は少しく渋ったけれども結局承認し、七月十一日夕刻、わが松井参謀と張自忠将軍（第二十九軍の最長老師団長）との間に調印ができた。

この条件は、支那側が非を認めて今後大いに注意するという謝り状のようなもので、これで完全に治まれば天津軍の大成功であったが、しかしこの慣行的方式は、昭和十二年の夏にはもはや半分しか通用しないような空気になっていた。第一に、宋哲元の留守をあずかる副首席の秦徳純が署名しないのもおかしかったが、支那軍の若い将校は抗日的にいきり立って、老師団長の命令を屢々蹂躙しており、さらに国民政府自体が、かかる服従的協定を否認する勢いを見せていたので、調印された協定も、容易に実行されずに日を送ることになるのであった。

日を経るにしたがって、現地の軍隊は激怒と憎悪の念を加え、首脳部が自重をうながしたにかかわらず、小規模の撃ち合いが反覆された。北京では、約二個師団の兵が城門を守り、一種の臨戦態勢を現わした。こんどは、モウ日本の威圧に屈しないという勢いを示したのである。

昭和八年の停戦協定（満州事変の段落）以来四ヵ年、その間、北支の外交は軍の専管するところであって、日本の政府はほとんどタッチせず、軍の特務機関と北京政権（冀察政務委

員会）との交渉で問題を処理してきた。軍の方針は、そこに親日政権を確立し、広汎なる自治権を持たせて、国民政府から準独立の実質をそなえるように指導することであった。政府はその方針を鵜呑みにして、軍の言いなり放題になっていた。そこに危機の根底があったわけだ。

国民政府が唯々とそれを聴くならば問題はないが、彼の譲歩には限界があった。北支を第二の満州国とされることには、国をあげて抵抗する決心を肚の底に持っていた。が、わが軍部にはそれが読めなかった。四ヵ年にわたり、難しい問題を処理する場合には、軍はかならず多少の威圧的手段をとった。「已むを得なければ関東軍が北京に入城して華北の治安に任ずるであろう」と脅かしたことも一再ではなかった。梅津・何応欽協定でも、土肥原・秦徳純協定でも、みな威圧がともなって成立したのだ。

今回も、同様に威圧を加えれば、彼は承服するであろう、と軍は多寡をくって臨んだ。ところがこんどはちょっと抵抗が感じられた。北支における第二十九軍の動向と、国民政府が正規軍の一部を北上させるという情報がそれであった。ここにおいて参謀本部は、にわかに居留民保護のため兵力の増派を要すと断定し（七月十日）、ついで近衛内閣は十一日の閣議で「北支派兵」を議決し、御裁可を仰いだ後、これを中外に宣明した。

そのとき、北支においては、前記の松井および今井の両中佐が、強硬論を排して停戦協定を懸命に商議中であったのだ。にもかかわらず、参謀本部が威圧派に動かされ、近衛までが一議におよばずこれに同調したのは、やはり威嚇すれば事は治まるものと、安易に考えた軽率のそしりをまぬかれなかった。

4　「不拡大」を熱説した石原部長
またも青年将校たちの火遊び

蘆溝橋事件の報を聞くや、ただちに「事変不拡大・兵力不行使」を電命した軍部。同時に「事件不拡大・現地解決」の廟議を決定した政府が、三日しかたたない七月十一日、とつじょとして態度を一変し、

「政府は本日の閣議において重大決意を為し、北支派兵に関し政府としてとるべき所要の措置をなすことに決せり」

と声明するにいたった豹変の理由は何処にあったか。

声明によれば、支那側が平和的交渉に応ずるの誠意を欠き、兵力を増強して武力抗日の意図を有すること歴然たるものにあるによる、というのであった。また「今次事件はまったく支那側の計画的武力抗日なることもはや疑いの余地なし」とも断言している。事実とすれば敵の計画的抗戦に、三日前まで全然気がつかず、「不拡大・兵力不行使・現地解決」を宣明したのは、あまりに不用意でおかしいくらいである。

天皇陛下も驚かれた。十一日参内して派兵の御裁可を仰いだ近衛に対し、兵力不行使が両三日で転倒した理由を、憂慮深くただされ、軍部をよく統制するよう注意された。近衛は満身を汗にして、これは万一に備えるものでただちに動員出征するものではなく、極力交渉による解決を進める方針であることをお答えして退下した（朝鮮軍と関東軍の各一個師を国境に

派することを意味した)。それなら派兵宣言なぞは無用であろう。いな非常に有害であった。これによって支那の疑惑をいよいよ深め、その対抗の決心をうながす結果となったからだ。

思うに、日本は、これを威圧の手段と考えると同時に、軍内の強硬派をなだめる策略にも利用したものである。日本は「重大決意」を有することを告げて、北京の交渉で支那側を屈譲させることができると思った。

前述した慣用の古い手段である。それと同時に、軍部内の若い将校たちに鎮静剤を注射する効果をも期待したものである。軍首脳の方針は、対ソ軍備の充実に余念なく、この際、北支の火遊びは絶対禁物と考えていたが、若い将校たちの間には「支那兵は生意気だ。この際に殴っておけ」という膺懲気分があふれていた。中佐級の中堅層のなかにも、既定の「北京処理要綱」すなわち、北支を完全なる自治地帯に改造するには絶好の機会であると主張するものが少なくなかった。

それには、二、三個師団もあれば十分であり、第二十九軍を北支から掃蕩するには一ヵ月とはかからないのだから、対ソ軍備の充実に障害をおよぼす心配はない。いわんやこの際に退嬰的な態度に出れば、いたずらに彼を増長させて累を今後におよぼすだけである。この機会に徹底的に叩いて北支親日政権の基礎を確立すべきだと言うのであった。

御手本は満州事変にある。軍首脳部は十分の準備を整えると称して遅疑していたのを、中佐参謀の独断専行によって大成功をとげたではないか。第二の石原、板垣、花谷が出れば、北支問題は一挙に解決ができて、国運万々歳である。妥協による現地解決なぞは、耄碌笑うべく、断じて新興国家の戦略ではないと疾呼したのだ。

こうして事変派すなわち強硬派は、関東軍や天津軍にはもちろんであったが、参謀本部や陸軍省の若い連中の間にも少なくなかった。たとえば、八月十一日、現地で停戦協定が調印されるはこびとなり、各新聞はこのニュースを号外として発行しようとしたとき、「その報道には疑いがあるから発行を見合わせるよう」各社に申し入れたのは、陸軍省の新聞班であった。そうしてその新聞班は進んで放送局に原稿を送り、「彼の態度から見て誠意に疑いあり、おそらくは将来反古同然の廃紙と化するであろう」と放送させたのであった。もとより首脳部の意に反した独断であり、北支に事変を起こそうとする強硬派の省内蟠居を物語るものであった。軍の下剋上の危険は、依然として実在した。

個人々々に説けば納得したようでも、会議の席になると、一人の強硬論者の卓を叩く主張が指導することは、軍人の場合だけではない。ましてその愛国論、皇軍権威論、不逞者膺懲論等々は、軍人の心底に相通ずるところがあるのだから、それを会議の席上で制圧するのは容易なことではない。

現地の橋本、池田（天津）や、松井、今井（北京）が交渉解決に苦心したことは前述したが、東京においては、参謀本部の第一部長少将石原莞爾が最も熱心に不拡大を戦った。石原は下剋上の闘将として満州事変を起こした張本人（中佐時代）であったが、その思想の根底は、対ソ戦略の基地拡張であり、支那と相携えて東亜を守るという信条であった。だから、支那と戦争になるような危険なる行動には全力をあげて反対し、連日その説教に奔走したのであった。

5　近衛、南京に飛ばんとす

陸軍省に制せられて果たさず

石原は支那と相携えてソ連に備えるという正しい認識のほかに、作戦的にも、北支兵乱の拡大に反対した。彼はこの兵乱が拡大すれば日支全面戦争に発展するおそれが明白であり、その場合には、日本の兵力と武器の準備とは、とうていそれに堪えないことを指摘した。そうして彼の結論は、北支の日本軍を全部山海関まで撤退して不戦の誠意を顕示し、ただちに近衛首相を南京に飛ばせ、蔣介石と二人で日支全面提携の大芝居を打たせるというのであった（当時、近衛が親友の岩永裕吉――同盟通信社社長――に対し、近く南京に飛んで蔣介石と二人で和親懇談するつもりだから、その時は松本重治〈同社上海支局長〉を貸してもらいたい、と申し入れたのは、この裏面の一証であった）。

近衛の南京飛行は、絶大なる勇気を必要とし、口で言うように簡単にできるものではなかった。一大冒険であると同時に、軍部内の強硬派が強硬に反対していることが判ったのでたちまち中止されてしまった。しかし石原の不拡大方針は熱烈であり、部下の河辺虎四郎や稲田正純等も、省部の意見統一に大童となって働いていた。

一方、陸軍省にあっては軍務課長大佐柴山兼四郎が最も熱心に不拡大・妥協解決を説き、部内の強硬論者と渡り合っていた。が、支那側の態度は従来になく骨があり、それに応じてわが省部の強硬論はいよいよ燃え上がるので、結局、政府は単なる弱腰ではなく、万一の場合は武力解決をも辞しないという含みを見せる必要に迫られ、かたがた、対支威圧の狙いをかねて派兵方針を決定したのであった。

だから、この近衛内閣の「重大決意」と「派兵決定」の宣言は、多分に政略的なものであった。かく決定はしたけれども、日本の真の希望は日支和平にあるのだから、支那側の反省を促しつつ「事件不拡大・現地解決」の方針をしばらく堅持する旨をも声明したのであった。しかしながら、「重大決意・派兵決定」と「事件不拡大・現地解決」とはあきらかに矛盾した政策で、思想が混乱している。前者は軍を動員して武力解決を強行する意図を示し、後者は外交交渉による妥結を計ろうとするものだ。交渉はするが、言うことを聴かなければ兵隊を差し向けるというのは、交渉ではなくて威圧だ。当時の支那は、モウそのような嚇かしの手には乗らず、日本声明の二つの異なる政策の中、どちらが本音であるかを見究めて対処しようとした。

その結果、彼は日本の真意を前者であるとにらんだ。第二の満州事変を作為するものと用心してかかってきた。同じく「現地解決」ではあっても、日本の要求するとおりの北京特殊政権を作るのでは、支那から見れば「解決」ではなくして「降伏」である。七月十一日の日本声明は、その降伏を強いようとする肚であると見て取った。そう信ずるについては、近衛の声明や過去の経験からばかりではなく、現実にそう信じさせる他の理由がそこにあった。

満州の公主嶺にあった日本唯一の機械化部隊の一個旅団は、七月十日には早くも山海関に迫り、また他の一個旅団は長城を越えて北支に現われ、さらに戦爆連合の空軍一部隊もたちまち天津に飛来したからである。天津軍はかかる応援を希望しなかった。何かといえば関東軍がすぐに来援して容喙することは、かえって北支の空気を悪化する危険があるので、天津軍自体で事を処理するために、その兵力を増強しておいたのだ（五個中隊を一個旅団に）。それはもちろん、軍中央部の方針であったのだ。

ところが、軍中央部は、肝腎の場合に、自らのこの方針を裏切ってしまった。前記関東軍の精鋭がいち早く北支に出現したのは、中央部からの命令によって行なわれたものだからである。

わずか二日前、天津軍に対して「兵力不行使」を命令した陸軍首脳部が、さらでだに張り切っている関東軍に対して、万一に備える出動を命じたのは、命令の矛盾であり、神経の分裂であり、いずれにしても慌てた仕打ちであった。

有名なる機械化兵団の出動は、いち早く支那側の知るところとなって痛くその神経を刺戟し、国民政府はこれを以ていよいよ第二の満州事変の勃発を懸念し、大至急にその正規軍の北上を開始すると同時に、北京政権に対しては、不利益なる停戦条件を承諾しないよう厳命し、和戦両様の備えを整えることになったのである。

くわうるに十一日には、追いかけて派兵決定の声明を聞いたのであるから、南京政府がにわかに武装的警戒を強くしたのは、かならずしも不当の行動と非難することはできなかった。が、北京政権の側においても、わが軍部の常識派と同じように、事件を和平裡に片づけたいと欲する一派があったことは疑いを容れない。それゆえにかなり屈従的と思われるような停戦条件三ヵ条に対しても調印を諾したのである（七月十一日）。だから、日支両政府が大局から自制自重して静かに現地解決を見守っていたならば、蘆溝橋事件は、あるいはそこで一応治まったかも知れないのである。

6　日本軍を不意討ち
北支政権の自滅を招く

蒋介石はもともと日本と戦争しようとは考えていなかった。ただ、ミリタリズムの支配する日本と対等の口が利けるためには、支那の武力を強化しなければならぬと考え、満州事変後は、営々として国民党軍の近代化に精進していた。第一次大戦直後のドイツ参謀総長フォン・ゼークトおよび軍団長ファルケンハウゼンの両将以下、約五十名の将校を軍事顧問に招聘して、ドイツ式に実力の養成に努めていた。

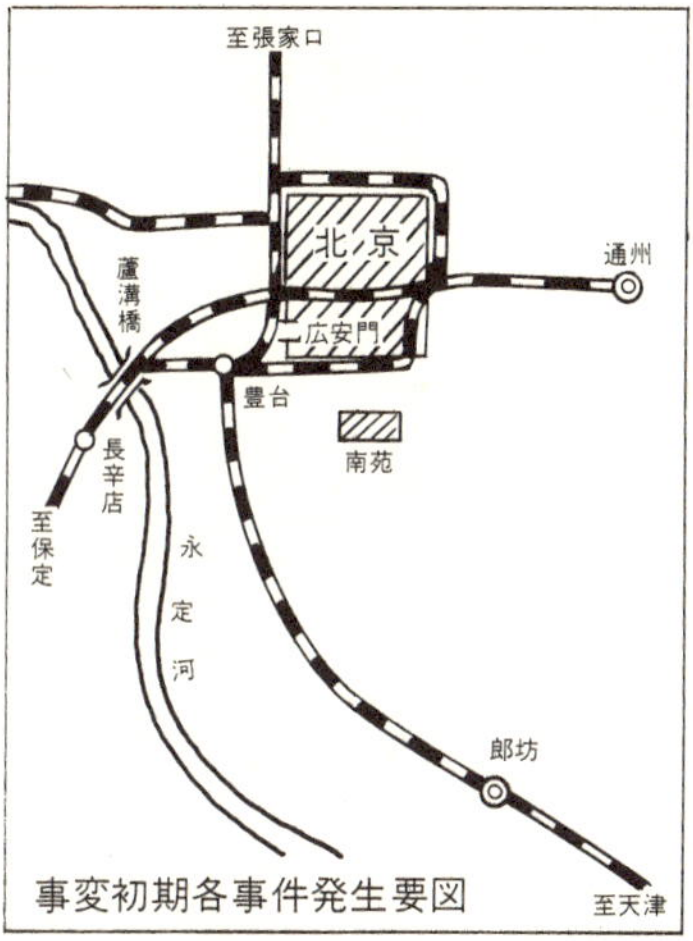

事変初期各事件発生要図

支那の中央軍は自信をつけてきた。そこへ綏遠事件があって、日本軍も大したことはないと誤診した。その上に西安事件（蒋介石が監禁され、共産党と妥協して対日戦線統一を約して生命を全うした事件）の結果として、蒋介石は、対日妥協から対日強硬へと転向することになった。毛沢東や周恩来はすでに共産党の中心勢力として実在し、機を見て日本と抗争する機会を狙っていたのだから、蘆溝橋の砲声に耳をふさぐはずはなかった。

彼らは、これを支那の挙国対日戦争の絶好機として蔣介石の決断を迫った。蔣の国民党幹部中には、汪兆銘以下の対日妥協派が相当の勢力を占めていたから、蔣は両者の間にはさまれて苦心したが、日本軍部の動向を見て、一応抵抗を示威しつつ形勢を観望するという和戦両様の策をとることになった。

わが天津軍と北京政権との間に停戦協定ができかかっているとき、早くも中央軍の北上を開始した武力的示威は、まさにその政策の表現であった。が、日本の軍部から見れば、中央軍が北上して北支那に集結すれば、わが現地軍だけでは手も足も出なくなることを慮り、その対抗準備を策するのはまた当然であった。蘆溝橋事件の武力的背景は、旬日にして暗い方向にのみ発展して行った。

蘆溝橋の現地においても、両軍は少しも譲らずに睨み合っていた。事件直後、幹部の間で話がまとまり、たがいに氷定河の両岸に別れて集結する協定ができたが、支那軍は上司の命に抗して西岸への撤退を承知せず、したがって至近距離に銃をかまえて対峙をつづけたが、七月十三、十四の両夜はついに夜間射撃を交え、十七、八の両夜にいたってさらに激しい交戦を反覆するにいたった。闘志というか、憎日というか、いずれにしても満州事変当時とは別国の兵隊のような激越ぶりを示した。

一方の北京交渉は、松井・張自忠の協定が調印されたが実行に至らず、その実現方式が難航をつづけている最中に、さらに不幸なる事件が、三つ立てつづけに連発した。郎坊、広安門、通州の三事件であって、そのいずれの一つでも、「暴支膺懲」の戦争原因に値するようなものであった。

　郎坊は北京天津間の小さい駅であるが、そこで日本の軍用電線が切断され、機密通話が不能におちいった。天津軍の一部隊は、北京政権の承諾をへて修理に赴き、夜半休憩中、支那軍一個連隊に急襲されて損害を受け、翌早朝（七月二十六日）、援護部隊を急派して敵を退けたのであった。

　同日、北京の広安門ではさらに挑戦的な事件が起こった。そのとき、北京城内には支那軍二個師が駐屯し、日本軍の方は百名しかいなかったので、牟田口連隊長は、蘆溝橋方面から一個大隊を帰還させることに決め、北京政権の諒解を得てこれを実行した。わが部隊が広安門を通過中、半分が通ったときに急に城門を閉鎖し、城外に残った部隊に対して城壁から急襲を加えたのである。わが駐在武官は支那の張師団長とともに急行して応戦を制止し、その場は収めることができたが、日本軍の激昂は容易に収まるはずはなかった。

　この相つぐ支那軍の侮日挑戦が、わが軍部を憤怒させたのは当然であった。不拡大と自重を守ってきた参謀本部も、ついに締めた手綱を放し、暴戻なる第二十九軍を撃ってこれを北支から掃蕩する方針を決定した。七月二十七日夕刻、いよいよ内地三個師団に対して動員が下令され、事変不拡大の第一関門は破られた。

　これに呼応して現地軍は膺懲心を爆発させた。香月軍司令官（田代の後任）は、天津と通州に待機していた兵力と関東軍の精鋭とを集めて、南苑（北京の南郊数キロ）の支那軍を猛攻し、激戦半日にしてこれを敗走させた。師団単位の戦闘が行なわれた最初のケースであったが、この一戦で、支那軍では師長趙登禹、二十九軍副軍長佟淩閣が戦死し、死傷三千を超える大打撃をこうむって退却したのであった。

香月は同時に宋哲元に対して最後通牒的勧告を送り、「支那軍の不誠意、挑戦、とくに広安門の欺瞞と侮辱とは、わが軍の忍耐を不可能ならしめたり。軍はここに独自の行動をとることに決せり。戦禍が北京城内におよぶことを慮り、貴軍全部隊の北京よりの即時撤退を勧告す」と通達した。

宋哲元も交渉の力尽き、七月二十九日、軍とともに北京を去り、ここに北支の支那政権は事実上、消滅した。

その日、通州においてはわが守備隊の留守を狙って三千の保安隊が反乱し、兵営、警察、特務機関などを包囲急襲（午前四時）する一方に、市内の在住邦人を殺害した。兵営内にあった者以外はことごとく殺されたが、それは文字どおりの惨殺であって、とくに婦人の場合のごときは残虐目を蔽わしめるものがあった（死者約二百名）。この報道は当然に日本国民の膺懲意識に火をつけた。もはや陸軍省新聞班の宣伝は不要となった。不拡大の第二の関門は破れた。

7　反日に油注ぐ蔣声明

現地の停戦条件を否認す

日本の三個師動員に先立つこと一週間、支那は蘆溝橋事件を以て、日本の北支侵略の第一

昭和12年７月７日夜、北京郊外の蘆溝橋付近で日本の北支駐屯軍と中国軍との間に小競り合いが起きた。写真は日中戦争の発火点となった蘆溝橋。

蘆溝橋事件に端を発した日中間の紛争は翌８月、上海に飛び火し、日本政府と陸軍上層部は事変の収拾をめぐって混乱した。緊急閣議で陸軍の派兵が議決され、戦火は中支に拡大する。写真は上海市庁舎前の陸軍戦車隊。

南京城総攻撃の命令が下り、中華門(南門)に迫った長谷川部隊は、12月12日、山田工兵部隊の挺身爆破隊によって城門を爆破し、城壁に日章旗をあげた。写真は中華門爆破の瞬間。翌日、首都南京は日本軍に占領された。

昭和14年5月11日、満州西北の辺境ノモンハンで日ソ両軍は国境(満蒙)紛争を生じ、関東軍は大損害を喫した。写真はチハル河畔の日本軍戦車隊。

上段左より、蘆溝橋事件当時の陸相、事変拡大を主張した杉山元大将。北支方面軍司令官として、徐州会戦で名声を馳せた寺内寿一大将。阿部・米内両内閣の陸相、倒閣に暗躍した畑俊六大将。下段左より、国会で暴言問題を起こした佐藤賢了中佐。三国同盟締結を推し進めた武藤章少将。二次三次近衛内閣で陸相をつとめ、日米開戦時の首相となった東條英機大将。

昭和15年9月27日、日本はドイツ、イタリアと三国同盟を締結した。写真はその祝賀会の一葉。前列左より、東條陸相、星野企画院総裁、松岡外相、インデルリ伊、オットー独各駐日大使。

昭和16年7月28日、陸軍が南部仏印に兵を進めたため、アメリカは日本の在米資産を凍結し、対日石油禁輸を実施した。写真はサイゴン市に入る銀輪部隊。

昭和16年10月17日、東條英機大将に組閣の大命が降下、日米交渉継続の旨がくだされた。東條内閣は支那、仏印、三国同盟に関する難題に直面し、容易に進捗せず、ついに12月1日の外交交渉期限の日を迎えた。

荒天下、真珠湾にむけ進撃中の機動部隊。「赤城」の写真班が撮影したもので、後続の空母は「加賀」と「瑞鶴」。この間にも日米交渉は続けられ、交渉が妥結した場合、機動部隊は反転し、内地に帰投する取り決めであった。

写真提供／雑誌「丸」編集部

歩と断定し、国をあげてこれに抵抗するの意思を表明した。七月十九日の蔣介石声明がそれであって、まさに日支事変中の一つの歴史的文献と称し得るものであった。ようは、日本の軍閥がついに北支を満州同様に奪取する行動を開始したから、支那国民はこんどこそは全力を挙げて防戦せねばならない旨を警告したものである。

全文掲載の余白はないから、二、三の要点を紹介すると、まず第一に、蔣介石は蘆溝橋の砲声を日本の侵略開始の第一声と見た。

つぎの言がそれを語る。

「蘆溝橋事件を避ける唯一の方法は、外国軍をしてわが領土内に自由無制限に横行せしめ、しかもわが軍は駐兵や移動を制限され、彼は発砲するもわれは応射ができぬというごとき状態においてのみ可能である。世界中のいかなる国家がかかる屈辱を甘受することができようか」

と言って、初めから本事件を日本軍の侵略と断じ、さらに感傷的に語を進めて、

「もし蘆溝橋の武力占拠を容認するならば、中国四百年の旧都北京は敵の手中に落ちるのだ。かくて北京は第二の奉天となり、北支は第二の満州となるであろう。北京が第二の奉天となるならば、南京が第二の北京と化することをいかにして防止することができようか。ゆえに蘆溝橋を保全するかいなかは、全国民存亡のかかるところであって、われわれはいかなる犠牲を払うとも、断固として抗争せねばならぬのである」

と、眠れる大衆を呼びさまし、また反日の火勢に無限量の油を注ぎかけた。これは、ある程度日本を知り（わが士官学校卒）、また一介の武将以上に優れていた蔣介石として、よほど

思い切った言動であり、そうしてその根底は、日本軍閥の方針に対する疑惑の念が、すでに凝り固まっていたことを反映するものであった。

もちろんそれは開戦の布告ではない。国民に対して事態の容易ならぬことを警告し、万一の場合は全面戦争に移行するのも已むを得ないしだいを明らかにしてその決意を促したものである。

同時に、日本に対し、支那政府の決意を予告し、日本の政府あるいは与論が、軍閥の行動を制肘することを要望する声でもあった。がその文面は、最後通牒にも類する威嚇に満ち、日本政府の声明よりもむしろ示威的であり、また天津軍が北京政権と交渉してきた数々の威圧手法よりもいっそう激しいものであった。

それなら彼はいかなる解決条件を描いたのであろうか。蔣介石は右の声明の中でその四ヵ条を掲げている。

一、中国の領土及び主権の侵害を許さない

二、冀察政務委員会（北京政権）の地位は中央政府の決定するところにして、いかなる非合法的変更をも認めない

三、同政権の人事は、中央政府の権限に属し、外国の圧迫によって動かすことを許さない

四、第二十九軍現在の駐屯区域に関しては、いかなる制限をも甘受しない

以上四つの条件を、蔣介石は「交渉の基礎とする最低限度の要求」であると論断し、そうして「蘆溝橋事件をして、日支両国の一大戦争に導くかどうかは、一に日本が決すべきである。両国の間に和平の希望がいささかなりとも残存するかいなかは、一にかかって日本軍の

行動にある」と結んだのである。

蔣介石は思い上がってはいなかったか。西安事件以後、対日抵抗は国民政府の国策となり、蔣介石の大局妥協論は通用しなくなっていたには違いないが、それにしてもこの声明と四ヵ条の提示とは「日本よ、かかってこい」と言わんばかりの虚勢を示したものであった。

彼の強がりはかりにしばらく見のがすとしても、交渉の最低条件なるものは、日本軍が北京政権に要求して仮調印のできたものを、正面から否定するに近いものではないか。これらの条件は、松井・張自忠協定の停戦条件（本章第3節に記載）およびその後の追認条項をほとんど否認しているのだから、わが軍部の要求は、その面目とともに丸潰れとなるではないか。これでは、日支紛争の氷解を心から希求して奔走していた常識派の参謀も、働く余地を閉じられてしまうのであった。

これよりさき七月十七日の五相会議において、杉山陸相は北京の交渉ははかばかしくないので、この際期限つきで強硬に解決をはかりたい旨を申し出た。これに対して広田外相は、中央軍北上中止の外交交渉は期限つきにはできないが、軍の現地交渉は期間つきで差し支えないと答えたので、軍は七月十九日を期限として軍事行動を起こして差し支えない旨を天津軍に指令したのであった。

が蔣介石の方は、その北京条件を全面的に否定する決意を固めて中央軍の北上を急いでいたのだ。ゆえに歴史は、昭和十二年七月十九日を以て、わが不拡大方針の危機を記録するごとくであるが、奇しくもこの日は、他の意味においても、七・一九記念日と称するほどに、諸現象がことごとく暗黒な方向へと集中されたことを知るのである。

8　急転、戦火上海に飛ぶ

「不拡大」を断ち切った大山事件

この間、日本の政府はいたずらに傍観していたわけではなく、むしろ蔣介石よりも真剣に和平回復に奔走した。すなわち、近衛と広田とは、軍部が膺懲戦を拡大するの危険あるを感じ、その前に、先手を打って南京政府を動かし、支那中央軍の北上中止、挑発的言動の停止、および北京交渉の黙認をすみやかに約定させようと試みたのであった。

この急命を受けた南京駐在の日高参事官は即刻、外交部長王寵恵を訪ね、右の三条件を至急約諾されないと大事に立ちいたる危険のあるしだいを述べ、回答を七月十九日に欲しい旨を切言した。ようはわが軍部が行動を起こす以前に、和平的解決を遂げるためであった。

一方にわが参謀本部は、七月十八日に対北支作戦計画を策定し終わり、陸軍省はこれにもとづき、十九日を期して「京津地区における武力解決」の自由を香月司令官に示達した。あたかも政府と軍部の競走である。しかして偶然にもその日に、前記蔣介石の声明が行なわれている。それこそ併観すれば「七月十九日」は、日本の運命を左右する厄日となって現われたことを見るのである。

郎坊、広安門、通州の諸事件は、それぞれ兵乱拡大の原因であったに相違ないが、その根底は「自衛のための支那中央軍の北上」と「自衛のためのわが動員」とにすでに現われており、しかして彼の「自衛」は用心過度から発し、用心過剰は相手を疑う不信感にもとづいていた。たがいに疑っていては、物事は円滑に決まらない理屈どおりの成り行きが、蘆溝橋以後の日支の関係であったのだ。

蔣介石の声明をきっかけに、支那国民の排日抗日の乱行は急角度に昂上した。奥地のわが居留民は、危険を感じてぞくぞくと上海に引き揚げはじめた。その上海においても、警備司令官張治中将軍麾下の精鋭五万は、多くドイツ将校の訓練を受けて自信にあふれ、こんどこそは日軍を撃滅して見せると気勢を揚げていた。保安隊もまた、正規軍同様に対日一戦の憎悪的野心を燃やしていた。

八月九日午後六時、海軍大尉大山勇夫と、一等水兵斎藤要蔵の両名は、上海西部地区（わが豊田紡績や内外綿の工場があるところ）に監視連絡に行く途中、越界路付近において、支那保安隊のために惨殺された。ただちに交渉が開始されたが進行せず、その間、保安隊は武装を強化して租界の近傍に陣取り、形勢は刻々に悪化した。海軍は急遽陸戦隊を増強したが、兵力はあまりにも少なかった。八月十三日、緊急閣議は、陸軍部隊の動員派兵を議決し、兵力量と派兵時期とを両統帥部に一任した。あくまで居留民を上海の現地において保護する方針である。ところが同じ日に、わが陸戦隊と支那兵とはついに砲火を交えてしまった。わが航空部隊は爆撃威力を動員して陸戦隊を支援し、支那の優勢なる攻勢を阻止した。

戦闘は上海において開始された。蘆溝橋はもはや消えてしまった。北支事変は日支事変と改まった。八月十四日の緊急閣議は戦時体制を布くの可否を論じ合い、結局、宣戦布告はしないで、「事変」の名において、自衛と膺懲の師を急派することになった。そのときにおいても、「不拡大方針はなお堅持する」と再確認されたが、勢いここにいたってはもはやそれは一片の冗談に過ぎないのであった。このような事態の急転は、兵火が上海におよんだからである。蔣介石声明と支那軍の態度とに徴すれば、事変はやがて中南支に波及して全面抗争に発展する可能性はあったろうが、実際には、事件を外向的に終結する可能性の方が、いっそう有力に動きつつあったのだ。その可能性をとつじょとして断ち切ったのが、八月九日の大山大尉殺害事件であったのだ。もしもこの支那保安隊の暴行がなかったら、北支事変は、わが動員三個師団の出発以前に解決していたと信じられる理由を述べておこう。

日本の軍閥、人なきに非ず。参謀次長多田駿中将は、事変不拡大について近衛に劣らぬ熱意を示し、石原や河辺をして極力その方針を闘うように指令していたが、杉山陸相も梅津次官も、早い機会に事変を終束させる希望を共有し、ただいかに上手に、若い将校たちの血を鎮めるかを苦慮していた。

八月に入って事態は悪化の一方を急進する勢いであった。そこで、陸軍、海軍、外務の三省首脳はひそかに連絡し、北京における現地解決策を捨て、政府の名において直接に南京政府と交渉して一気に時局を収拾する方針に一致し、三省の軍務局長および課長級数名を以て「日本の最小限の要求にして、支那側の納得し得る最大限の妥協案」すなわち、日本側も大いに譲歩して蔣介石も忍んで受け容れることができると思われる程度の解決案の作成に着手した。

陸軍省軍務課長大佐柴山兼四郎を中心としてまとめ上げた解決案は、公平に見て、日本が不拡大解決を真剣に希求していることを表明するに十分なものであった。大臣、次官、軍務局長の三者密議においてこれを選択したのは八月六日であった。

9　解決へ惜しい逸機
三省の機密工作お流れ

陸、海、外の三省首脳が、極秘裡に練り上げた事変解決案は、内外の情勢をヨク見通して極めて適切なものであった。広田外相は、その案が両三日中に閣議決定の見込みがついたので、大至急、南京政府と下打ち合わせを開始することを、川越大使に電命した（八月八日）。支那がその原則を承認すれば、事件は急速に解決する筋合いのもので、要領は左のとおりであった。

一、停戦交渉条件

（甲）非武装地帯の設定

左記地区内には支那軍は駐屯せず、保安隊を以て治安を維持するものとす。

徳化、張北、龍門、延慶、門頭溝を列ぬる線の以東および以北、ならびにこれに接触する永定河および海河左岸（長辛店付属高地ならびに天津周辺を含む）の地帯。

（乙）日本の譲歩限度

（イ）北支駐屯軍は事変発生時の兵数まで自発的に縮小す

（ロ）塘沽協定、梅津・何応欽協定、土肥原・秦徳純協定を解消す（長城諸関門接収、通車、通郵、通空、設関の諸協定は残す）

（ハ）非武装地帯内の排日抗日の取り締まりおよび赤化防止を約せしむ

(ニ)冀察、冀東の両政権を解消し、南京政府において任意右地域の行政を行なうことに同意す。但しその首脳は日支親善を計り得る有力者を求む
(ホ)支那側は誠意を示すため、中央軍を河北省外に撤退す
(ヘ)同時に日支国交の全面的調整を交渉す

さらにおなじ日(八月八日)に広田は、つぎのごとき「全面国交調整要綱」を川越に密電し、もし前掲の停戦交渉が順調に進むならば、同時にこの交渉も進行せしむべきことを要望した。

二、国交調整案要綱
一、政治的方面
(イ)支那は満州国を承認すること。または支那は満州国を今後問題とせずとの約束を、隠約の間に為すこと
(ロ)日支間防共協定
(ハ)内蒙綏遠方面におけるわが正当なる要望を容れしむる一方に、日本は同方面における南京政府の勢力を排除するがごときことを為さざること
(ニ)支那は邦交敦睦令を励行すること
二、軍事的方面
(イ)上海停戦協定の解消
(ロ)自由飛行を廃止すること

三、経済的方面（三項略）

なお右の訓電中に、広田外相が、相手に誠意ある場合には、わが方としても「南京の立場をも顧慮し、その難しとするところを援け、相携えて日支関係の明朗化に進む襟度あるを要する」旨を指示していることに注意せねばならない。すなわちこの機会に時局の収拾に直進する熱意にあふれていたことを知るであろう。さらに同日の別の訓電において、「停戦および国交調整案は、陸軍部内において頗る難色あるため、陸軍大臣においてこれを極秘に付しおり、部内において本件を承知しおる者は、大臣、次官、軍務局長、軍務課長、参謀本部首脳者の極めて少数の者のみなるにつき、貴使においても厳に極秘に付されたい」ととくに注意をあたえ、また「動員三個師の集結完了は八月二十日頃の見込みなるにつき、その前に話をまとめたく」と述べ、結論として、本件確定の上は、いかなる反対をも押し切る決心（軍部の主戦論関係）である旨を伝えている。

秘密会見の事前工作成り、南京政府の外交部アジア局長（亜州司長）高宗武は、八月十日朝、川越大使の官邸に来訪した。北支事件の急速解決に関する日本政府の真意を聴くという形だ。そこで川越は、両国政府の立場上、大体双方が受諾し得る程度のものを必要とする旨を述べ、川越一個の試案として、前掲の第一に掲げた停戦条件案を、メモを取りながら説明した。高宗武は慎重にそれを検討した後、

「この程度の解決案ならば、かりに多少の困難はあり得るとしても、話は成立の見込みがあると信じられる。自分はさっそく帰って上司と協議し、その返事を携えてすみやかに貴使を

再訪する」

と喜色あふれて語った。用心深い高司長の判断でも、日本側がこの程度まで譲って誠意を示すならば、解決は可能であると信じたのだ。

とくに従来問題の中心となっていた北京政権の特殊化を日本が放棄し、南京政府の任意行政に任せるという譲歩は、彼の疑心暗鬼の根源を解消するものであって、中国の面子はこの一事だけで保全されるようなものだ。高宗武は確信を以て辞去した。川越も見込み十分と判断した。事実この程度の解決案ならば、まとまるのが常識的結論であった。

悲しむべし、九日夕刻、大山大尉殺害事件が勃発し、引き続いて両軍の対立となり、十三日には砲火をまじえる最悪の状況に急転し、川越・高の再会は自然にお流れとなってしまった。かくして、わが陸・海・外の三省代表が苦心労作した適切なる解決案は、上海の砲煙に埋もれ、戦争回避の第一の機会は空しく過ぎ去ったのであった。

第二章　長期戦の泥沼

1　短期決戦つまずく

日本、九ヵ国会議を拒否

陸・海・外三省幹部の機密工作によるせっかくの停戦案は、支那保安隊の暴行（大山大尉殺害）によって惜しくも御破算となり、砲煙は上海の空を染めて戦争は中支に拡大した。

八月二十六日、日本の飛行機は、駐支英国大使ヒューゲッセン氏の自動車を支那の軍用自動車と誤認して機銃射撃をくわえ、大使に重傷を負わせて世界的の話題を惹き起こした。この事件は、交渉幾往復の後、九月下旬にいたって無事に解決したが、この誤認による大使射傷は、日本に対する世界の印象を一倍悪化させることをまぬかれなかった。

支那はその機を逸せず、日本軍の非戦闘員攻撃、平和都邑の爆撃、文化の破壊その他数項にわたる浩澣なる覚書を国際連盟に提出して世界与論に訴えた。連盟はこの提訴を取り上げ、二十三ヵ国から成る諮問委員会に移牒し、同会は九月二十一日、日支独豪の会議参加を要請することを決めた。日本はすでに連盟を脱退している理由を以て参加を拒否した。国連総会は、十月六日に、日支紛争に関する諮問委員会の決議案を満場一致で採択したが、その結論は「支那に対して精神的援助を表明し、支那の抵抗力を弱めるような一切の行動を慎む旨」を勧奨したものであった。非はことごとく日本にあると見たのだ。

その前日、ルーズベルト大統領は「世界の九割は道徳的平和的共存を願うのに、他の一割は好戦的で、他国の内政に干渉し、領土を侵し、国際法を破壊しつつある」と言って日本を非難した（シカゴ演説）。侵略国を隔離室内に入れて消毒するがいい、という表現が、日本を怒らせたのはその時であった。ついで、九ヵ国条約の締盟国がブラッセルに会合し、紛争解決の友好的手段を発見するための協議をすることになって、日本に参加を要請してきた（十月二十一日）。同条約は、大正十一年の華府会議で、支那の領土行政保全を約した条約で、その参加九ヵ国の中に日本も主要国の一つとして参加していた。

すでに被告あつかいを受けているところへ、大日本帝国が尻ッ尾を下げて出て行く手はあるまい。そこで、一九二二年の支那と一九三七年のそれとは、国情も態度も一変していること、ならびに事変の適正解決は日支両当事者によってのみ可能であることを理由として招請を拒絶した。招請者のベルギー政府は「少数の国々の代表で懇談する意思はないか」と重ねて尋ねてきたが、日本は「ナシ」と答えた（十一月七日）。

日本が世界に孤立していることは疑う余地がなかった。日独伊防共協定の関係で、ドイツから間接の声援はあり得たが、それは大勢を動かすものではなかった。が、日本は孤立を少しも歯牙にかけず、暴支膺懲の一途を勇敢に直進するのみであった。

すでにして九月五日、近衛首相は臨時議会における施政方針演説でその決意を明らかにした。近衛は、事変解決のための隠忍自重政策は支那の重なる挑戦的行動のために妨げられ、

「今や断乎として、積極的かつ全面的に、支那軍に大打撃をあたえてこれを膺懲するのほかに途なきにいたれり」と述べて嵐のごとき拍手を受けた。同時に、日比谷公会堂における国民大会の壇上において、「一旦その悪夢を醒まして後に旧交を温めるのほかなく、その覚醒のため精鋭幾万は彼の戦場に到達しつつあり」と戦争指導者の威容を示して万雷の喝采を浴びるのであった。青年宰相は人気の頂点に立った。

大いに獅子吼はしたけれども、近衛が肚の底から戦争を欲したとは考えられない。ただ、軍事的知識にとぼしい彼は、一両月を出でないで支那軍が大打撃をこうむり、懲りて和議を乞い来るであろう、という軍部の予想を簡単に信じていたことは確かであった。現にその側近者は、二ヵ月以内には決戦の勝利を疑わない旨を漏らしていたからである。

いな、それで近衛の軽信を責めるのはあたらない。専門の将校連中は、短期決戦において支那に痛打をあたえ得ることを信じていた者が大部分で、その保証は人を傾聴させるに足るようであった。また、大多数の国民は、勇壮無比のわが陸軍の楽勝を、大人と子供の相撲のように簡単に考えていた。新聞はまた「殲滅戦の時期いよいよ近づく」というような大見出しを掲げて大戦勝の自信を宣伝していた。さかのぼって近衛の膺懲演説に満場一致大拍手を送った各政党の態度を併せ考えても、昭和十二年九月の日本が、国を挙げて支那との戦争に確信を以て突進していたことは事実である。支那もまた同様であった。それが戦争である。

ところが、昭和十二年の支那軍は、日清戦争や北清事変や、また満州事変当時に較べてははるかに成長していた。玉石混淆ではあったが、その強力なる部隊は、わが軍に即接するほどの戦力を示した。戦況は予期のごとく発展せず、さきに石原少将が叫んだごとく、泥沼の限りなき長期戦と化する心配がだんだんと現われてきた。
そこへ救いの神が現われた。いわゆるトラウトマン工作がそれであった。

2 〝ドイツの調停〟望みあり

南京政府も条件に満足した

昭和十二年十月中旬、ドイツのヒットラー総統は、日本および支那駐在の両大使に命じ、日支戦争を仲裁停止する外交を下命した。それは一つはドイツ外交の手柄となるほかに、(イ)日本が支那で戦力を消耗してしまうことは、それだけソ連の戦力に余裕をあたえ、ドイツの国防に不利をおよぼすこと、(ロ)極めて順調に伸びつつあったドイツの対支貿易が打撃を受けること、の二点を考慮したものに違いないが、日本にとっては、このうえない幸せであった。

十一月下旬、駐日独大使ディルクゼンは広田外相を訪ねて、時局収拾の意思およびその条件を質した。広田はその意思ありとしてつぎの条件を答えた。

(イ)内蒙古の自治
(ロ)北支駐兵区域の拡大
(ハ)北支政権は南京政府の自由に任す。ただし首班に抗日人物を排す
(ニ)上海停戦区域の拡大
(ホ)排日問題の処理は昭和十一年の川越・張群会議に準ず

（へ）防共問題については相当の便法を講ず
（ト）関税の改正（以下略）

ドイツ大使はただちにこれを駐支独大使トラウトマンに移牒し、後者は十一月二十八日に行政院長孔祥熙を、翌二十八日に外交部長王寵恵を訪問し、それぞれ時局収拾の雑談を重ねた後、なるべく早く蔣介石委員長に会見取り次ぎ依頼して辞去した。一日おいて蔣から至急会見したいとの返事があり、外交部次長徐謨がトラウトマンを案内して南京に赴いた。トラウトマンは同行の船中で、「第一次大戦時のドイツは幾度か講和の機会があったのを自信過剰のために逸し、ついにベルサイユの無条件調印に屈した例もあり、このあたりが支那にとって講和の潮時である」旨を語り、徐次長も大体同感して、十二月二日に南京に着いたのであった。

まず徐謨が蔣介石を訪うて経過および条件を詳報したのに対し、蔣はまず最高軍事委員たちと十分討議した後に改めてトラウトマンと会見する旨を答えた。そうして、唐生智、顧祝同、白崇禧、徐永昌らの将領が招集された。これらの各将軍は、「日本の条件には別に付帯条項があるか、またわが軍備に対する制限条項があるかいなか」を質した。徐次長は、何ら特別の条項は付帯していない旨を説明した。そこで蔣介石は、各位が忌憚なき意見を述べて欲しいと言って、名指しで順次に発言を求めた。それに対して白崇禧は「もしも日本の条件がそれだけであるならば、われらは一体何のために戦っているのか判らぬではないか」と言った。ついで徐永昌は、「それだけの条件ならばすみやかに応ずるが可なり」と答えた。顧祝同もまた徐と同じ賛成論を述べ、少しく躊躇していた唐生智も、諸君と同意見である旨を

明答した。ここにおいて蔣委員長は、

一、ドイツの調停は拒絶する理由なし。日本の条件は亡国的条件に非ず。

二、北京政権は絶対に保持するを要す。

という二項を最高軍事委員会の結論として確定した。それから引き続いて、午後五時、トラウトマンと蔣介石の会見が行なわれた。トラウトマンは、孔祥熙、王寵恵の両人に語ったところを改めて説明し、「停戦の潮時である」意見を付加して蔣の決心を促すのであった。蔣介石は、友邦ドイツの調停に感謝する挨拶をしてからつぎのとおりに意見を明らかにした。要約すれば、

(イ)これらの各項の条件を以て中日談判を進むにあたり、ドイツは終始調停者として徹底して欲しいこと

(ロ)日本が戦勝者の態度を持し、これら条件を最後通牒と為さざること

(ハ)北支における行政権は絶対維持すること

というのであった。トラウトマンは、右三項は諒承したが、「貴国も分に過ぎたる要求をなさず、あまり我意を張らぬことを希望する」旨を力説した。それに対して蔣介石は、「それはお互いである。激戦しながら友好談判はできないので、ともかくも停戦が先決であり、この点を貴使からヨク日本に理解させて欲しい。日本が自ら戦勝国を名乗って、支那が全部日本の条件に服したというような形においては、支那は談判に応ずることはできない。既述の条件を商議の基礎としてドイツの調停を待つであろう」という旨を答えた。

トラウトマンは帰途の船上において、「会談結果すこぶる有望なり」の至急報を、ベルリ

ンと東京に打った。こんどはヒットラー総統の名において調停を申し出る番である。それには、日本が停戦に応ずる条件を改めて確認する必要があるので、ディルクゼンは広田外相にそれを確かめた。広田は用心のために、陸海軍の要部と協議したところ「八月初めの案にて差し支えなし」と確認された（川越・高宗武交渉案の線――第一章第9節参照）。

他から邪魔が入って壊されない限り、日支事変は、昭和十二年十二月を以て、円満にその局を結ぶところに漕ぎつけた。

3　内相は停戦条件に異議あり

梅津、町尻、柴山らの正論阻止せらる

事変を解決する好機は、昭和十二年十二月の初旬に、日支両国の上を訪れた。ドイツの調停は成功の第一段階を踏んだのである。

日本の攻勢は進捗しつつあった。前記動員三個師と関東軍および朝鮮軍の師団を加えた有力な兵団は、北支を平らげて南下進軍中であり、さらに中支方面には九個師団が動員され、上海周辺の激戦を終わり、進んで南京攻勢を準備しつつあった。破竹の勢いと称して過言ではなく、軍も国民も、ちかく一大決戦の勝利を予想して、戦勝による終局の自信にあふれる趣きであった。

そのような戦場の現実を背景として、陸軍が、八月案による終戦に同意したことは、一つの誇るべき勇断と言ってよかった。八月案の骨子の第一は「北支政権の形体や人事を南京政

府の自由に任す」ことであって、それは四ヵ年にわたる軍の北支特殊政権主義を放棄する大譲歩であった。非武装地帯の拡張や駐兵区域の拡大は要求するけれども、しかし北京の政権を南京に返上するという寛容なる政策に比すれば些事に近い。支那は、この一事によって、日本から大譲歩を贏《か》ち得るわけである。

かかる譲与を、戦勝中の軍が承諾したのだから、勇断の言葉に値するのだ。その思い切った承諾は、梅津次官、町尻軍務局長、柴山軍務課長の不拡大主義と「勇気」とによって行なわれ、後に軍部多数の非難を受けることを覚悟の上で、大局から密議決断されたものであった。太平洋戦争終局までの八年の間に、軍中央部の要人数名が、進退を賭して国家大局上の正しい着眼を闘った例は、昭和の軍閥史には他にその類が少ないであろう。ゆえに日支の停戦はこの時に成就しなければならなかった。また、彼らの勇断をして、軍閥の名声を揚げさせたかった。勇断は酬いられるはずであった。ディルクゼン大使は本国政府にOKを急報した。近衛と広田は、こんどは大丈夫だと語り合って前祝いの盃を交わした。

しかるに運命の魔は、深く日本の体内に宿って、平和道への進行を阻むもののごとくであった。「暴支膺懲」が軍の大勢であったのはむしろ当然であり、また、民間のいわゆる国粋団体および類似の集団がそれを絶叫していたのも不思議ではなかったが、近衛内閣の閣僚のなかに、強烈にこれを支持する者が現われたのは、文字どおり魔がさしたものと言うほかはない。

八月案のような譲歩的条件を以て和平交渉に応ずることには「反対」であると起ちふさがったのは、内相末次信正であった。末次は海軍部内では強硬派を代表する大将であって、その支那観は、徹底的に叩いて懲らしめないかぎり、支那人は協力する民族でないという見方に立っていた。まして十二月十三日、南京を占領して後は、国内における戦勝気分も反映して、対等の日支交渉を愚劣の一言で葬った。当時トラウトマン条件が軍部の強硬派に漏れ、そこから末次内相の蹶起をうながしたのが真相である。勝者が一銭の賠償も取らずに和平を申し出るなぞは、国民が承知せぬというのが、主張の核心であった。

時しも南京陥落の直後から、「重大問題は大本営と政府の連絡会議にかける」ことになり、統帥部首脳と政府の首脳とが常議員となったが、末次はその会議にとくに出席を要求し、そこで停戦案の反対を闘った。彼は「支那軍に徹底的大打撃をあたえることは、九月五日に近衛首相が天下に声明したところである。しかるに今その途中において妥協を企てることは不信であるのみならず、膺懲を経ない解決はかならず事変を再発するに決まっている。ゆえに今日停戦するとすれば、彼が膺懲されて屈服した実態においてのみ認め得る」と主張し、その条件において停戦を交渉する方針に引きずってしまった。

末次は立派な艦隊長官ではあったが、政治は素人であり、とくに外交はその柄ではなかった。しかし一流の強力なる弁論を以て連絡会議を動かし、結局、つぎの四条件を以て交渉の基礎とすることに決まった。

（イ）支那は容共抗日満政策を放棄し、日満両国の防共政策に協力す
（ロ）所要地域に非武装地帯を設け、かつ該地方に特殊の機関を設く
（ハ）日満支三国の経済協力を密にす
（ニ）支那は日本に所要の賠償をなす

（昭和十三年一月五、六日頃までに支那の回答を期す）

右を八月案に較べると、内容はいちじるしく硬化し、宛として戦勝国が敗者に求めるの概がある。これを承諾した近衛・広田の意気地の有無はとにかく、広田は気まずさを堪えて二十二日にこれをディルクゼンに提示し、トラウトマンは二十七日にそれを支那側に伝えた。南京を失った支那ではあったが、その長期抗戦の決心に照合すれば、おそらくは問題にしない降伏的条件として机中に押し込めたであろう。

いわんや、十二月二十四日、わが閣議が新たに決定した「支那事変対処要綱」を見たならば（次稿参照）、いよいよ以て長期抗戦の決意を固めるのみであったろう。この重大なる時機に、近衛内閣は、いわゆる国粋主義の強硬派に引きずられて、その本来の姿であるべき中庸穏健なる政策に、自ら背中を向けてしまったのである。末次を責めるよりも、近衛の土性骨の細いのが嘆かれた。

4　変節はなはだし「事変対処」

妥協解決派に対して圧力急増す

「事情一変」を理由として、広田が前回よりもはるかに強硬なる条件四ヵ条をドイツ大使に掲示したのは、十二月二十二日であったが、二十四日の閣議は、その詳細なる具体案を決定した。多数の閣僚は、その浩澣なる原文に目を通して賛成したのかどうかを疑われるような「事変対処要綱」である。

その前文において南京政府に反省の色がないならば、「必ずしも南京政府との交渉成立を期待せず、これと別個の収拾を計り（中略）、北支および中支方面は左記方針により措置す」と言っている。後に有名なる一・一六声明――国民政府を相手とせず――の大過失の一歩は、このときにすでに踏み出されていたことが判る。

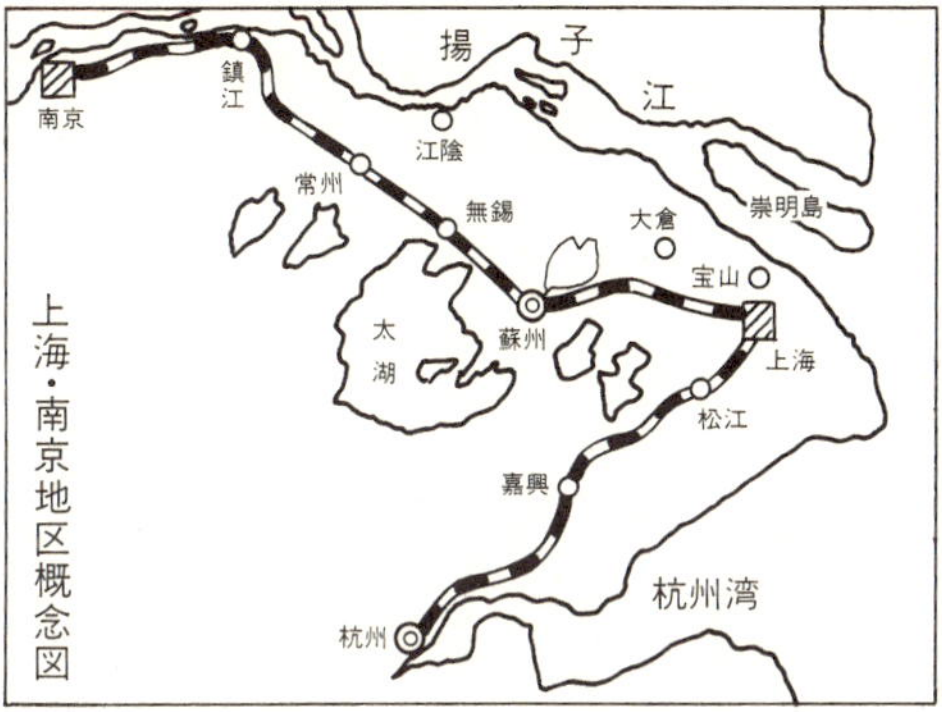

上海・南京地区概念図

これはまことに驚くべき豹変であった。とくに本章第2節に掲げられた「北支処理方針」は、十二月二日に南京政府に提示したものとは、強弱硬軟に雲泥の差を示している。大要に曰く、

「北支新政権を作り、漸次これを拡大強化して更生新支那の中心勢力たらしむるごとく指導す。この政権の首脳者は、支那全国に信望を有する人材を網羅し、新時代的組織を備え、全支に呼びかけ得る主義綱領を持し、しかしてわが方の指導は、邦人顧問による内面指導に止む」

というのである。

これはまさに第二の満州国を期するもので、十二月二日に「北京政権の形体および人事は南京政府に任す」といった譲歩から完全に逆転して蘆溝橋当時に舞い戻り、さらに一歩前進したものである。

けだし末次一派の強硬派が、広田らの妥協を制圧して

近衛内閣を引きずった結果、軍部や、企画院や、外務省の、勢いのいい若い連中が、いままで押さえられていた譲歩的協調の不満から一気に抜け出して、蔣介石などにこだわることなく、北京に全国的政府を樹立してこれを指導するならば、東亜の天地たちまち和平の旭光を見るにあらずやと息巻くことになったのだ。

見よ、その勢いは、中支処理方針の上にも顕然と現われている。すなわち「わが占拠区域には、機の熟するを待って、北支政権と連絡ある新政権を樹立するも、当分は治安維持会を置き（中略）、租界周辺の処理はつぎによる」と言って、

（イ）租界周辺を除く大上海市を特別市とす

（ロ）特別市の行政は支那人の市長これを管掌す

（ハ）市長を補佐して一般行政を指導する邦人顧問をおく

（ニ）市内の日本人に対する警察権はわが総領事館警察の管轄とす

（ホ）市内の電話、電力、水道、ガス、電車等の公共事業は、わが国策会社の経営とす

（ヘ）支那官有の土地建物は日本に接収利用す

などのほか数項を明記している。これでは、大上海市を日本の領有とするようなもので、世界はこれを侵略と認めることとまちがいないが、とにかく、近衛内閣はこれを「方針」として閣議で決定したのである。

もちろん、「方針」であって、南京政府が和平を求めてくれれば、「交渉の結果これを調整す」と記載されているし、広田がこのような条件を心から希望したとも思われない。勢いに押されて余儀なくこの「方針」に賛したものであろう。だから一月四日（昭和十三年）に、

ディルクゼンと会見して、「支那側の返答は非常に急を要する理由がある」旨を「真剣かつ熱烈に」力説しているのである。ディルクゼン大使が本国に報告した電報の中に、「日本の国家主義の圧力急増し、支那の回答遅延すれば、中庸派はついにそれに屈服するにいたるであろう」と付言しているのは（一月五日発）、広田との会談において印象づけられたものに相違ないのである。

が、支那からは何の音沙汰もなく、ただ砲声のみが伝えられて、一月上旬も過ぎようとしていた。国内は戦勝に新年を祝って意気ますます旺んであり、強硬論者は全支征定の勢いに燃えて行った。この形勢を最も深く憂えたのは参謀本部であった。

参本が事変不拡大と局地解決とを主張した事情はすでに述べたが、兵火が上海に移った後はいっそう熱心に妥協停戦を希求した。前記八月案（川越・高宗武会談）も、十二月二日の停戦案（トラウトマン仲裁案）も、参謀本部は背後から最も熱心に支持したところであった。だから、末次が中心となって四ヵ条の強硬条件に変更されたときは、参本の首脳は苦々しくそれを眺めていたのであった。

越えて前掲のごとき戦勝気分の「事変対処要綱」が作成されつつあるのを知るや、それは明らかに「侵略」であって、帝国の最初の声明に反するばかりでなく、日支国交の大局を誤るものと判断し、この機会に早急に御前会談を開いて日支国交の根本方針を確立し、侵略を否認して国民に向かうところを知らしめる必要があるという方針に帰着した。

そこで参謀本部の石原、河辺以下数名の中堅将校は、陸海軍および外務の事務当局を歴訪してこれを熱説した。三省もとより異議なく、参本の大乗的国策を活かすために、御前会議の開催を三省大臣に進言し、その結果、昭和十三年一月十一日、日支事変対策のための最初の御前会議が開かれることになった。不幸にして、その会議は参本の精神を採択するには、時すでに遅かった。

5　参本の主張つぶる

戦勝に乗じて陸軍省硬化す

参謀本部および陸海軍の常識派が期待した御前会議は、日支事変を、両国国交の永久的親睦の基礎づけに利用すること、したがって侵略的な構想を否定する方針を確立することであった。軍部の中から生まれた適切なる着想であった。会議に臨んだ参謀総長閑院宮殿下は、「戦勝国が敗戦国にのぞむような態度や観念を去り、東洋永遠の平和という大乗的立場から条件を決めるべきだ」と発言した。

一月九日に連絡会議および閣議をへて議定された条件は、その大乗的立場とかけ離れた一種の降伏条件に近いものであった。ゆえに参謀総長は、言を継いで原案の修正を主張しなければウソであり、参本首脳もそれを期待したのであった。

ところが、総長は原則論だけを述べて、「それを含んで原案に同意する」とアッサリ賛成してしまった。事実上、閣議の原案を陛下の御前において覆すような荒業を、この殿下の人柄に期待することは無理であった。また、それは主として外交に関する事項だから、統帥部としては、大乗論を注文しただけで満足すべきであったかも知れない(?)。

もとより原案の前文には、両国国交の大乗的再建や、主権領土の尊重や、両国を東洋平和の枢軸とすることが窮極の目的であると謳っている。が、それはお題目であって、和平交渉の条件九ヵ条の中には、勝者が敗者に向かって求める条件が脈々として露呈されていた。条件九ヵ条中の主たるものは、

（イ）満州国の正式承認
（ロ）賠償金の要求
（ハ）北支に広汎な自治権を有する政権設置
（ニ）内蒙自治（地位は外蒙に同じ）
（ホ）中支占拠地域に非武装地帯設定
（ヘ）大上海市区域を日支協力して治安維持

等々であった。ただちに「侵略」の意図を示したとは言わないまでも、その精神を疑われるのに十分のものであった。

右を十二月二日（昭和十二年）にトラウトマンが蔣介石に取りついだ日本案に比較すると、寛容と過酷とに天地の差があった。今回のものは、あきらかに勝者が敗者に強いる条件である。閑院参謀総長宮が御前会議で注文した原則とは正反対のものである。その反対のものに賛成したのはおかしい話であるが、それは前記の事情以外に追求しても致し方がなかろう。いずれにしても、参謀本部の主張は潰れてしまったのである。

それを軍部の内情から言えば、参謀本部と陸軍省の対立において、陸軍省の方が勝ったということであった。参本は、次長多田駿、作戦部長石原莞爾の統制の下に、支那と結んでソ

連に備える戦略方針を堅持し、それゆえに北支事変のごときは相当の譲歩をしてもすみやかに解決すべきであると主張してきたのだ。これに対して陸軍省の方は、不拡大方針には賛成だが、停戦に際しては、何物かを収得する欲望を有し、したがって条件も自ら強硬に傾き、そのためには一大決戦をも辞しない方向に動いていた。

もちろん、陸軍省の軍務課長柴山兼四郎は、妥協解決案を提げて闘い、初めの間はヨク杉山陸相を引っ張っていたが、後には軍事課長田中新一の戦略的有利解決案に制せられた。それが省の大勢であったからだ。くわうるに、十二ヵ師がすでに動員されて戦争をしている場合には、相手がある条件を聴かなければさらに叩けッ、というのが、世界における兵の通勢とも言えるであろう。

のちに陸軍の指導的役割を演じた武藤章は、当時、参謀本部の課長で多田・石原の統制下にあった。彼は、寛容なる条件で速決する参本の方針を侵すことはできなかったが、肚の中では、この機会に北支の親日的安全化を一歩促進すべきだという主張を持っていた。そうして、おなじ主張の陸軍省の田中新一課長の成功を祈りつつ精神的後援を送っていた。

武藤と田中とは同期生(陸士第二十五期)であった。奇しくも、柴山兼四郎は、参謀本部の作戦課長河辺虎四郎と同期生(第二十四期)であり、二人は相励ましつつ、不拡大・妥協解決のために日夜奔走を続けた。呑気な事情通は、これを二十四期対二十五期の相撲として見物していた。力と技の両力士が、三宅坂の土俵で、五ヵ月近くも四ツに組んで粘り抜いた大相撲の勝敗に固唾を呑んだ。二十四期が押し切るかに見えたとたんに、南京陥落を背景とする末次内相一派の熾烈なる応援があらわれて、あッという間に、うッちゃりを喰ってしまった。

次官梅津美治郎中将は、大局の見える将軍であったから、田中に引きずられる杉山を、もッと妥協解決の方向に引きもどすべきであったと思われるが、梅津もかつて何応欽との間に北支政権の日本化を協約(強制的に)した履歴もあって、それを譲歩するような停戦条件を積極的に支持しては顔が立たなかったのかも知れない。いずれにしても、昭和十三年の新春を迎えた日本は、政治家も、外交家も、陸軍省とともに、戦勝の祝酒に微酊を催していた。

6 天皇の御質問を封ず

御前会議に千載の恨事

御前会議で決定された停戦条件九ヵ条は、戦勝国の意識を以て敗者に強いるものであったが、それよりも一層重大なる政策の根底は、九ヵ条の交渉条件を掲げた前文の第二項に「支那現中央政府が和を求め来たらざる場合においては、帝国は爾後これを相手とする事変解決に期待をかけず、新興支那政権の成立を助長し、これと国交の調整を協定し、更生新支那の建設に協力す云々」と明記した一文の上に現われていた。これは、いとも簡単に支那政府を否定する思想であって、自棄的の危険を包蔵し、国交調整の正道を踏みはずす恐れが暴露されている。事変の当初、「近衛みずから南京に飛んで蔣介石と二人で日支国交の大局を協議する」と考えた思想から見るとまさに二直角の転針であり、またあまりにも支那の事情に通じない幼稚なる外交思潮と言わねばならなかった。

普通の常識を有する人々には、それは日支の国交を回復しないで、逆に長期全面戦争に移行させる危険をしめすものであった。かかる方針が閣議を満場一致で通過したところを見ると、当時の閣僚もずいぶんイイ加減の列び大名であったと思われるが、それが、国家の方針としてとくに重大なるのゆえを以て御前会議まで開かれたその大会議において、何人もこの根本的大問題に無関心であったのは驚くのほかはない。

天皇陛下はかかる戦争拡大の危険についてもっとも憂慮される深い感覚を持っておられたが、御前会議における陛下の御発言は事実上禁止されていた。原因は、元老西園寺公望が、皇室を政治責任の外に超然たらしめ、君臨すれども統治せず、という英国流の皇室にならわせようと配慮したところに発した。ゆえに陛下は生物学の研究を第一とし、政治外交は二のつぎという風に育てられた。

明治天皇は、政治外交を学ばれ、国家国民の安危に関するような大問題は、御前会議において親しく裁決を下された。千鈞の重みというよりも、それは絶対であった。しかるに大正天皇以来、その裁可は形式化し、後に元老が西園寺一人になった昭和時代に入っては、あきらかにその形式を宮中の憲法化とした。御前会議において陛下は単なる聴取者であり、質問の一語も発しないという慣行になってしまった。ただ陛下の御前で決めたという点に議決の重さを加えるだけであった。

陛下は御不満であったが、積極的に慣行打破を申し出されることは遠慮され、あるとき、伏見宮（軍令部総長）から内大臣に対して、陛下の御発言を必要とする旨が提言された。内大臣は、西園寺の賛成を得なければ方針を決し得ないので、会議の前日（一月十日）、原田熊男を興津に送って西園寺の意見を徴した結果、「陛下は単なる御質問の程度ならば御発言差し支えなかろう。ただし、会議を左右するような御言葉は不可」ということに帰結した。

それは一つの進歩ではあった。陛下は政治外交についてすでに正しい認識を持たれ、とくに、十月事件や五・一五事件等以来は、軍の動向について深い関心を払われ、また満州事変から連盟脱退などの国際関係の偏向についても憂慮にたえない御気持を、侍従長にたびたび漏らされていた。陛下は、憂国の第一人者であったのだ。

いま日支の和戦を決するに等しい御前会議において、単なる質問を発せられるとしても、それは、議会における反対党の質問なぞとは比較にならない風雲を捲き起こすかも知れない。既述のように閑院総長官は、勝者と敗者というような観念を去り東洋永遠の平和のためにと発言されている。それはまさに陛下の御考えを代弁したに等しいのであった。ゆえにもし、仮に陛下が質問をされて、「本案は戦争を拡大したり、長びかせたりする危険はないか」と言われたら、原案の説明者広田外相はなんと返答したであろう。「現中央政府を相手としないで果たして事変は解決するか」と質されたら、広田は外交家としていかなる保障ができたであろう。すでにして七月二十二日、陸相杉山元が動員の御裁可を上奏した際に、陛下は、「どれくらいの期間で片づくつもりか」と問われたのに対し、杉山は「一、二ヵ月で十分です」と御答えした。いまやすでに六ヵ月にしてなお兵を増派中であり、杉山は、真っ直ぐに陛下の御顔を拝することができない羽目になっていたのだ。

こんな次第で、御前会議における「御質問」だけでもおおきい牽制の効果は期待し得たのだ。不拡大を、近衛以上に真剣に希望されていた陛下は、おそらく御質問の御考えであったに相違なかったろう。

ところが、その御質問を、こんどは近衛が押さえてしまった。会議の前日、内大臣から前記の趣きを告げると、近衛は少しく開き直って、本案は総理大臣の全責任においてすでに決定し、単に御前で本格的に決めるだけだから、従来どおり御発言なきことを望むと言い切った。よって内大臣はその夜拝謁して陛下の無発言を言上し、重大御前会議はそのまま国策として裁可されることになった。

ついでに陛下の御発言は、日米危機の頃からまれに行なわれ、御裁決は終戦時に初めて一回行なわれたに過ぎない。その御裁決が本土決戦計画を否定して国民を救われたのだ。日支の危機にも、御前会議における陛下の御発言禁止は千載の恨事といって大過ないであろう。

7　北京に揚がる五色旗

軍の王克敏引き出し工作

これよりさき急変硬化した日本の停戦条件四ヵ条（本章第4節）が、トラウトマン大使から支那側に提示されたのは十二月二十七日であったが、年末年始その他の事情で返答がおくれ、一月十三日にいたって、トラウトマンと王寵恵外相の会見が行なわれた。その席で王外相は口上書を読み上げ、それを日本政府に伝えることを依頼した。その口上書の大意は、「去る十二月二日、閣下は日本側提議による停戦条件を示され、それを基礎として斡旋を申し出られた。当方はドイツの好意と、日本の和平希望とを了承し、同案を討議の基礎とする旨を約した。しかるに、十二月二十七日にいたり、日本は事情の変化にともなうという理由で同案の改変されたものを提起した。その改変案は従来のものに比して範囲が広きに過ぎることを知った。それゆえに、中国政府は十分に検討して確たる返答をなすため、新条件の性質と内容とを詳報されんことを望む」

という趣旨であった。駐日ドイツ大使が広田にこれを伝えたのは一月十四日であった。広田はそれを一読して、「これはまったく遷延策で少しも誠意がない」と憤ったが、ディルクゼン大使は、「支那はまだ四ヵ条の基礎条件しか正式には知らないのだから、内容をモ少し詳しく知りたいのは無理ではなかろう」となだめたが、広田は、敗北して和を乞わざるを得ないのは支那自身ではないか、生意気を言うナ、と言わんばかりの剣幕であった（一月十四日午後七時。ドイツ外相宛ディルクゼン大使発電の要領）。

広田が戦勝に酔って放言するわけはなかろう。真相は、末次や陸軍省の圧迫による強硬条件では、当分外交的整調の見込みはなく、その上に、ドイツの調停は、ドイツの利益のために日本を利用するもので、これに乗る外交は失態だという批判が閣内にも聞こえるにいたったので（文相木戸幸一さえその観測であった）、広田も厭気がさし、このあたりでドイツ調停の話を打ち切りたいと考えたものと信じられる。

他の最も大きい理由は、前年（十二年）十二月十四日、北京に「中華民国臨時政府」が成立し、王克敏が首席として参加し、江朝宗（治安維持会会長）以下が顔をそろえて新政体の内容を整えたことであった。王克敏は、中国銀行総裁や財政総長の要職にもあった一流人物で、北京の新政権を重からしめるあつらえ向きの人材であった。

この人物の引き出しに成功してから、広田は、蒋介石の方がうまく行かなければ、この地方政権と結んでまず北支の安定を成就し、逐次その形を中南支におよぼそうと考えるようになった。これは本来、軍部が用いきたった政略で、広田はそれに便乗したわけだ。

王克敏は、老齢のゆえに初めはなかなか動かなかったが、日本の熱烈なる勧誘に意を決して、十二月七日にわが軍用機で北京に乗り込んだのであった。わが勧誘の結論は、彼の新政権が北支を中心として支那の一半を統治し、日満支の防共的提携を確立し、もって東洋平和の基礎を築き得るよう、日本はあらゆる援助を約するというのであった。無論、軍部の策略であった。

さらに、蒋介石の国民政府にして反省飜意しない場合には、日本はあくまで膺懲の師を送ってこれを屈従降伏させる決意であり、その場合には、日支間の国交問題は北京政府との取り極めによって処理する。しかして占領地域が南支に拡大する場合には、北京政府と同じ政綱を掲げる政府を樹立し、その連合によって支那大陸を治めるのも一方式とするものと諒解された。

聡明なる王克敏が、日本の保障を十割まで信用したかどうかは疑わしい。後に汪兆銘の政府と合体を議したとき（昭和十五年一月、青島会議において）、王克敏は汪兆銘の片腕の周仏海に私語して、「自分は結局日本に売られたような形だが、君たちも将来売られないように心を締めてかからねばならぬ――」と注意したという事実から推して、彼が最初から一分の疑いを持っていたことは想像に難くない。

といって、王克敏が、単に軍の武力保障だけでなしに、日本政府の公式保障を出馬の条件としたという説は、真偽不明である。ただ、彼を引き出す工作員の口から、日本政府の真意は、北京の新政権を有力なる支那の一代表政府として声明するのだ、くらいの売り込みは、当然行なわれたに相違ない。

一方に、王克敏自身としては、戦乱の前途が支那民衆を苦しめるのを防ぎ、かつは自分の大嫌いな共産党が蔣介石を俘虜にして増長しつつある実情を慨し、ひとまず出でて北支の安定を計り、防共の堅塁を築くことは、愛国者の途であると信じたに相違ない。ただ、自分が老軀を挺して出馬し、しかも間もなく日本と蔣の握手ができて不忠あつかいされてはたまらない。ゆえに、日本政府の真意を質し、その保障を大部分信じ得るにいたって腰を上げたのは当然であろう。

王克敏を担ぎ出したのは軍の一部であること前述のとおりだ。昭和十二年二月十四日、彼の北京政府は、五色旗（支那の旧国旗）を掲げて成立し、陣容も相当に立派で、華北の民は安心の姿を示した。このころから近衛と広田の頭は、漢口の敵よりも、北京の友に急傾斜を演ずるにいたるのである。

8 「国民政府を相手とせず」
自ら事変長期化の根因を作る

ここにおいてか日支事変中の最大失敗と言われる有名なる〝一・一六声明〟が発生するのである。青年将校が声明するならありそうなことかも知れないが、近衛文麿や広田弘毅という大人が声高らかにこれを声明したところに大なる不思議があった。また、支那に対する認識の欠如と、対策の軽率に由来する事変長期化の悲劇の根因があった。歴史的声明はつぎのとおりだ。

帝国政府声明（一月十六日）

帝国政府は南京攻略後なお支那国民政府の反省に最後の機会を与うるため今日におよべり。しかるに国民政府は帝国の真意を解せず、みだりに抗戦を策し、内人民塗炭の苦を察せず、外東亜全局の和平を顧みるところなし。よって帝国政府は、爾後国民政府を相手とせず、帝国と真に提携するに足る新興支那政権の成立発展を期し、これと国交を調整して更生新支那の建設に協力せんとす。（以下略）

それはまったくおどろくべき声明であった。心あるものは、果たしてそれでよいのかと疑った。軍部の知識階層も、同じようにこれを疑った。とくに参謀本部は、かかる政府の方針は戦争を拡大長期化する危険あり、幾万の精鋭をいたずらに泥沼の戦場に投入して、かえって日本の国防を危うする結果を招くものと断じ、首脳部をあげて反対した。

ゆえに、この方針を議するための統帥部政府連絡会議（一月十五日）は、激論四時間にわたり、モウ一息で内閣が倒れるところまで緊迫した。政府は国民政府がわが停戦条件を無条件で応諾するのでなければ、交渉を打ち切って、徹底的に打撃を与えるという方針であり、参謀本部は現交渉を継続して終戦に導くようさらに一段の努力をはらうべきだと主張して已まなかったのである。

交渉の現段階を説明したのはもちろん広田外相であるが、それによれば、支那側は、非武装地帯の拡張も、賠償の支払いも拒否する方針らしく、すなわち交渉の見込みはないという観測であった。これに対し、参謀次長中将多田駿は、政府が詳しい条件を支那側に通告していないことを指摘し、また、交渉はドイツを通し行なわれただけで、相手の真意は的確には判っていない。本問題はわが国の興廃に関するほどの戦略的重要性を有するについては、わが条件を書き物にしてハッキリと支那に交付し、その返答を待ってさらに外交を進むべきである。長期戦争は絶対に避けねばならないのに、この機会を逸すれば勢い長期戦を招来する危険がある。外交をモット掘り下げて事変の解決を期してもらいたい――旨を繰り返し力説した。

広田は、支那が日本の提案大綱を承知していながら、さらに詳細に知りたいというのは、単なる時間稼ぎのためで、応諾の誠意は認められない。詳しい条件は、直接交渉に入ってから示さるべきで、今日それを理由とするのは不可であると説く。

軍令部次長古賀峯一は、多田とほぼ同様の意見を述べ、支那が詳しい条件を知りたいと希望してきているなら、それを示すべきであろう、彼に誠意なしとして打ち切るのは早計ではないかと結論した。

すると、杉山陸相および米内海相はこもごも立って、交渉をこの上つづけて見込みがあるかいなかという判断は、外務当局が最も適切に行ない得るはずである。この際は外相の意見にしたがうのが至当である旨を力説し、とくに米内は古賀をたしなめるような語調で外相一任論を再説した。最後に近衛は、自分でさらに熟慮したうえ、明朝あらためて再議することにしようと発言して大熱戦の幕を閉じた。

じつは、国民政府との交渉打ち切り論（ドイツの調停を断わって中止すること）は前日十四日の閣議において決定ずみのものであり、翌日の連絡会議において参謀本部は反対するだろうが、結局は折れるものと見当をつけていた。

ところが多田中将は頑として交渉の継続を要求し、杉山陸相との間にはげしい応酬が反覆され、結局、十六日に持ち越されたのであった。

十五日夜、政府は緊急閣議を開き、打ち切り断行を再確認して前記の「声明書」を用意し、十六日の連絡会議において承認を押しつけることに決定した。参謀本部の激しい反対を、そこまで無視する政治家の勇気が、これ以外の多くの場合に発揚されたら、国家国民の幸福に資することができたはずだが、大多数の場合はことごとく軍に屈し、この肝腎の初動においてのみ強制的態度を押し通したのは、事の順逆を転倒した最大の不幸であった。もっともこれは杉山陸相を担いだ陸軍省の支柱が太かったので、それにたよって参本を抑えたのではあったが――。

参謀本部は最後まで反対すべきかどうかを協議した。戦争指導班に勤務されていた秩父宮中佐は、交渉打ち切りを最も憂慮された一人であった。結局、あくまで抗争すれば政変をまぬかれないので、この際は退却のほかなしということに一致し、「国民政府を相手にせずという方式には不同意なれども、今回の政府の決定には反対を差しひかうることとす」という珍妙なる通告を政府に送ってケリをつけた。と同時に、超重大なる一・一六声明が発せられたのであった。

9 大衆を惹く〝近衛人気〟
世界の外交界は等しく疑う

倫敦《ロンドン》の有力紙デイリー・テレグラフは、新聞の第一面に、日本の兵隊が銃を担いで首まで沼につかっている政治漫画を大きく掲載した。一月十六日の声明を諷刺したもので、外国にも「泥沼に入り込む」という比喩は、日本と同じように昔から存在する。日本でも、一部の識者はこの新声明、新方針によって戦争は長期化し、結局、泥沼に落ちこんで立ち往生におちいる困難の前途を深慮した。

それよりも、軍事上の最高専門家である参謀本部が、泥沼説を唱えて反対したのであるから、国民はそれを信じて憂えるのが当然であった。ところが、民論を指導していた陸軍省は眼を光らして「国民政府の抹殺」を疾呼し、市民もまた、宮城前の広場に提灯をかざして戦勝を祝う行列を好んだ。

そのうえに、近衛の人気は圧倒的であった。いつのまにか大衆演説をマスターした近衛に対する信望は甚大であった。たとえば前年九月十日、国民精神総動員大会（日比谷公会堂）における演説で、「正義人道のため、さらに東洋百年の大計のため、彼に一大鉄槌を加うるの必要に迫られるにいたった。この事たる、今日われわれがこれを解決しなければ、われわれの子孫がさらに大なる困難の下に、いずれの日にかこれを解決しなければならないものである。ゆえにわれわれらが今日この事業にあたるのは国民的光栄であり、われわれは喜んでこの任務を遂行すべきである云々」と高唱した辞句は、深く国民に感銘をあたえ、四ヵ月の後にいたっても、なお活きて言論の上に反覆援用されていたのだ。その同じラインにおいて「爾後国民政府を相手とせず」の一句は、国民大衆から無反省の大喝采を浴び、いわゆる大向こうを唸らせて近衛の人気をいやが上にも高めるのであった。

当時、民衆は近衛に対して、救世主に近い信頼と尊敬とを寄せていた。批判力を有する階層の間にも、近衛のみが軍部を抑えて政治を常道に復してくれるだろうと期待した。近衛もまた、その信頼にこたえる熱と抱負とを以て起ち上がったことは疑いなかろう。不幸にして北支事変は起こったが、不拡大・現地解決を宣明した近衛の一言に信頼し、事変は半歳にのびて戦局は拡大したが、近々に解決をつけてくれるだろうと想像した。

ところが、事変は戦争の一種である。戦争となっては、近衛は門外漢である。戦争は軍人の威勢を自動的に拡大し、戦前でさえも容易に抑え難いところまで発展していた軍の政治力を抑制することは、神経の強靱な大政治家にとってさえも難事である。いわんや芯の弱い近衛にとっては不可能事と評して過言ではなかった。近衛は軍部を統制して戦争指導の主人になりたいと願ったが、事実は一部軍閥と国粋主義者らに導かれて膺懲戦の演壇に叫ぶだけの身となっていた。「国民政府を相手にせず」の呼号も、王克敏を引き出した出先参謀と陸軍中央部の合作した御膳の前に、近衛がつれられて座ったというのが真相である。原本の作者は軍である。近衛は出版を引き受けた印刷屋に過ぎない。そうでなければ、近衛ほどの常識人が、市井の啖呵に類するようなものを大国政府の声明として見得を切るごとき不見識は、とうてい想像もおよばないからである（いわんや外交知識を有する広田においてをや）。

蒋介石の国民政府は、列国がこれを支那の中央政府と承認して交際をつづけているものである。一・一六声明は、日本だけがそれを取り消すということで、世界の外交界が等しく奇異の目をみはるところであった。第一次世界大戦でも第二次大戦でも、連合軍は、ドイツ国民を敵とするものではなくて、軍閥政権を撃つのだと宣伝したけれども、しかしその政権を交渉の「相手としない」というようなことは瞬時も考えたことはない。

第一、日本は国民政府を相手として戦争をしていたのだ。大軍がその戦場におくられ、巨大なる軍費が投じられ、国民はまた多くの犠牲を余儀なくされ、まさに国をあげて戦っているその相手は国民政府なのである。「相手にせず」というならば、戦争の方も同時に止めてしまわなければ筋が通らない。戦争をあくまで続けて屈服させるならば、降伏の条件を強いる相手は、その戦争の相手でなければならない。支那の中央政府は支那が決めるもので、その決められた国民政府と戦いをしていたのだ。相手にせず、とは一片の捨てぜりふで、やがて後悔するのは判りきったことであった。

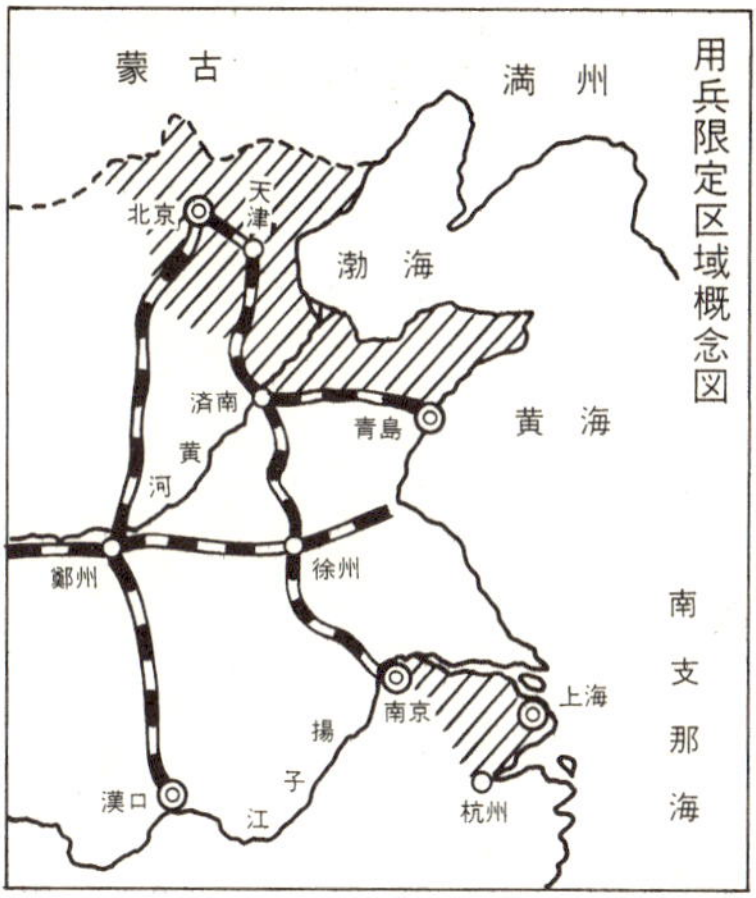

用兵限定区域概念図

が、一種の悲壮なる、あるいは高踏的な響きがあり、また各戦場では占領前進が続いて国民の意気も昂っていたので、声明は拍手喝采の嵐を呼んだ。政府は引き続き貴衆両院の代表を晩餐にまねいて真意を説明し、外務省情報部は国民に対して詳しい解説を述べ、川越大使には帰還令が発せられ、そのところ「相手にせずウィーク」ともいうような日がつづいた。

しかしながら反応は、第一日から不良であった。支那はこれを聞いていよいよ徹底抗戦の決意を固め、国民党と共産党とは心から結合し、国軍として戦意の不十分なる雑軍および地方軍（軍閥下の兵団）を整理し、主力を中央軍と共産軍とに改編して動員を倍した。そうして従来多少大目に見ていた和平派を徹底的に弾圧して挙国抗日の態勢を再建した。ここに平和は俄然遠ざかり、戦争のみが日支の全関係を支配して前途遼遠なるをおもわしめるにいたった。

10 〃攻勢防御〃の泥沼へ

守勢用兵の限界線を踏み越す

「国民政府を相手にせず」の声明は、日本がみずから終戦交渉の相手を失い、その機会を放棄したに等しい。その後、日本のやることは戦争だけになるという結論である。近衛の時代は去って軍部の時代が全面的に到来したに等しい。返すがえすも軽率なる書生外交の見本であった。

北支における敵軍の本拠といわれた保定を攻略すれば、戦争は一段落であろうから、年内（昭和十二年）には青島から乗船して凱旋するものと予定した第一期動員軍は、凱旋どころか、方面軍司令官に寺内寿一大将を迎えて、南へ南へと町村の占領を進める羽目となった。しかも広大なる支那の領土内で、このあたりの町を奪う戦闘は、囲碁にたとえれば、隅の方の一目を取ったくらいの収得でしかない。いな底辺一目の却争いと言っても過言ではなかった。

一方に、松井石根大将を軍司令官とした中支派遣軍は、苦闘上海を収め、ついで柳川兵団（三個師）は杭州湾上陸に成功して首都南京に突進し、十二月十三日（昭和十二年）にヨクこれを攻略したのであったが、国民政府は遠く漢口にのがれてますます長期抗戦を呼号する始末である。

日清戦争の場合もそうであったが、支那軍は市により町を守って一応は戦うが、危ういと見ればこれを捨てて逃走するのが一つの戦法のごとく、奥へ奥へと退いて行く。だからその大軍を捕捉して撃滅する戦法はついに成立しなかった。ただ、日清戦争の場合は、初めから国の存亡を賭する戦意はなく、その上に主力艦隊が撃滅されたので、勝算なしと諦め、たちまち和を請うて終戦となったのであるが、こんどは死活の関頭に起って長期戦に日本遠征軍の疲敗をねらう作戦であるから、戦争自体の収拾もほとんど見当がつかない。

もしその途があるとすれば、敵の主力何十万を包囲撃滅してその戦意を奪い、その機に乗じて第三国の調停による終戦を策するだけである。南京を占領し、その周辺の町や村をつぎつぎと占領したところで、これもじつは碁の一、二目に過ぎない。

しかしながら日本軍は支那に漫然と駐屯していては危ない。というのは、日本軍の十余万に対して、支那軍は百五十万という数だ。多数の町や村を小兵力で守っているところへ、何倍かの敵が逆襲してくると、その守勢ははなはだ困難である。反対に、日本軍が主動作戦に出る場合は、一大隊で一個師を制する自信を持っていたのだから、勢い、防御のためにひろく周辺の敵を追いはらうという作戦に傾き、自然と進撃を続け、町の城壁に日章旗を立てることを、遠征の戦略目標とするような形状を呈し、したがって戦場はだんだんとひろがって行った。

が、それらが碁の一目か二目の石に過ぎないことは、北支でも中南支でも同じことだ。軍首脳もこれには内心弱っていた。参謀本部は、それ見たことか、と近衛内閣や陸軍省中央部の短見をあざけったが、見物しているわけには行かないから、同じように悩みをわかって戦争を続けた。戦争は続けたが、不拡大の原則は参謀本部の依然として堅持するところであった。すなわちその作戦命令は、北支方面軍に対しては、膠済鉄道の線（済南から青島）を一歩も越ゆるべからず、泰山山脈の以北において安定工作に専念し、もって北京臨時政府の成長を哺育すべし、というのであった。おなじく中支派遣軍に対しては、南京より一歩も西進すべからず、上海——南京——杭州をつなぐ三角地帯の保安に任じ、以て南京維新政府の誕生（三月下旬予定）を支援すべし、というのであった。

戦争指導の原理からすれば、敵の主力を痛打して戦意を喪失させるのが本筋であり、前記の両地帯に守勢の陣を布いて軍を停止するのは、戦争を完遂する道ではない。しかしながら二つの有力なる地方政権を育成して枢要なる地帯に平和を築き上げることは、一月十六日声明の目的にそう所以であって、一応はいわゆる政戦両略の一致と称することもできた。もしそれで蔣介石の政府が地方政権に下落し、彼自身が国民的抗戦を悲観するようになれば、終戦の途もおのずからひらけて和平の日を近きに期することもできよう。ところが、蒋介石は、一・一六声明を逆用して国共の結束を固め、ますます長期抗戦の決意を昂揚する始末であったから、不拡大方針下の戦争指導は、戦争本来の原理と矛盾せざるを得ない状態となった。というよりも、これが対支戦争の地理的自然の成り行きであったと評して過言ではなかった。

泥沼没入を自戒するとすれば、歯を喰いしばって、ある戦線で停止しなければならない。一・一六声明の他の解釈である蒋介石打倒の方策は、言うはやすくして行ない難く、強いて行なえば泥沼没入に終わる危険濃厚であるから、済南を先端とする北支五省、南京を頂点とする三角地帯の治安工作を用兵の限界線とする大本営命令は、至当であったと言っていい。しかるに困ったことには、これも下剋上の一形体であるが、現地軍が中央の命令に反して、ズルズルとその線を越してしまうことであった。

第三章　台児荘から徐州へ

1　大敗？　大勝？　台児荘

日本軍の一部隊が専断突入

戦線を区切って停止するといっても、その線はグラウンドに引かれた白線とはちがう。どこかの赤線よりも酷い。付近には無数の村落があって、いつでも敵の拠点となる。各所に分散するわが小部隊の守備兵は常に脅威を受けて心身ともに疲憊をまぬかれない。そこで敵を遠方に追いはらい、敵の部隊基地を攻略しておくことが、戦線を安定させる所以となる。ところが、それは十マイル進めば、またさらに十マイルというふうに際限なく進軍する結果となるのだ。しかして進軍は、また現地軍のたまらない魅力でもあった。新しい集落を占領して、豚や鶏の豊富なる夕食をとることも大きい誘惑であったろうが、攻めれば絶対に負けないことも、軍兵の闘志を沸き立たせる一大誘因であった。とくに大海のごとき北支洪水の中に旬日にわたって行動した部隊は、将兵こぞって前面の山脈地帯（泰山中心）に進出したい欲求にかられるといった事情もあり、かたがた以て停止線を侵す進軍を制し得なかったのである。

そこで第二軍（第五、第十の両師）は、戦略安全線の設定を理由として、臨城から沂州の線に進出する許可を懇請してやまなかった。参本作戦本部も多少は手綱をゆるめねばならず、「いかなる場合にも臨城・棗荘・沂州の線を超越することを禁ず」という条件を付して進出を許容した。ところが、その一部隊が問題の台児荘に突入してしまったのである。台児荘の戦闘は、支那が大勝利を博したということで、英米ソ独仏の各新聞にも大きく報道された有名な一戦であったが、それもじつは、わが軍の一部隊の専断独走が惹き起こした局部的戦闘に過ぎないのであった。

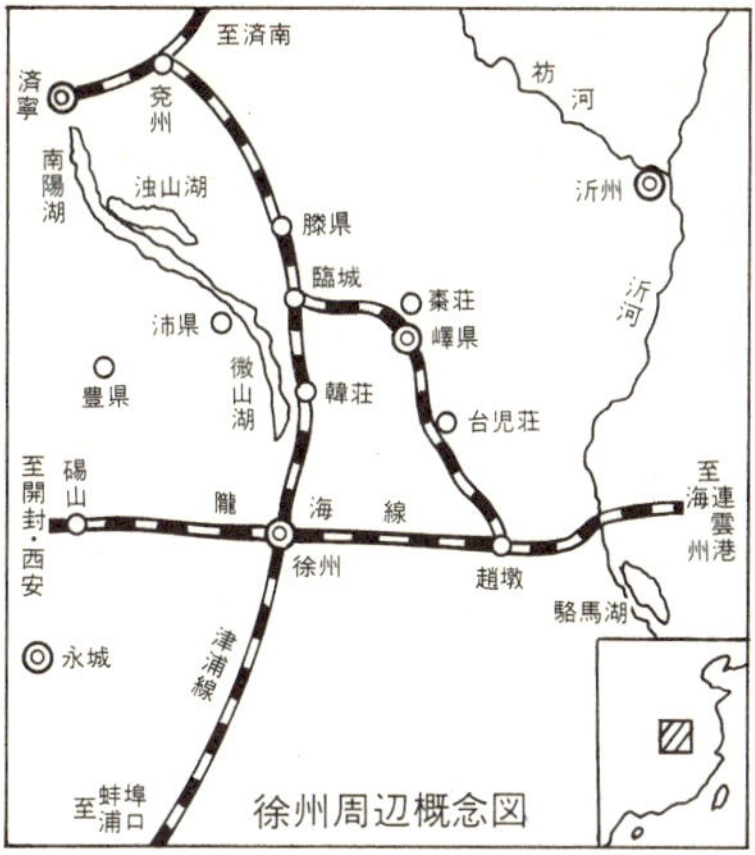

徐州周辺概念図

支那の宣伝の上手はいまに始まったことではない。そうして支那に特派員を送っている外国新聞は、ほとんど親支反日的であったから、日本軍が台児荘を一旦占領した後に放棄した事実をとらえ、「大損害をこうむって雪崩を打って退却した」という宣伝の火の手を揚げ、それが世界にひろがって、あたかも日本の作戦限界点が到来したように誤解されたのであった。

台児荘は、支那第五戦区の本拠地徐州から東北三十キロの地点にある要衝で、人口一万程度の城壁都市である。有名な大運河にのぞみ、背面に丘陵を有して防御陣地の構成に利あり、つとに塹壕ていた。

や砲兵陣地も築かれており、同地を中心として約十万の兵がひろい防衛陣を張ってがんばっていた。

三月二十五日、福栄大佐の率いる二個大隊の歩兵は、棗荘、嶧州等の町村をつぎつぎと占領した勢いを駆って、一気に台児荘に攻めかかった。敵は頑強に戦ったが、われは不敗の信念を以て、三月二十七日に城郭の北門に突入した。第十師（姫路）の鳥取連隊に属する部隊は、二十数回の占領戦に一回の躓きもなかったので、台児荘何者ぞと、一番乗りの日の丸を北門に掲げたわけである。

ところが、敵は、文字どおり雲霞のように包囲し来たり、また市内の抵抗もかつて見ない頑強さを示したので、福栄連隊長は明らかに苦戦に陥った。ここにおいて、旅団長瀬谷啓少将は、赤柴連隊長に歩兵二個大隊半と砲兵一個大隊を付与し急行せしめ、みずからも幕僚をつれて台児荘の戦線に赴いた。その道程は、畑の中にも、森の中にも、小集落の内外にも、無数の支那兵が潜伏していたが、瀬谷旅団の主力は、それを振り向きもしないで一路直進、台児荘北門の福栄部隊に合流したのであった。

一方に第二軍司令部は、戦闘が台児荘まで発展し、大敵を向こうにまわして苦戦中であることを知り、折から沂州城を包囲攻撃中であった第五師団麾下の坂本連隊に急電し、攻撃を停止して台児荘の救援に赴くことを命じた。坂本大佐は、一部隊を沂州に残し、四個大隊を率いて急行し、三月末日に台児荘の東正門に到達し、ただちに激闘の火中に突入した。四月三日には東南の両門をも占領したが、激しい市街戦は依然として続き、四月六日にいたってようやく市街の大部分を掃蕩し、敵は逃げおくれた一部が死に物狂いの抵抗を演ずるという段階まできた。激闘じつに二週間に近く、開戦以来いまだかつて見なかった支那軍の驚くべき抵抗であった。

かくのごとくにして台児荘はほぼ占領したのであったが、周辺の敵は退却しない。いくたびか逆襲を反覆し来たり、かつ逆に台児荘を包囲する態勢を示した。とくに、側背面に布陣した支那の砲兵は、数においても質においても日本軍に優越し、従来なめ切っていた支那軍が、あなどり難い戦力をはじめてこの戦線に示現したのであった。

その大砲はドイツ、ラインメタル社の十五サンチ野砲で、日本砲兵の普通に使用していた七サンチ半砲の二倍の口径で、射程も五割方長く、まさにわが軍を驚かすに足るものであった。が、その驚きに優るものは、湯恩伯の軍団がこの戦場に出現したことで、それは蔣介石の虎ノ子の精鋭部隊がはじめて顔を出した真面目な戦闘を意味したからであった。

2　一城放棄の大反響

敵側の宣伝に良将を失う

一週間余におよぶ猛攻の末にようやく台児荘を占領し、しかも周囲は有力な敵軍に囲まれたのだが、その険しい実相は第二軍司令部には正解されていなかった。とくに坂本部隊の属する第五師団においては、台児荘はモウ取ってしまったというふうに簡単に考えたらしい。そこで包囲の形のまま残しておいた沂州城を攻略するのが順序であると思ったものか、四月六日、坂本連隊長に対し、台児荘は第十師団の方に一任し、反転して沂州の再攻撃を急施することを命じた。坂本大佐は、師団命令を奉じ、友軍たる瀬谷旅団長に対し、「沂州方面に転戦するのでただいまから出発します、台児荘の方はよろしく頼みます」と言いおいてサッサと去って行ってしまった。

無断同様の退去に瀬谷少将は驚きかつ憤った。協力してようやく城を抜き、現に敵の逆襲に直面している最中に、相談なしで戦場を去ってしまうのは、わが伝統たる友軍協力の美風にもとり、かつ眼前の必要をも無視するものである。

邪推する者は、坂本が苦しい戦場を離脱する方便として、沂州再攻に転ずるよう、部隊の方から師団司令部に要望したのではないかと悪口を叩くものさえあった。坂本大佐は勇断の指揮者であったが、部下は遣支軍中でも未熟の兵隊と言われていた。というのは、第五師団は緒戦期に、北支の山嶽戦において大損傷を受け、現役の若い将兵を多く失って戦力がいちじるしく低下していた。師団長板垣征四郎は、半歳後には陸相となった人物であったが、政治性と戦場指揮能力とは必ずしも一致するものではなかった。張家口から五台山の方面に現われた支那の中共軍が、予想以上に強かったことも一因ではあったろうが、とにかく板垣の師団はわが軍の中では最大の打撃を受け、そこで残部を青島に送り、補充兵を動員して師団を再建中であったのだ。そのいまだ再建成らず、訓練未了の間に山東省の南部に向かって進軍せざるを得なくなったのだ。

だから、大隊長や中隊長の中には、頭髪が半分白い人もまじっており、兵士も精鈍混淆して機動力が他の師団よりも低かった。しかし一応の戦力は有したので、とにかくも台児荘の救援に馳せつけて東門強奪の戦闘を演じたほどであるが、二週間の激闘に精魂つき、この被包囲下の防御戦をこのうえとも続けることは不可能に近いと考えて沂州方面に転戦したものと邪推されたのである。

さてその転戦退去を寝耳に水で聞知した瀬谷少将は、坂本部隊と協力してさえ防止困難に近い戦場を、自分だけの兵力すなわち歩砲各四個大隊（すでに三百近い死傷あり）で守り通すことは不可能と判断し、四月六日夜、全軍に退却令を下して、十余キロ北方の嶧県まで退き下がってしまった。

かくて台児荘はふたたび支那軍の手に帰した。青天白日旗が四つの城門にひるがえって彼は戦勝の歓呼に爆竹を鳴らして祝賀し、大勝利の電信は、徐州へ、漢口へ、ロンドンへ、ワシントンへと飛んだ。

瀬谷が、いわゆる城を枕に討ち死にすることを本懐とする流儀の猛将であったなら、台児荘を死守することは可能であったかも知れない。が、瀬谷は智将であり、その戦場の両軍兵量から判断し、友軍の坂本部隊を失った残りの自軍（福栄、赤柴両部隊）だけで戦うのは、いたずらに部下を殺すことに終わるかも知れず、しかして台児荘そのものが死守に値しないという観点から退却を速決したのであった。

軍司令部は台児荘の占領を作戦目的として命令したわけではなく、いわんやその死守を要求する理由もなく、また作戦再検討の時間もなかった。死守を命令するくらいなら、まず坂本部隊を瀬谷の指揮下に入れ、全兵力を統一して戦うことを指令しなければならない。しかるに、第五師団の方は難戦中に御さきに失敬して、第十師団の一部だけが、偶然の占領地で生命を投げ出す義理はない、というのが一応の結論であったろう。

ただ軍の指令を仰がずに、独断退却したことが瀬谷の責任を問われる理由となった。そうして陸大出の俊才、そのまま進めば、太平洋戦争のころには総軍の参謀長か少なくとも主要なる軍司令官となるはずの少将は、予備役に編入されて永くその後の戦線から姿を消した。

「退却」という事実には弁明を許さない伝統が陸軍には活きていたのである。が瀬谷啓は、戦さに負けて退却したのではない。四個大隊が台児荘を防衛する間に、支那包囲網を圧縮しつつ大逆襲を企て来たる形勢を察知して、死守に値しない一城を放棄したに過ぎないのである。が、退却は事実であり、そうしてそれは支那軍の包囲密度が原因にほかならないのだから、間接には支那軍が退却せしめたということはできる。しかもそれは、開戦後、連続退却の支那軍が、八ヵ月ぶりで初めて一城を奪還したことになるので、凱歌はもちろん、得意の大宣伝をやったのは少しも怪しむに足りない。日本もその宣伝にあてられ、敗戦でもないものを、責任旅団長を罰するような不手際な人事を行なったのは残念であった。

3 蔣直系軍を突き止む

台児荘戦で意外な収穫

とにかく、台児荘の一戦は局部的の小戦闘ではあったが、日本軍が退却して、支那が勝利をあげた唯一の戦闘として喧伝され、世界的にも賑やかな話題となった。世界の大部分が、支那に贔屓し、日本を憎んでいたことも、またこれを国際的のトピックに取り上げた理由であった。が事実は、支那の約十個師団を、日本の一個旅団が突き破って要衝を占領した武勇談が本当なのであった。ただ、内部の統一を欠いて守備兵力が半減したうえに、補給の前途も心細く、かつ敵の包囲逆襲兵力は、十五万にも二十万にも増加する形勢なので、こんなところで命を捨てるのは馬鹿々々しいと考えて、アッサリと退却してしまったに過ぎないのであった。

「こんなところ」というのは、台児荘が人口一万の小市街で、それほどの価値のある基点とは信じられなかったことを意味するのだ。第一に、それを占領したのは、前衛部隊――福栄大佐の三個大隊――が、突進また突進の勢いに乗じて独断強行したもので、軍の命令による作戦目的としての占領ではなかったのである。まして軍命令は、「大運河の線を超ゆべからず」と厳戒し、単に突進を好んでやまない第一線部隊に対して、山東省南部の粛清掃蕩戦を許可したに過ぎなかったのであるから、台児荘に踏み止まるごとき要求ははじめから存在しなかったわけだ。

だから、瀬谷少将が簡単にこれを放棄したその退却が、敵側の大宣伝によって日本軍の敗戦という印象を世界にあたえ、やがて日本自身がそれに引ッ掛かって、瀬谷を敗戦旅団長と審判するような錯覚におちいったものである。

しかしながら、筆者の解釈にして多く誤らないならば、瀬谷旅団は、むしろ台児荘で一つの手柄を樹てたものとして、感状をあたえて然るべきものであった。それは、蔣介石が、台児荘から徐州にいたる三十キロ半径の円周地帯において、真剣に日本軍を迎撃する陣を布いている事実を発見したからだ。これは期せずして立派な威力偵察を遂行したことにあたるからである。その戦線で初めて支那軍の近代的砲兵の出現を見た。また蔣介石の最精鋭と頼む湯恩伯の軍団が参戦しているのを見た。またそこで支那側の従来にない真面目なる抵抗を準備しているのを知った。しかして台児荘は対日迎撃戦場の第一線基点であり、本拠地は三十キロ後方の徐州であって、広西軍の総大将李宗仁を最高指揮官とし、その総勢約五十個師団の中に、蔣介石直系の旗本部隊が十個師も加わっていることを確かめたのである（支那の暗号無線は全部解読した）。しかして、蔣介石は屢々漢口から徐州に飛来して戦線を督励し、この一戦によって支那軍の強靱さを示し、日本を和平への意識に導こうとする政戦両略の企図を有することが明らかとなった。

政戦両略の一致ならば、日露戦争以来の日本の御家芸である。徐州に蔣介石の直系師団が集結していると判ったら、日本は在支軍の全部を使用して、多年磨いてきた機動作戦を全面的に発動し、蔣の精鋭を殲滅して彼の戦意を粉砕する好機会を迎えたものと言わねばならない。敵の戦意を挫いて和平への途ははじめてひらける。すなわち徐州において一大決戦を断行する計画が、第一期台児荘の戦闘によって発芽し、善は急げというので、四月上旬からただちに軍の初動を開始するにいたったのである。

これよりさき、徐州を攻略する作戦は、普通の進軍形式においては考慮されていた。換言すれば、徐州の敵を追いはらって、中支の一大戦略基点と、交通要衝とを占領しておく方針は決まっていた。また政治的の意味においてもその必要を感じていた。

徐州は津浦線と隴海線とが交叉する交通の要地であるが、この津浦線を確保することは、一・一六近衛声明の上からも絶対に必要であった。鉄道線名は天津と浦口から取ったものだが、事実上は北京と南京とをつなぐ陸上唯一の連絡機関である。王克敏の北京政権すでに成り、梁鴻志の南京政権も三月下旬に成立し、両者はやがて合体して支那の中央政権に昇進するのが理想とされ、それが容易に実現しない場合でも、二つは兄弟同士の政権として密接に交通しなければならない。その第一の道は津浦線を確保し、その沿線の安全を保持することであり、そうしてその核心となるのは徐州であるから、したがって津浦線の打通と徐州の領有とは既定計画の一つの要件とされていたのである。

わが方が須要とするものは、敵もまたそれを緊切とする。徐州占領が日本の既定計画であれば、同地の死守が支那の既定作戦であったのは理の当然である。そこに一大戦場が現出するのは地理上の約束でもあった。

が、日本は突破占領だけの既定計画をにわかに変更し、この機会に蔣直系の主力に一大痛撃を加えようと考えたもので、そう考えるのは当然であった。この二つの意味から「徐州大会戦」の評判が高くなった。しかし実際は、参謀本部の計画の奥には、これを漢口攻略戦の一大前哨戦とする構想が部内の少数参謀の胸に秘められていたのであった。

4　徐州大会戦

五十個師を囲む七個師

もしも徐州大会戦を戦って敵の主力大軍を殲滅することができるならば、日支戦争は、それを転機として終戦和平の方向へと道をひらくことになるかも知れない。しかしながら、もしこの大会戦に進撃しても、従来のように敵を遁がしてしまうことになれば、いたずらに兵を中支の奥に進めて戦線を三百キロ平方も拡大することになり、いわゆる泥沼にさらに深く突っ込んで行く危険が予想されるのであった。

ゆえにこの会戦は、日支戦争の第一期における一つの冒険ということができた。だから、これを断行するかどうかについて軍は二派に岐れた。不拡大・泥沼警戒の一派は、「蔣介石をして勝手に大防御陣を布かしめよ。日本がそれを攻めなければ彼は無用の兵を徒使するのみである。日本軍は、北は青島から済南の線に停止し、南は南京を守って深追いを中止し、その地帯を安定させて立派な地方政権を育成すればいい。南北二つの地方政権を汽車でつなぐ必要は絶対のものではない。徐州を取って津浦線を打通するといっても、その沿線の保安は、数個師団を常駐警備にあててなお不十分かも知れない。飛行機も、船も、無線もあるのだから、一本の鉄道に戦争の運命を賭けるのは迂策である」と主張した。

が、軍の大勢は、徐州に集結する敵軍主力の撃滅を、天が恵んだ好機と観じ、無為に傍観するのは皇軍の権威と伝統とを傷つけるものと断じた。この際、南京と済南とに停止していることは、戦争を解決する所以ではなくして、戦争を長びかすだけである。くわうるに、日本軍の無為停頓は、南北両政権とその住民からわが軍の弱腰と誤診されて信服の度を激減するおそれがある。すなわち政戦両略の上から見て二重の損失であると認めたのである。

かくて不拡大派の参謀本部も徐州会戦の断行を決意し、ただちにその実行に着手した。ただし不拡大の原則は死滅してはいないので、(イ)徐州以西には追撃しないこと、(ロ)作戦は現在支那にある兵力だけで行使することを条件とし、(ハ)可及的速やかに実施する方針に決まった。

　この作戦は、いろいろの意味で重大であり、政略の大局からも判断を要するものであったが、近衛内閣はほとんど相談にあずからなかった。伊藤博文や桂太郎の場合は、新作戦については許否の権限を保有し、その実行にあたっても自身の注文を付して、直接間接に指導者の立場を堅持した。時代は変わって軍閥政治の世の中となっていた。近衛は徐州大会戦の計画を天皇陛下から聞いたと伝えられるほどであった。少しく誇張のようであるが、戦争の進行が、三宅坂の作戦課で作られてそのとおりに運ばれていたのは事実であった。

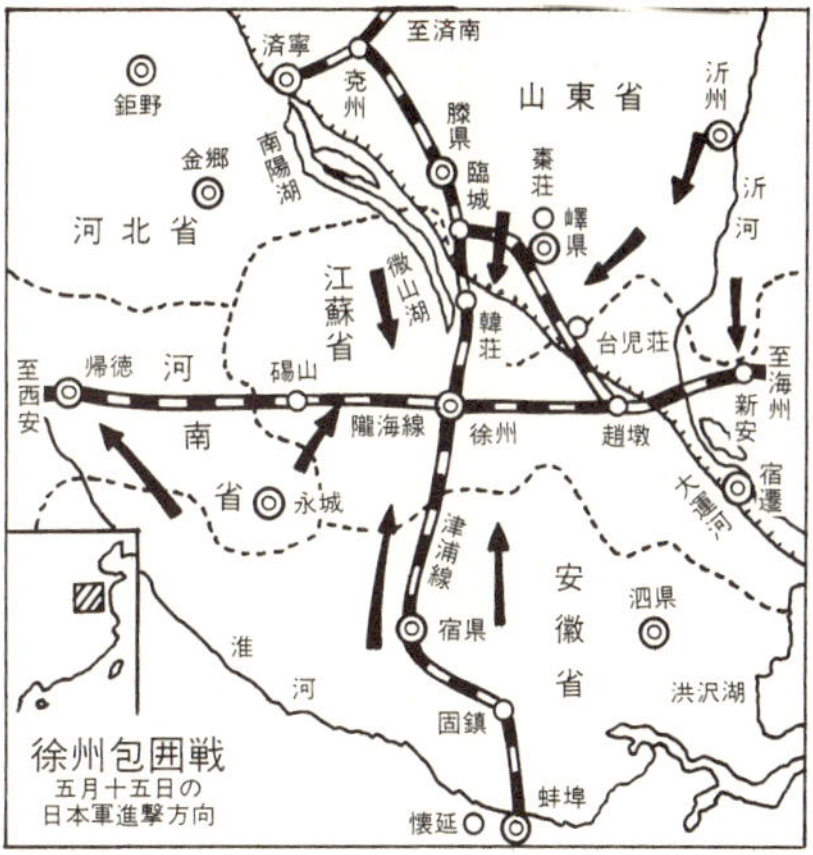

徐州包囲戦
五月十五日の
日本軍進撃方向

　が、そのころの政府は、「蒋介石を相手としない」声明以来、終戦への外交的手がかりを失って、前路に深い心細さを感じ始めていた。だから徐州会戦で決定的勝利が得られ、そこから和平の緒が生まれてくればこれに越した仕合わせはない。少なくとも、津浦線が打通されて南北の二大地方政権が握手することになれば、政略的に一大進運が開けるという見方もある。

　政府は過早に愁眉を開いた。終戦を希求していた民間も、それを漏れ聞いて雀躍した。「徐州大会戦近し」と題するニュースが、早くも新聞の第一面に現われた。この会戦を戦争の一段落にしたい希望が、暗々裡に姿を見せたものと解してよかろう。そこですぐに問題になったのは、だれが大会戦を指揮するかの一事であった。何人を総司令官に任命するかであった。この作戦は、南北から徐州を挟撃して包囲するものであるが、北の方は寺内寿一大将が方面軍司令官、南の方は畑俊六大将が中支派遣軍司令官で、格式は同等であって、どちらを総司令官にしても都合が悪い。大山元帥が満州で全軍を指揮したような人事は望むべくもなかった。しかも、大会戦の指揮は一本でなければならない。そこで通型を破って、大本営が直接に作戦を指揮することになった。指揮は現地において行なわねばならぬ。といって参謀総長閑院元帥宮はすでに老軀これにたえず、次長多田駿中将は東京の本営において総長を代行していたので出征はできない。そこで参本の作戦部長橋本群少将が、幕僚を連れて戦地に派遣され、済南に出張して大会戦を指揮することになった。敵の総兵力五十個師団、その軍勢約四十五万という大軍をわが在支兵力わずか七個師団を以て撃破する算数的難事を、特別の用意を整えることもなく速決実施しようとした日本軍の勢いは、まさに当たるべからざるものであった。

5　蔣介石ラインに迫る

「麦と兵隊」の進軍譜

徐州を中軸とする支那の防御線は、決して脆弱なものではなかった。支那ではこれを隴海ラインと呼び、また蔣介石ラインとも称していた。前者は連雲港を発して海州、新安、運河

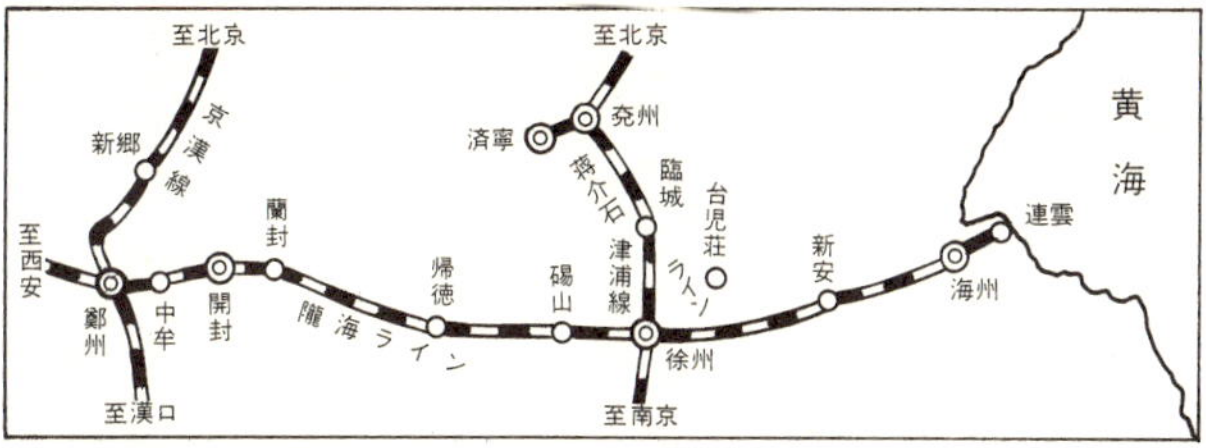

の主要駅を経て徐州にいたり、さらに西方に碭山、帰徳、開封、鄭州をつらねて京漢線に交わり、進んで漢口方面に連絡する重要な鉄道線である。

敵が黄海の連雲港に上陸して西進するのを防止するには、この隴海線の動脈を守るのが定石であるから、日支戦争以前からこの方面には一応の備えがあり、開戦とともに応急強化されて徐州会戦を迎えたわけで、約八個師団がこの戦線に配されていた。

蒋介石ラインは、兗州のあたりから臨城、台児荘を経て隴海線の新安に達する防御線を指すもので、もっぱら大運河を帯として両岸に築壕し、これを第一線として堅守し、さらに徐州までの平野に幾条かの防御網を設けたものである。第二次世界大戦で有名になった仏のマジノ線や、独のジーグフリード線のような永久築城帯とはちがって、苦力の土工を大量に使って築いた溝壕ではあったが、蒋介石ラインの名に托した彼らの防御線の自信は相当のものであった。

その帯状をなす「大運河」は、支那人の悠大なる構想によって古くから開設されたもので、鄭城北方の黄河から済寧、臨城、韓荘、台児荘を経て隴海線を横ぎり、南下して淮陰にいたり、さらに北上して連雲港にいたる蜿蜒数百キロの運河で、幅員は狭いところでも三十数メートルを算し、いわば人造の大河であって、まさに万里の長城につぐ記念の産物である。この大運河の線を徐州防衛の第一線とするのは当然であって、これにいっそうの工夫を施せば、はるかに強靱なる防御帯を形成することができるはずであった。総司令李宗仁は、地方軍や雑軍をこの運河の前方に配して背水の陣を布かせたのである。

支那軍の総勢五十個師は、中央軍と地方軍および雑軍（臨時軍）から成り、そこに日本の乗ずべき隙があった。もし全部が中央軍であったら大変だが、地方軍は「自己保全」という本質的の弱点を持っていたから、一市一城を死守することは避けるのだ。彼らは軍閥の手兵であって、その軍閥の頭目は、自分の手兵が減ってしまえば自ら勢力を失う立場にある。そうして強兵を沢山持っている軍閥が天下を取る方式は、昔とあまり変わっていなかった。ゆえにある戦場において自分の多くの部下を殺すことは禁物であり、ある程度戦って危ないと見たら巧みに退却して軍勢を温存する傾向を持っていたのだ。

蔣介石政権さえも一軍閥の優越した形体と見ることができる。徐州戦の総司令李宗仁も広西軍閥の頭目である。徐州に集結した五十個師の大半は軍閥の兵隊であって、たとえば孫連仲の四個師とか、宋哲元の六個師とか、韓復榘の三個師とか、四川軍、広東軍おのおの五個師とかいうふうに集合し、蔣介石直系のいわゆる中央軍は、八個師から十個師の程度であった。中央軍は蔣と運命をともにする部隊で、国家意識が強く、かつドイツ式に訓練された近代軍の実力を持っていた。日本が在支軍の全力をあげて狙ったのは、この近代軍を撃滅しようとする作戦なのであった。

いささか烏合の衆には近くとも五十個師ともなれば数がものを言う。日本は一個大隊を以て支那の一個師に対抗する自信を有したが、それは日本軍が一定の戦術単位を持つことを前提としての話であって、日本の裸の歩兵一個大隊が諸兵連合の敵の一個師と対戦したら勝てるはずはなかったろう。

が、徐州に向かったのはわが精鋭七個師団で、大本営がこれを直率し、ここで一番野戦決戦を試みようというのだから、巧みに敵の中央軍主力を包囲することができれば、大なる作戦目的を達成して終戦への一歩を築き得るかも知れない。

畑大将の麾下にある第三（藤田進中将）、第九（吉住良輔中将）、第十三（荻洲立兵中将）の三個師団は、五月四日には総進撃を開始した。なかにも、小説『麦と兵隊』で有名となった荻洲兵団は、初めから大本営方針の停止線を超越して、掃蕩戦の鋒先を淮河河畔に進めており、その日早くも要衝懐遠を抜いて猛烈に北進する勢いであった。ひさしく三角地帯の保安に任じていた第三、第九の両師も、治安工作を捨てて急遽北進の途につく。

一方、寺内大将の下にあった四個師は、第五（板垣征四郎中将）、第十（磯谷廉介中将）がすでに久しく台児荘の方向に作戦していたのを再建先発せしめ、つづいて中島今朝吾中将の第十六師団を山西省方面から南下させ、さらに土肥原賢二中将の第十四師団を独立兵団として隴海線の蘭封に進出させて退路遮断の陣を布かせた。

6　撃滅戦を狙って進む

南北の両鉄道を遮断す

胡沙吹く風に悩み、ついで来たった雨期の泥濘に苦しんだ将兵は、支那中原の春のさかりにむせ返るようであった。藍を流したような麦の青海原は、文字どおり一望千里、はるかに霞んで、なだらかな山々が見えるのは恐らくは水平線の雲であろう。その麦畑の処々に、桃の花が点綴して人を迎えている。絵のような和平の天地であった。将兵たちはここが戦場かと怪しんだ。

昔、支那の英雄たちが中原の覇を争ったのはまさにこの江蘇省の一帯であった。宝物がそこにあったかどうかは知らない。ただ自然の魅力が、人間をしてこの無限の美しさを欲求せしめたのは確かであろう。打ちつづく麗日和風、詩人ならぬ軍隊も、青い麦と白い桃の花に誘われて、試合にのぞむ選手たちのように戦場へと急いだ。途中に現われた敵は、大自然を汚がす者をにくむがごとき憤りを以て激しく一掃しつつ、五月十三日、各軍早くも徐州の十キロ付近に進出した。大会戦の初動以来わずか十日にも満たない。

この日、棚町少佐の率いた海軍航空隊の爆撃機七十二機は徐州停車場を中心として大規模の攻撃を行ない、車輛の大半、軍需品の倉庫、その他の軍需施設を徹底的に破壊した。引きつづいて陸軍飛行隊の爆撃編隊も、高橋、坂本、鈴木、岩城の各大尉を司令として波状爆撃を実施し、徐州の機動力をほとんど全壊に帰せしめた。それまで幾回となく空中攻撃を試みたが、この日は、陸上からの包囲攻撃が最後の突入段階に近づいたので、空中からの最後的打撃を企図したものであった。

そのころは日本の航空戦力が発展の途についた時代で、世界的には二流の域を脱しなかったが、支那の幼稚な空軍は相手にならなかった。徐州爆撃は平和の空を翔けるような勢いで行なわれ、敵機は影もなく、高射砲は沈黙し、ただ市街大損耗の火煙のみが陽光をさえぎるだけであった。昭和二十年春、アメリカ空軍のB29大編隊が東京を爆撃した光景の縮図と思えば大差がなかった。

包囲殲滅と簡単には言うが、それは野戦決戦の理想方式であって、実現は滅多にはできないものだ。殲滅戦は敵が勝利を信じてあくまで戦ってくることを前提として成立する。史上有名なカンネの殲滅戦は猛将バローが必勝の勢いを以てハンニバル軍の中央を突破しようと進撃したとき、後者が両翼から包囲してこれを殲滅したのだ。タンネンベルヒのそれも、ロシアの勇将サムソノフが戦勝の自信を以て突進してきたために成就したのだ。敵が遁げ足で戦っている場合には、この理想戦法は容易に成立しない。その場合の方法は、遠く四方から包んで敵の退路をことごとく遮断するほかはない。相手が支那軍の場合には、あくまで突進してくることは絶対に期待することができない。その巧みにしてかつ速い遁げ足を、いかに遮断して捕捉するかが、戦術の要訣となるわけだ。

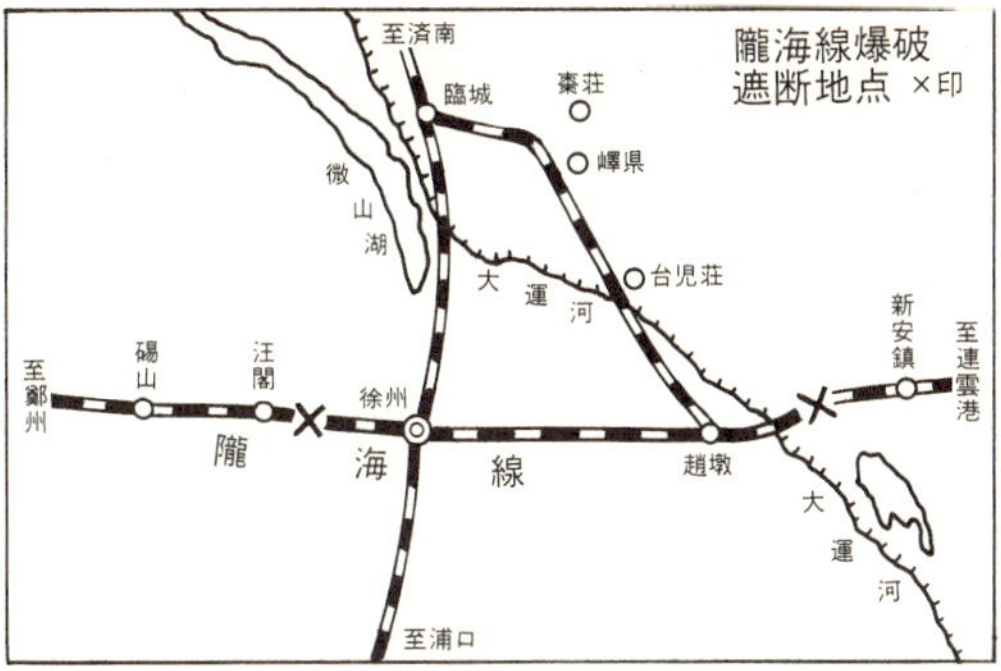

　大本営の作戦部がわざわざ支那に渡って計画したのも、いかにこの戦術を全うするかを配慮してのことである。前記のように、わが空軍は反覆敵の交通機関を爆撃し、十三日には徐州を発する機関車も貨客車も大半を破壊したが、

それだけでは完全ではない。そこで三つの師団から工兵決死隊を派して、隴海線を東西から破壊遮断する戦法をとった。

在支軍中の最強兵団として名を残した第十三師団は、上海上陸以来早くも多くの武勇談を作っていたが、この遮断作戦においても真ッ先に猛進してその目的をとげた。すなわち岩仲大佐の戦車隊を先鋒とする機械化部隊（岩仲大佐の戦車二中隊、今少佐の歩兵二中隊、矢口大尉の装甲車一中隊、宮本大尉の山砲一小隊、草刈大尉の工兵半小隊、井上中尉の自動車一中隊で臨時に編成された）は、五月十三日午後一時、最前線の基地永城を進発し、途中幾回の戦闘を交えつつ、ラグビーの球をとった選手が敵を排除しながら突進するのとおなじ勢いを以て隴海線の方向に猛進した。群がる敵部隊の中を縫って行くのだが、第十三師の将兵ははじめから支那軍を鎧袖一触あつかいにしていささかも遅疑するところなく、翌十四日の正午に線路に突き当たった。線路の破壊は容易だが、それでは不十分だ。さらに西に進んでついに汪閣の大鉄橋に到達した。そこで岩仲隊と同行した草刈大尉の工兵挺身隊は午後二時半、この鉄橋を真ッ二つに爆破して、完全に敵の列車退路を遮断することに成功したのであった（徐州と碭山の中間）。

一方、南下軍の方面では、五月十四日未明、久能少佐の戦車隊と井上大尉の工兵隊とは、決死隊となって南進し、途中敵軍の挟撃を排除しつつ夕刻隴海線に到達し、新安鎮の付近において鉄橋を撃破することに成功した。

ここに至って、敵は列車による移動は、東西両面を閉鎖され、南北の路線すなわち津浦線は日本軍が上下から進撃してくるのだから、機動的には袋の中に這入った形となってしまった。しかして地上軍は連隊ごとに包囲網を連絡形成して敵の主力を痛撃しようと迫った。

7　魚群、網目をくぐる

全滅ならず大会戦に幕

地図の上では五月十五、六日にいたって包囲網が完成された。徐州をめざして四方から迫ったわが軍の進撃は快調であった。遅くも二十日には徐州を完全に占領し、同時に大敵を殲滅しようとするのだ。徐州の近郊には、覇王山とか臥牛山とかいうような標高二百メートルの山陵がいくつも取りまいていて、敵の砲兵がそこに陣取っていた。しかし、これらの丘陵に永久砲堡塁を築城して死守するという戦法は、支那の戦術書にはなかった。これに拠って応戦し、見込みがないと判れば、無駄死にをせずにつぎの拠点にサッと退いて行く伝来の戦法を採用していた。

ゆえに徐州から五キロないし十キロの東西に連なる山陵も、五月十七日にはわが軍の手中に帰した。敵主力の総退却はそのときにはすでに開始されていた。その退却を掩護するために、数個師団の地方軍は各要衝に陣して相当の抵抗を見せたが、もとより全滅を賭するほどの戦意はなく、十九日にはこれらも退却をはじめ、わが軍はついに徐州城に殺到して占領の目的を達した。

城の占領には、南下軍（寺内）と北上軍（畑）が一番乗りを争う形もあったが、後者が一日早く徐州の西門に日ノ丸を掲げ、翌二十日、両軍代表部隊の正式入城式が挙行され、ここに中原の抗日本拠地はわが軍の手に落ち、日本内地においても大戦勝を祝する提灯行列が行なわれる騒ぎであった。

二十日早朝、侍従武官四手井中将は、天皇陛下に徐州陥落の戦勝を御伝えしたところ、陛下は御歓びと同時に、「東亜永遠の平和回復の日の一日も速やかなることを祈る」旨仰せられた。日露戦争の奉天会戦ほどには考えられなかったとしても、これを終戦に導く一大戦勝と思われたことは間違いないであろう。

それはまた国民多数の考え方でもあった。「不拡大・現地解決」の声明が、一・一六声明に脱線し、結果は「拡大・不解決」の窮境に落ち込むのではないか、という心配が、世論の底を流れるようになっていた。

すでにして有名な国家総動員法は、無理押しに議会を通過していた。一本の勅令が、重大なる国民の自由と権利とを拘束するであろう。ガソリン制限令は四月末に公布され、五月には早くも木炭自動車が市内に現われた。

防空演習は内務省の指令によって全国的に準備され、国民生活の前路には暗い影が拡がって行くことを予感させた。支那事変はいつになったら解決するのか、という憂慮の声が方々で囁かれはじめた。

そこへ徐州大会戦の戦勝が伝えられたのだから、一般国民もそれを終戦への第一歩を踏み出したものと速断して歓喜したのは無理もなかった。寺内、畑の両司令官が徐州城内に会して祝杯をあげている写真が、新聞の第一面を大きく飾ったのも、民心の一つの反映であった（五月二十五日）。しかしながら、徐州城の占領そのものは、有頂天で騒ぐほどの勝利ではない。もちろん、これによって津浦線が打通されたことは、作戦目的を達した成功には相違ないが、軍の最大目的は、この戦勝を推進して漢口攻略戦を実施することにあった。が、それは秘中の秘であった。

表面は津浦線の打通と敵主力の撃滅を唱っていた。万が一撃滅戦が成就されたならば、国民ははじめて歓喜してよかったのであった。それは成就されたか？

それは成就されなかったのである。敵の大軍を撃滅するよりも、徐州を占領する方が早かった。敵は、五月十六日頃から半戦半走の態勢をとり（蔣介石が漢口の最高軍事会議で徐州放棄を決定したのは十五日夜であった）、日本軍が近くに迫ったときは、半分以上はすでに袋の外に逸出していた。十七、十八日と網の目を詰めるごとに、彼らは笊《ざる》で水を汲むように流出してしまった。

数の理には勝てない。七個師が五十個師を包囲するのは無理なのだから、方々に大きい空地ができるのは当然だ。地理に通じている彼らは、その空隙を縫って随所に逸走するのであった。

またその逸走はじつに巧みであり、発見しても麦畑を縫うて走る競走では、武装した日本兵はとうてい彼に追いつくことはできなかった。銃は日本兵にとっては天皇陛下からの貴重なる預り物であるが、彼らにとっては、走る場合に邪魔となれば惜し気なく捨てて顧みないのが常であった。彼らは軽装にしてまた驚くべき健脚の持ち主でもあった。いわんや軍服と市民着の区別がつかず、かりに遁げ遅れても、村人同然の姿で歩いているという風であるから、これを捕えることはほとんど不可能に近かった。

いわんや彼らの遁走は、大部隊の隊伍を作った退却とは違って、真に蜘蛛の子を散らすという形容詞のとおり、四方八方に散ってしまい、そうしてどこかの安全地帯で再集結をするのである。だから近代軍には彼らの大軍を捕捉する術はなく、まして日本軍が五分の一の兵力を以てこれを逸したのは当然の数であった。わが軍は深追いを自制するよう命令された。敵の逃げ足の速さは前記のしだいであって、兵力的には一割程度の打撃をあたえたに止まった。

かくて、徐州大会戦も、碁の二目か三目を取った結果に終わった。じつはそれで満足してよかった。問題は漢口作戦にあったからだ。

第四章　宇垣の和平工作崩さる

1　「相手にせず」を改訂す
宇垣外相と池田蔵相の登場

徐州は落ちたけれども、蒋介石はまいったとは言わない。逆に、「支那には戦場と軍人はいくらでもあるから、長期抗戦はこれからだ」と揚言し、政府機関の一部を重慶に移し、漢口を軍事本拠地として抗戦の意図を大声で示威する有様であった。

神経の強靱を比較すれば、近衛は蒋におよばなかった。近衛も公式には長期戦による徹底的勝利を唱えたけれども、肚の中は早く戦争を終結したい祈願に満ちていた。議会後に健康を害してからは、彼の神経はますます弱くなった。

そのうえに、内閣には真に頼むに足る人物を欠き、閣内の結束も弱く、戦争の進展にともなって、政府の弱体を痛切に感ずるようになった。杉山と末次が肩で風を切る実情から見ても、それは近衛内閣というよりも一種の軍部内閣という方が実相に近いものであった。近衛は厭気がさし、いくたびか罷めようと考えたが、親友や軍の熱望もあり、また戦争の現過程において辞職するのは、敵に背中を見せるような弱点の暴露ともなるので、内閣の改造を断行して留任することに決意した。

改造の理由は内閣の強化であり、真の目的は軍部を抑え、戦争をできるだけ早く切り上げることであった。「蔣介石を相手にせず」なぞと短気の声明をした失敗を、有力閣僚の力によって拭ってもらうことであった。

とすれば、「相手にせず」の表面の作者である広田は取り替えねばならない。長期戦論者の代弁者杉山にも去ってもらわねばならぬ。賀屋蔵相は辞意を表明していた。ついでに木戸文相の厚相兼任も解いておこう。そうしてその後を、内閣参議（十二年十月選任）の中から補充することにすれば一石二鳥という結果になると考えた。

宇垣一成と池田成彬とが登場した。これは実力において首相級のものであり、内閣を重からしめることは明白であった。両人とも平大臣の椅子を欲しがる人物ではなかったが、当時の国情は座視するに忍びず、そこへ近衛からの懇請が切々と反覆されたので、二人は相談の上で入閣を決意し、外相と蔵相という重要ポストにつくことになった。もう一つの異色に荒木貞夫の文相というのがあった。これは近衛の一種の「好み」とでもいうか、末次を内相にしたのと同じ思想にもとづく、各階層代表の一致結束という建て前であったろう。あるいは近衛が数年来懇意にしていた陸軍の皇道派から一人の閣僚を迎える義理を果したのかも知れないが、改造の主目的は、宇垣と池田を入れて内閣を重からしめ、そうして日支戦争を早く片づけることにあった。

当時、参議は宇垣、池田、荒木のほかに、町田忠治、郷誠之助、松岡洋右、安保清種、秋田清、前田米蔵（末次も元メンバーであった）の六名であったが、三名を抜いてしまっては、残りはいささか秋風落莫、参議制の廃止論さえ現われるほどであったが、近衛は、後始末は御免こうむって、まれに会合するくらいでお茶をにごした。

要は、宇垣を外相とすることによって軍部の外交容喙を防止し、正論を勇敢に闘う池田の支持を加えて、事変の解決を企図したものであった。この二人は一月十六日の「国民政府を相手にせず」の声明に懐疑を唱え、「決意は別としてかかる声明は見合わせて欲しい」と希望し、杉山陸相と激論をしたことをかえりみると、近衛の声明は腹の底から出たものでないことが判るのである。

激論の経緯からでも、杉山と宇垣と同居はできない。そこで板垣征四郎が支那の第一線から呼びもどされて陸相となった。板垣は、第五師団長として山東省沂県の戦線にいたが、速やかに撤兵して和平解決を実行せねばならぬという主張を持っていたから、宇垣・池田とは折り合いの良いコンビと信じられた。

板垣は後に軍の若い者にかつがれて、支那軍全滅論や国民政府絶縁主義を鼓吹するように変わってしまったが、それは彼の性格の弱さのゆえであって、本来の見識は妥協解決にあったようだ。その本来の主張が、宇垣の外相就任の一大条件であったわけである。その他に、宇垣は四つの条件を提示してことごとく近衛の承諾を取りつけた。それはつぎの四項目であった。

一、閣内の一致結束を一層強化す
一、すみやかに対時局の和平方針を決定す
一、対支外交の一元化を期す

一、国民政府を相手にせずの声明に深く拘泥せざることとす
とくに、一月十六日の声明は、必要に迫られたら黙殺するかも知れない、という宇垣の質疑的の言葉に対して、近衛は「あの声明は、じつは余計なことを言ったのですから――しかし、うまく取り消すように――」と二回まで繰り返して答えている（宇垣日記）。これが良識ある近衛の胸の中であったろう。いずれにしても、宇垣の外相就任は、まもなく近衛が希求した方向に、大きい一歩を踏み出した。それは、その後に続出したいわゆる和平ルートとは異なり、宇垣と孔祥熙（行政院長）との間における平和予備会談であり、戦争は終止の第一段を踏むところまで一気に進展したのであった。

2　張群、宇垣外相を誘う
ひそかに和平の予備会談

近衛首相が宇垣を説き伏せて外相に迎えたのは、徐州攻略の直後であった。宇垣を口説いた近衛の言葉の中に、「貴下が承諾してくれなければ自分は内閣を投げ出すことに決めている」という一語があった。これは芝居の台詞ではなくて、近衛の本心であったろう。軍部に対して抑えのきく外相がいないかぎり、支那の戦争は当分終わらないと信じたからである。

徐州まで進むことさえ近衛には懐疑的であった。北は済南まで、中支は南京までを保安地区として駐兵し、その治安を全うして二つの地方政権を育成する旧方針を願ったのが、軍の大勢に制せられ、しからば徐州こそ「軍事行動の終点」という条件で賛成したものだ。とこ

ろが現地軍は大追撃を呼号し、五月二十二日頃には、帰徳や碭山はおろか、徐州から百キロも西の蘭封を陥れ、さらに蘭封から鄭州に進軍して京漢鉄道の交叉点を抑えようとする勢いであった。

よって参謀本部に質せば、「徐州作戦は漢口攻略戦の前提に過ぎず、一種の準備運動であって、本当の戦争はこれからだ」という返事だ。近衛はガックリと首を垂れてしまった。これは積極的に外交力を発動して終戦に導くのほかに解決の手段はなく、それには強力なる外相を必要とし、もしそれが得られなければ、アッサリ総辞職と決心して、いよいよ熱心に宇垣一成を口説いたという筋である。

だから、軍の漢口作戦以前に、和平の緒を作るというのが近衛の肚であり、そうして従来から志をおなじくした宇垣が奉公の誠心を以て現われた所以であった。すなわち五月二十七日、内閣改造直後の第一次三相会議（近衛、宇垣、池田）において、「支那事変を遅くも昭和十三年末までに片づける方針」を確約して出発したのは、内閣の晴々しい生命の発祥でもあった。

その機会は、宇垣新外相自身が驚くほどに早急に到来した。就任後間もなく、支那の最高政治会議秘書張群から宇垣に手紙を以て、「貴下は従来主張されてきた東亜問題の根本的解決に関する方針を今日も堅持されるか」を質してきた。

張群が昭和三十二年秋、蔣介石の代理として日本に来たことは周知のとおりだが、少壮時代から優れた政客として知られ、東京に在任中、当時陸相であった宇垣とはたびたび会って東亜の将来を語り合った関係があった。一時は外交部長を兼ねたが、汪兆銘とおなじく親日の色が濃いというので幾分閑職にあったが、なお蔣介石の最も信頼する政治家の一人であった。

東京における宇垣・張群の過去の一致した意見というのは、東亜の諸問題は日支両国が真摯提携し、二者が一本の枢軸となって処理すること、ならびに東亜の平和を脅すような敵に対しては日支協力してこれを排除すること（これを共同防敵と呼び、宇垣は段祺瑞政府との間に同様の協約を進めたことがある）の二件であった。だから、日支戦争は、宇垣にとっても、張群にとっても、過ぎし日を顧みて誠に心外なる出来事であり、もちろん蔣介石の同意を得ての行動ではあったが、張自身としても、臆するところなくこの手紙を宇垣新外相に発信したものと思われる。

宇垣はただちに返事して、自分の信念は往年となんら変わるところなく、今後もその実現に尽力するつもりだと言った。張群はすぐに折り返し急電を寄せ、「さらばこの機会に、和平に入ることを願う。汪兆銘か自分かが出かけて交渉の相手となってはいかが」と質して来た。和平の緒はここに開けたのである。

宇垣は時到れりと歓んだが、交渉相手を選ぶ段になると、彼の戦略眼はさすがに正鵠を射たものであった。すなわち張群や汪兆銘は、現在の支那では札つきの親日家として少しく敬遠されている。これらの人と話し合っても、そのまとまったものが支那の政界で抹殺される危険がないとは限らない。これは日本と親しい関係のない有力政客を相手に談判をする方が適切だと結論したのであった。

書簡二往復の後に、相手は孔祥熙ということになった。宇垣が自ら誌すところによれば、孔祥熙を指名したのは、同氏が行政院長の重職にあるということも一つだが、それよりも、日支事変が発生したとき、同氏は、ロンドンから急遽帰国を要請されてシンガポールに到着したとき、その記者会見において、「日支両国が本気で喧嘩をするなぞは馬鹿のかぎりである。東洋の不幸この上もない。これはすみやかに和平にもどさねばならぬ」と公言した記事を読んで初めて孔祥熙なる人物を知り、その記憶が頭に残っていたので、試みにその名をあげたのだという。

ところが幸いにも行政院長自ら出でて宇垣相手に話を進めようということになった。蔣介石も好んで戦争をしていたわけでは決してない。合理的な条件が得られるなら、明日にも兵を収めたかったに相違ない。極秘裡に予備会談が開始された。先方は孔の秘書長蕎輔三（前山西大学総長）、わが方は香港総領事中村豊一で、場所は香港の中村氏の公邸、時は昭和十三年六月二十六日の夜であった。

3 「満州国」難題でなし

〝なし崩し解決策〟を示唆

日支和平の密議は、香港の中村総領事と、蕎輔三の両人が、宇垣と孔祥熙の指示を受けつつ進められた。初めは支那側は、米英のような第三国を仲介として行なうことを提議したが、宇垣は、東洋のことは東洋人同士で直接に話し合ってまとめる方がスッキリとしている。万一難航した場合には、そのときに第三国のことを考慮しよう、と答えて直接交渉の方針に決まった。

孔祥熙が真ッ先に知りたいのは、日本の和平条件であった。日本は一月初旬、トラウトマン工作を打ち切って以来、半歳にわたって戦場を拡大し、犠牲も増大しているので、条件も自ら高価なものになろうという心配があったのは当然だ。それに対して宇垣は、日本の外交方針は外相が変わってもすぐに動くものではなく、すなわち広田外相が最後にトラウトマン大使を通して示した条項と大差なく、大要つぎのとおりであることを率直に示した。

(イ) 満州国の独立承認
(ロ) 内蒙と北支を特殊地帯とす
(ハ) 内面指導のための顧問招聘
(ニ) 駐兵地域の設定
(ホ) 償金の支払い
(ヘ) 全面的経済提携

の六項目であり、昭和十三年六月の情勢においてはあえて過酷のものではなく、かえってモデレートな条件と評してもよかったろう。支那側はさっそく返事を寄せて、(ハ)の顧問問題、(ヘ)の経済提携は異議なく、(ニ)の駐兵区域も相談に応じ得るが、(イ)の満州、(ロ)の北支、(ホ)の償金の三問題については日本の再考を煩わしたいといって、その理由を説明してきた。歴史的にも興味があるから大要を述べておこう。

孔祥熙は満州問題を、「難問題にしてまた難問題に非ず」と考えていた。つまり、満州国の独立を正式に承認する条約を結ぶことは、支那の現状においては、国内的にも国際的にも

不可能事というほかなく、国民政府にとって最大の難問題である。しかしながら、暗黙の裡に満州国を認めるように工夫することは可能でありまた容易である。すなわち、まず第一に領事を置いて経済問題を形式的に処理させ、追々と公使か大使を派して政治問題を取り扱わせるというふうに「なし崩し」に工作し、いつとはなしに日本の自由に任せる方式を取るのだ。これは、支那側の面子を立てながら日本の実権を認める便法として適策ではないか——というのであった。

思うにこの考え方は、昭和十二年八月八日、広田外相が在支川越大使に示して第一回の和平工作に着手した当時の条件第一項に、「支那は満州国を承認すること、または満州国を今後問題とせずとの約束を、隠約の間になすこと」とあったのを見て、国民政府の頭の良い連中がつとに研究していたものと想察される。けだし支那は満州事変を国際連盟に提訴して、ついに日本の連盟脱退まで惹き起こした生々しい歴史の手前もあり、いまに至って正式承認は国際的にも面子が立たず、また国内的には、対日降伏を表明するに等しいので、日本の要求第一項を難事としたことは諒解される。

同時に、領事、公使、大使という「なし崩し便法」は、事実上満州国を認めたことになり、また支那としては自国の代表を存置するということで頬冠りをしようというのだから、現実の解決策としては確かに一案である。日本にもすでに広田外相の隠約案があったくらいだから、宇垣はこれでまとめ得るものと見た。

条件（ロ）に関する支那側の意見にも一考に値するものがあった。孔祥熙は内蒙古を特殊地帯とすることには異議はないが、北支に関しては日本の再考を望まねばならぬと言って、その理由をつぎのとおりに説明した。

「万里長城以北はいわゆる関外であって、そこの住民も化外の民と呼んで、昔から別物あつかいにしている。その地域に外国の勢力が入ろうとどうしようと、漢民族にとっては大した関心事ではない。ところが北支となると、それは関内となって国民の関心が全然ちがう。関内に入られると、それを足場に支那を併呑するのではないかとの憂慮を生んで国論が収まらない。日本は深くこの点を考えて欲しい」

と言うのであった。

そこで宇垣は強烈に併呑説を否定し、日本のいう北支の特殊化というのは、一に全く防共政策から出発しているので、共同防敵の思想からきているのだ。防共に関する軍事上の施設は、現在の支那では十分にできないと思うから、そのための軍用線の建設とか、軍事倉庫の新築とか、要点への駐兵とかを希望するもので、北支の行政に喙を容れる意思はない。すべて国防上の見地からきたもので、もし支那の軍事力が単独で防共ができるまで充実したら、日本は安心して撤兵してよいのだ——と釈明した。支那側は一応諒解したらしく、転じて蔣介石の身分の問題に移った。

4 「相手とする」新方針
条約の保障を蔣に求む

「蔣介石を相手にせず」という一・一六声明は、談判の基礎条件なりやいなやという一条が孔祥熙の側から質疑された。「あれは本気で言ったのですか?」というような失礼な質問はしなかった。「一月の広田外相の提案も、また貴下の今回の条件も、蔣先生の進退のことにはふれていないが、貴政府はかつて蔣介石を相手にせずと声明され、かつ最近の貴国某閣僚(注、板垣を指す)の言葉や、新聞の論調から見ると、依然として蔣先生とは話をしないと言って下野を要求しているようだが、本当のところはどうか」と質してきた。

これは抜本的重要な問題であった。戦争の最中に、戦争を話し合いでかたづけるつもりなら、その戦争の相手と談判するのが当然であって、この意味で近衛の声明は脱線し、外交道を閉塞して戦争道だけを進んで行く現状を招来した。

宇垣はその非を知って、外相就任の条件に「相手にせずの声明に拘泥しない」ことを提言し、近衛も「あれは余計なことを言った」と述懐したのであるから、この機会に事実上これを取り消してしまう方がよかったのである。

が宇垣は、一度でこれを取り消すことを戦術上拙いと思った。これよりさき、交渉開始の前に中村総領事が上京して宇垣の意見を質したときにも、宇垣は、あの看板は追々は卸すつもりであるが、いま急にやっては拙い。一応この事変の責任者は蔣介石であるから、蔣が全責任をとって潔く下野するのが軍人としても政治家としても立派であるばかりでなく、日本の国民感情からしても、和平がやりやすくなる、と主張した。

中村はこの宇垣の説には承服ができないので、静かに反省を求めた。中村の支那に関する認識は宇垣や近衛とはちがうのが当然であって、深さにおいても、広さにおいても較べ物にはならなかったろう。

その中村は、蒋介石が支那人の間に占める地位は「無二の英雄」であって、彼がいなかったら支那は日本に取られてしまっている、蒋介石があってこそ支那は併呑をまぬかれてあくまで抗戦をしているので、まさに救国の主であると公認されている。その救世の英雄を抜きにして支那問題を解決しようなぞとは、現実の認識を欠くことはなはだしいと、率直に述べて宇垣外相の再考を希望したのである。

また、ある支那通の英国人が、中村に向かって、「蒋介石は支那の天に耀いている星であり、そうしてそれに光をあたえているのは日本自身である。蒋介石を相手にせずなぞと騒げば騒ぐほど、その光は強く耀くのだ。日本はいつまでもこだわらずに早く最高の実力者と話を進むべきではないか」と忠告した適切な表現をも紹介した。

が、宇垣はその場で一領事の提言にすぐに折れてしまうのも業腹と思ったゆえか、とにかく、日本人の責任観からすれば、自己の施政失敗から国民を塗炭の苦におとしいれた者は下野するのが当然であろう、と主張してみたまえと頑張るのであった。宇垣の肚の中は、最初にこう嚇かしておけば、先方は少々無理な条件もがまんして留任の代償とするかも知れぬ、と功利的に考えていたのかも知れない。中村は、それ以上外相と渡り合う力はなく、任地香港に帰って喬輔三との交渉に入り、先方の前記の質問に対し、「蔣介石を相手とせずとの方針は一月の声明以後変わっていない」旨を答えたのである。

するとこんどは孔祥熙の方から有力なる蔣介石留任の絶対に必要である理由が申し送られて来た。それによると、

「蔣介石主席は、その性格からも過去の閲歴からも、必要に面すれば甘んじて下野を諾するに決まっている。が、今日蔣先生に下野されたら、支那のだれが日本と条約を結んでそれを履行し得るものがあろうか。自分は行政院長で蔣介石の次席であるが、自分の力では国内を抑えて日本と条約を結び、これを履行するごとき実力は絶対にない。それのできるのは蔣先生ただ一人である。日本が和平条約を結んで実現を期待するには、蔣介石を相手とする以外に途はない。これは根本の条件ではないか」

というのであった。

中村の忠告と併せ考えてももはやこれに対抗して論争する根拠は全然ない。ここにおいて宇垣は非公式三相会議を開き、近衛と池田の賛成を得て、肚の中で「蔣介石を相手とする」方針を決定した。ただし、とくに声明なぞはしないで、暗黙の間に話を進め、最後には現実的に条約の保障を蔣介石に求めることに一決したのであった。

最後に支那は、戦争に財を投じてしまって償金はとうてい払えないから、賠償は目を瞑ってもらいたいという希望を縷々陳述した。これに対しては、金額や支払方法はいかようにも相談するが、賠償自体の打ち切りは応じ得ないと刎ねて両者が再考することになった。すでに八月の半ばが過ぎようとしていた。

5　長崎会談に水を差す

反宇垣の野心将校の一派

日支和平工作は、中村・蕎輔三会談によって大体の目鼻はついたようであるが、代理同士の交渉では神髄に触れることはできない。双方とも和平の希望を一にし、条件も互譲によってまとまりそうに見えてきたので、このうえは責任者の直接談判が有望である段階にちかづいた。

そのとき孔祥熙から、香港の代理会談では隔靴掻痒の感があるから、自分が直接に貴下と会見して交渉を試みたいがどうか、と申し込んできた。宇垣にはもとより異議のあるはずはなかったが、この会談は内證ではできない。日本の外相と支那の首相とが会うのだ。日本としてはもちろん閣議に諮って正式に交渉の権限を賦与しなければならない。非公式の会談ではあっても、外務大臣が自ら出張して敵国の代表と下交渉をやるのだから、講和会議の実質上の第一日を迎えるに等しいからである。

そこで宇垣は、初めて従来の裏面交渉の内容を閣議において打ち明け、孔祥熙と会見に赴くことの諒解を求めた。閣僚の多数には初耳であって、いずれも事態の進展に驚いたが、和平の希望に対してみな満足の色を示した。ただ、一部の閣僚は、それが「眉唾もの」でなければ結構だが——と言って消極的な態度を見せたが、宇垣は、万一我輩が騙されたら、自分一個人で責任を取って政府には迷惑をかけない旨を述べ、結局一致してその出張を承認することになった。

宇垣は、生まれが軍人であるゆえもあって、簡単に支那へ出かけて談判するような気概であったが、蔵相池田成彬は自重を促し、一国の外相が敵国に赴いて話が本物でなかったというようなことになれば恥さらしであるから、むしろ孔祥熙を日本に呼び出して交渉の基礎を固める方が適当であると力説した。

そこで会見地の問題になったが、孔祥熙はどこへでも、日本の希望するところへ行くという返事であった。初めは上海が適地と思われたが、孔祥熙としては、自分の領土内で外国人に身辺の護衛を托するのは、いささか国辱的感慨を催すかも知れない、むしろ日本の領土内で日本の官憲に護衛される方が自然でもあり、かつは支那側から和平を希求する形にもなるので、長崎が最良の地ということになった。

孔祥熙は長崎でけっこうと言ってきた。ただし長崎に出向くについては、香港から商船に乗って行くのでは、結局新聞に捕まってうるさいことになる。機密会談の門出として面白くない。飛行機は不得手であるから、ねがわくは日本の軍艦を拝借したい。数名の顧問秘書をつれて指定の日に乗艦するであろうと申し入れてきた。

海相米内光政は巡洋艦を一隻差し出すことを快諾した。対支戦争に使っていた軍艦はホンの海軍の一部であって、大巡でも戦艦でも余裕はいくらでもあった。長崎会談の下打ち合わせはこれで終了し、その歴史的の期日は旬日の間にせまった。香港予備会談の経過から見ても、行政院長が自ら長崎に出張する熱意から考えても、日支和平の大道は、遅くも昭和十三年の九月中には、豁然としてひらかれる形勢となった。宇垣は、前年の組閣失敗によって失った祖国への奉公を、この一期に回復したかったであろう。しかるに魔の暴風は異常なる速度をもって宇垣外相に襲いかかった。魔は軍部の運動と、それに制せられた近衛の変心とによって、美しく整えられた宇垣・孔祥熙の配膳を木ッ端微塵に蹴散らしてしまった。かかる日本の悲劇はそもそもいかにして襲来したのであろうか。

その第一は、宇垣に対する軍中央部の一少数派の反感または憎悪の念であり、第二は、軍の多くが武力的解決を欲求した点であり、または両者の結合であった。

つい七ヵ月前（十二年一月）に、せっかく組閣の大命を拝した宇垣を、陸相ストライキの非常手段に訴えて流産させてしまった反宇垣の感情は、いまだに陸軍省内の一隅に流れていた。首相になるはずの宇垣を引き倒したのは、寺内でも梅津でもなく、石原莞爾を中心とする五ヵ年計画派の連中で、彼らは、その大拡張計画が、宇垣の一喝を喰うことを恐れ、ぜひとも弱い傀儡政権を欲したのだ。いまや陸相は板垣に、次官は東條に変わったが、宇垣を葬った下手人の何名かは依然として省部の指導力として残っていた。それらの連中にとっては宇垣が名を成して再現することは大なる脅威である。

宇垣自身は、その自信過剰症のゆえもあって、自分に毒を盛った大・中佐級の名前なぞは記憶していなかったろうが（日記には単に鼠輩と書いてある）、大・中佐級の方にしてみれば、名を憶えられていていつかは首を絞められるであろうと心底恟々たるものあり、宇垣を政治の第一線から除いておくことが、保身の要訣と観じたのはぜひもない次第であった。

宇垣は、それほど憎まれるような人物ではなく、陸軍では群を抜いた大将であったが、ただその自信過剰症は自ら人徳不足を招き、その手腕才幹はかえって下僚野心家たちの恐怖心を誘発する結果となった。すなわち野心将校の間に、彼は大の苦手として排斥されたのであった。

6　交渉の行く手に「興亜院」
先決は漢口作戦か和平か

宇垣・孔祥熙会談が公けになれば、それは国民の総歓迎を受けるであろう。日本人の九十九パーセントは和平を熱求していたからだ。近衛、宇垣、池田の三相会議は、漢口攻略以前に、和平を成立させたいと願った。

その一つの活きた証拠は、昭和十三年七月下旬、近衛がその趣旨の声明原文を岩永裕吉に依頼し、岩永はそれを筆者に示して行文措辞の相談をしたことであった（於軽井沢）。着想は、例のケーニヒグレッツ戦勝の直後におけるビスマーク宰相の事績を学ぶもので（首都ウィーンの攻略戦を制止して和を誘った）、要は漢口の攻略は間近に迫ったが、「この大攻略戦による幾万幾十万の犠牲を救い、また中国の名都武漢三鎮を兵燹より救い、さらにこの機会に日支両国を戦争より救い、転禍為福、東洋永遠の平和を築くために、非賠償非併合の講和に応ずるの用意あるについては、支那国民政府においても猜疑を一擲して抗戦を中止しては如何」という趣旨であった。

その声明がお流れになったのは、軍部方面から「それでは国民政府を相手にするもので、豹変があまりに明らかである」と反対されたためであった。そこで近衛は、宇垣・孔祥熙会談に万事を托して口をつぐんだが、漢口攻略戦の前に和平をとげたいという熱望は変わらなかった。宇垣の方はもちろんであり、漢口まで行けば戦局はいよいよ拡大して始末がつかない状態になるから、いまが講和の潮時だと信じて会談の成立を急いだのであった。

これよりさき外務省の若い官吏中に、軍部と通じている一派があり、そこから宇垣・孔祥熙の代理会談が香港で行なわれていること、およびその秘密内容が、漏らされていた。大・中佐級は異常なる神経を以てこれを注視していた。

宇垣に手柄をさせることも業腹だが、それよりも、本当の和平は支那の抗戦本拠地である漢口を占領した後でなければ得られない。漢口を取って敵の戦意を沮喪させた後に、和平を誘うのが戦争の本道であり、軍は、いまや全力を挙げてそれに直進しているのだ。この方が抜本的であり、かつ先決問題であると信じていた。軍人がそう考えるのは別に不思議ではない。宇垣は漢口以前に戦争を終結させようと急ぎ、軍は和平の前に漢口を取ろうと急いだ。一大競争が始まった。しかしさすがの軍部も、和平の準備交渉に表面から反対するわけには行かない。そこで一大謀略として案出されたのが「興亜院」の新設問題であった。

興亜院は初めは対支院の仮称を以て是非が論じられていた支那問題を専管する一大機関である。その以前にも、占領地の行政や経済上の諸問題を処理するのに、各省が分管して不便だから（軍部は全般に関与していた）専門の一機関を内閣に設けるような話はあったが、そのままになっていた。

それが宇垣・孔祥熙交渉の大いに進捗した機会に俄然再燃したところに問題があった。すなわち興亜院の狙いは、対支問題に関する政治経済はもちろん、外交をも一本として取り扱わしめること、つまり対支外交を、外務省から取り上げて新機関に委譲するのであるから、結果は対支外交を宇垣の手から奪って、他の政治家に演らせること、換言すれば、宇垣・孔祥熙交渉の中断を狙うことになるからであった。

　陸軍の主張は、今日まで支那の問題は従来の行きがかりから軍がことごとく関係してきたが、いまや占領区域の拡大とともに重要な問題が続出し、軍部ではとうてい適切な処理ができないし、かつ本来は軍の領分外の仕事である。軍は作戦に没頭しなければならぬ。ゆえにこの際、支那に関する政治経済外交の諸問題から手を洗って、これを独立の一機関に委譲し、本来の軍務のみに専任したいというのであった。もしも、裏面に、反宇垣や、和平遷延の謀略が潜んでいなかったら、この提案は立派な根拠に立つもので、表面から強く反対することは至難であった。

　ひとり、外務省は、最も重要なる領分を侵略されるわけだから、省をあげて反対し、とくに宇垣外相は、現に進行中の和平交渉の関係からも断乎としてこれに反対した。が、外務省の東亜局は、結局そのまま興亜院に移って、単に大臣だけが変わることになるので、反対はまもなく下火になったが、宇垣は、自分の最大の仕事を奪われる立場にあるので、持ち前の闘志を以て敢然と否定を戦った。

　池田は中に入って、軍部の肚の底はどうであろうとも、政治経済から手を引くということは、それ自体が国にとって大きいプラスである。この機会は逸すべきでない。和平外交は内閣の方針だから、興亜院の総裁をして続行させてしかるべきであると説いたが、宇垣は、それは甘い考え方だと言って首を横にふりつづけた。

7 孤剣折れて宇垣退く

和平会談を打ち崩す近衛声明

近衛は、日支事変を片づけるために、広田を罷めさせて宇垣を迎え、(イ) 外交一元化、(ロ)蒋介石を相手とせずという声明の漸次的取り消しなどの条件を甘受し、したがって孔祥熙との会談には、卒業生が就職試験をパスしたような歓びを感じ、みずから進んで漢口戦の前に講和提唱を試みようとするほどの熱意を示した。

それなら近衛は一議におよばず興亜院の提案を峻拒すべき義理である。これを認めるにしても、少なくとも、対支外交だけは除外して宇垣外相下の所管に残すべきである。それが対支諸政策一元化の原則に反するというなら、興亜院の設置に反対して、宇垣に同調し、宇垣をして進行中の和平交渉を主宰させるのが理の当然であり、情義の自然でもあった。

ところが、近衛は、その固有する性格の弱点に足をすべらした。最初は情理に適った考え方をしていたが、だんだんと軍部の要求に引きずられ、ついに自分の第一の味方であるべき宇垣に背を向けるようになって行った。三ヵ月前に、あれほどの熱を傾けて口説いた相手に対し、冷却が早いのは宇垣の意外とするところであったが、これみな近衛の性格に由来するものであって、軍部に対して信念を戦う勇気は、円満上品なる彼の人柄の中には存在しなかったのである。

しかし陸軍大将宇垣一成は、おめおめと退却するような弱将ではなかった。興亜院の成立に反対を続けてその誕生を遅延させ、その前に孔祥熙との和平交渉を成立させてしまおうと勇み立った。前に漢口戦と和平談とが競走したが、こんどは、興亜院と長崎会談とが競走になった。宇垣は一人の応援もなしに、いな、群がる邪魔を排しながら独走しようとした。形相まことに悲壮である。

宇垣は興亜院原案の修正案を作って時を稼いでいたが、九月に入って驚くべき新聞ニュースを読んだ。それは近衛が、御殿場に西園寺元老を訪問した帰途、新聞記者会見において、「蔣介石を相手とせずという帝国政府の方針は、終始一貫不変である」と声明したことである。

これまさしく、宇垣の和平交渉を抹殺する言動と言わねばならない。宇垣の入閣に際し、「あれはじつは余計なことを言ったのだから、上手に取り消すように――」と明言した事実に対して二枚舌の譏りを受けるのはしばらくおき、いまや国民政府を相手として長崎会談を進める方針を決めておきながら、その下準備の進行中に、会談そのものを否定するとは、一体正気の沙汰と言えるか、と宇垣は憤った。

近衛が、軍部に強いられて、心ならずもかかる発言をした経緯は判るが、近衛は総理大臣であってその一言は取り返しがつかない。板垣陸相は、それまでに三回も同様の発言をしたが、それは軍人が衛戍病院慰問の際に、戦意昂揚の手段として発しそうな言葉であって、相手の支那側も手の中は読んでいるし、またこれを取り消すことも困難でない。

しかるに近衛の言は、ただちに交渉を危篤に導くものである。とつじょとして襲い来たった心臓の疾患のようなもので、孔祥熙会談の脈はにわかに衰え、宇垣は聴診器を抛り出してしまった。

そのころ問題になった葉山会談において、宇垣が、軍人だけの見解では漢口を陥れるまでは鋒を収めない考えかも知れないが、国政の大局からすれば、名誉ある講和は一日も早いがよい、というような意味を新聞記者団に語ったときは、モウいつでも退陣すると肚を決めての発言であった。だから、これに対して軍の方面から抗議があり、威嚇さえもあったと伝えられたが、宇垣は、例の傲然たる態度を一倍高く示威するかに見えた。そうして、九月二十九日、近衛の面前で長い辞職理由書を読み上げて決然として内閣を去った。その日は午前中が三相会議の予定だったので、池田蔵相は十時に総理官邸に行き、ちょうど首相の部屋から出てくる宇垣と出会った。

すると宇垣は、これから帰るから事情は首相に聞いてくれ、と言ってサッサと出て行ってしまった。容相がおかしいので、急いで近衛に会うと、近衛は宇垣の書いた物を見せて痛恨の情を述べた。

池田は不快にたえなかった。入閣のときにも、君が入るなら僕も入ろう、そうして二人で近衛を扶けて事変を早く片づけようと約束し、興亜院問題では意見が岐れたが、終始信頼提携してきた間柄であるにかかわらず、一言の相談もなく、また現に最後の瞬間においても、「事情は首相に聞いてくれ」と、捨て台詞同様の一言を残して去った宇垣の態度に万斛の不満を感じた。池田が後日親友に語って、「軍人というものは結局あんなものか」と浩嘆したのは無理ではなかった。

しかし、日支和平の全権を宇垣に托して入閣を請い、いまその進行の最中に寝返った首相に対し、宇垣が怒り骨髄に徹し、孤軍奮闘重囲を破って還るの剣舞を、別の意味で首相官邸で独演したのは、決して書生の短気に失するものではなかったろう。

8　両政府、最後の機会を失う

かたわらに汪兆銘工作が進められていた

宇垣を対支和平の工作から締め出そうと計ったのは軍の全部ではない。昭和十二年に宇垣内閣を流産させたときにもそうであったが、軍の中には宇垣の経歴と才能を尊重してその公的活躍を望んでいる者も決して少数ではなかったのだ。ただ一部の反宇垣派が強烈に策動したのだ。こんどの場合も同様であった。

当時の軍内には依然として対立する二つの流れがあった。一つは、言うまでもなく国民政府軍を徹底的に叩いて降参させようという主戦派であったが、他の流れは、なるべく速やかに和平を成就しようとして独自の裏面工作をつづけた一派であった。それは、多田参謀次長を頭とする影佐禎昭、今井武夫両大佐らであって、日本の国防の本道を固めるために、対支戦争の浪費を一日も早く停止すべきだと熱求する人々であった。

ちょうど、宇垣が外相に就任して間もないころ、支那外交部のアジア局長であった高宗武は日本に密航し、軍務課長の影佐、参本支那課長今井両大佐と会談し、さらに多田次長とも懇談を重ね、日本が寛大な条件を以て和平を回復したい意図を有すること、ならびに、蔣介石は相手にしないけれども、汪兆銘ならば歓んで相手にすることの二点を確かめ、飛び帰ってこれを政府内部の和平派に知らせるとともに、ただちにその工作に着手した。

（注）汪兆銘は精衛と号し、事変とともに行政院長を辞し、国民党副総理、中央政治会議議長の要職にあって、蒋介石と対等に口のきける唯一の政治家であった。また高宗武は汪兆銘時代から引き続き外交部亜州局長の任にあり、わが九州大学卒業の知日的政客であった。なお高宗武が来日する前には、さらに一つの段階があった。それは高宗武の下でアジア課長を勤めていた董道寧が、その年の二月密かに日本に来て参謀本部の影佐、松井等と会見し、日本指導者の真意を確かめたことであった。

董道寧も知日的少壮外交官で和平即決論者であった。その来日の理由は、近衛声明（一・一六の蒋介石不相手論）が発せられたが、日本は本気で最後まで戦争をするつもりか、また適当な条件で早く和平に応ずる意思があるのかを確かめようとしたのだ。董は多田とも会った。そうして日本は後者の意思を持っていることを確認し、そこで自分の試案を提示した。それによれば、

「蒋介石を相手としないならば、それに代わる人は支那では汪精衛のほかにはない。しかし中国の現状では汪先生といえども内部から政府を動かすことはできない。唯一の途は、汪先生が外部に出て、一定の和平条件を提げて国民の世論を喚起し、その国論の昂揚を以て蒋介石を傾聴翻意させることである。他の地方政権を発展させる方法のごときは、遺憾ながらとうてい大きい中国を相手にするに足りない」

というのであった。

これは往々にして若い人の頭から浮かび出る創案の優れたる一つであった。参謀本部の三

人はこれを名案と感じた。日本の条件が寛容であり、支那人が、何のために戦争の苦を続けるのか判らないと感じるようなものを、汪精衛の名を以て呼びかければ、国論はたちまち終戦和平に帰するであろう。それには汪兆銘を野に連れもどさねばならぬ。すなわち汪の重慶脱出、いわゆる「汪兆銘引き出し工作」の下書き第一ページは、昭和十三年二月の董道寧渡来の日に書きおろされたのである。董は上海に帰って機をうかがい、おりから情報蒐集の目的で上海に密行してきた高宗武にこれを伝え、高は親分の周仏海（政府情報部長。京都大学卒）の諒解を得て前述のように渡日し、ここに董と参謀本部首脳との間の下書きを整理し、これを清書して帰国したという経緯である。

ここにおいて日本は、陸軍、海軍、外務、大蔵の各中堅事務官が秘密裡に会合し、連日連夜議を練って「日支国交調整案」なるものを作り上げた。戦争の勝敗に拘泥せず、東洋永遠の平和、日支両国真摯提携を基調とする大局的和平案であって、要は汪兆銘が支那の全国民に呼びかけて和平を納得させるに足りる内容を意図したものである。同案は、陸海軍の首脳部に軍機秘密として説明されて承認を得、ここに汪兆銘工作の基本第一歩を踏み出したのであった。

そのときあたかも、宇垣・孔祥熙の代理予備会談が香港で開かれようとしていた。宇垣は「日支国交調整案」にも目を通し、また汪兆銘工作の内意も報告されたけれども、彼自身は「蔣、汪分離案は感服しない。汪精衛はやはり国民政府の内部に居って和平の指導に尽くさせる方が本筋である」と考えた。が、四省の中堅層が熱心に和平に努力していることに水を掛け、それを制止することはしなかった。というのは、汪兆銘引き出しはソウ簡単にできるものではなく、現に開始された孔祥熙との交渉が実を結べば問題はないと信じたからであった。

宇垣の構想は正しかった。早くも長崎会談まで話が進展した。ところが、前記事情によって流産となってしまった。宇垣・孔祥熙会談が果たして成功したかどうかは、他の多くの和平工作が潰れ去った歴史に徴しても不明というほかはないが、少なくとも行政院長自らが出馬した準正式の交渉だけに、是非やらして見たかったことは誰も異論があるまい。とにかくこの流産により、日支両国が正式に和平を交渉する唯一の、そうして最後の機会は、永えに消え去ったのである。

第五章　漢口作戦

1　漢口作戦は既定の方針

七大都市を残らず手中に収める戦略

近衛が、どうかして年内には日支事変を片づけようと欲して内閣を改造し、宇垣を外相に迎え入れたときには、漢口攻略戦はすでにスタートを切っていた。漢口まで進軍するようでは、戦争はいよいよ拡大して止まるところを知らない情勢を来たすに違いない。近衛が戦略を指導する立場を堅持していたならば、その相談を受けた場合に断然拒否すべきであったろう。しかし、近衛は相談を受けずに、単に報告を受けただけである。「漢口を取らなければ問題は片づかないし、それを攻略した後に戦略守勢の陣を布く方針であります」という通告を聞かされただけである。戦争は軍部がその思うとおりに遂行していたのだ。

その場合でも、近衛は、勇気があればこれを中止させることはできたろうが、すでに「支那軍を徹底的に打ち破り、その息の根を止めるまでは鉾を収めない」と自ら演説した手前もあり、また軍部の主張には表面から反対しない習性になっていたので、いやいやながらも漢口作戦の開始に同調せざるを得なかったのである。

そうして、事実上その作戦を無用に帰せしめるための外交の手段を、宇垣・池田・板垣のコンビによってとげようと考えたのである。板垣は、その頃は、一日も早く終戦を策して支那から撤兵する方針を主張していたのだから、宇垣との提携によって和平成就の見込みは十分であろうと想察されたのだ。虫がいいようだが、近衛の方式としては他に名案はなかったであろう。また、現にうまく行きそうになったことも前述のとおりである。

板垣は、いわゆる「支那屋」の割合には、考え方も常識的であったが、ある組織の中に入って指導の責任者となると、その組織の方から指導される履歴を持っていた。満州事変の発起についても、はじめは暴力計画そのものに反対したのを、石原に説かれてついに心を動かし、また柳条溝事件の前日も、初めは、特派された建川少将の本国方針を聞いた上で計画を再考するという良識ある判断を下しておきながら、翌日、花谷参謀の熱説に動かされて爆破決行に賛したごときがそれであった。

陸相になってからも、本来の正しい主張を引ッ込めて軍の強硬派に傾き、近衛が間もなく側近に私語して、「陸相は梅津にやらせた方がよかった」と後悔したのも、その間の事情を語るものであった。板垣が悪いのではなくて、その使いどころを誤った方が悪いのだが、いずれにしても、板垣が就任したときは、漢口作戦は開始されており、それを抑えることは不可能であったうえに、彼の性質は、この既定作戦を盛大に行なう方向に進めるのが不可避的でもあった。

初めは宇垣との折り合いもよく、改造内閣はたしかに強化され、事変解決の前途も多望なるかに感じられたが、軍部内の反宇垣感情は、やがて板垣の正常なる考えを妨げ、いつとはなく反宇垣的の方向に動く傾向を示すようになった。宇垣・孔祥熙会談に対しても、軍内一部の反宇垣派に引きずられて、だんだんと冷たい態度を示すように変化した。板垣の本心を解剖しても判らないが、とにかく若い者に引きずられた。彼らは漢口を取ってしまうことを妨げるいかなる勢力をも排斥打倒したであろう。

漢口作戦は、六月十一日（昭和十三年）、波多少将の旅団を乗せた船団を、海軍の近藤少将を司令官とする河用砲艦戦隊が護衛し、蕪湖を出航して揚子江をさかのぼった日にはじまった。遣支艦隊長官及川古志郎は、谷公使および日高総領事を通じ、蕪湖・湖口間の揚子江上にある第三国艦船の即時撤退を要求した（距離約三百キロにおよぶ水面）。

一方、陸上においては、漢口をめざす進軍はその前にスタートしたと言ってよかった。というのは、前掲の徐州作戦も、じつは漢口作戦の前提として、戦略思想的に一貫されていたのだからである。徐州作戦は、敵の五十個師を包み、なかんずくその軍営中に主力を成していた中央軍の精鋭を捕捉し、これを撃滅して支那の戦意を屈するという戦略目的を強調したが、じつはそれだけが目的ではなく、これを当時の首都漢口を屠る作戦の一大前哨戦とする構想にもとづいたものであった。

参本作戦部長橋本少将は徐州において包囲殲滅戦が成就すれば、これを以て戦略の一段階を画し得ることを期待したが、作戦課長稲田正純大佐らは、兵数的に殲滅戦の不可能を予想し、敵の戦意挫折には長駆して漢口を陥れるほかはなく、かりに敵がなお抗戦する場合といえども、武漢三鎮の攻略は、敵の戦争経済を痛打していちじるしくその戦力を低下せしめ、わが不敗の基礎を盤石ならしめるものと判断した。少なくとも漢口を奪えば（同時に広東をも攻略す）、支那の七大近代都市――北京、天津、南京、上海、漢口、広東、青島――はことごとく日本の掌中に帰し、蔣政権は文字どおり田舎落ちの惨境に沈湎して、敗勢天下に歴然たるものがあると信じたのであった。

さらにモウ一つの重要な理由は、軍の内部関係から来ていた。すなわち、これほどの大作戦をやらせたら、いかなる主戦派も満足するであろうし、また戦略指導の立場から見て、「作戦はこれで一段落、後は和平終戦に直進するのだ」という説明が成立する。すなわち日支戦争の一大段階としての作戦という構想を、橋本や稲田はハッキリと胸に描いていたのだ。

2　出先の独断専行つまずく

鄭州占領は水攻めに阻まる

漢口作戦は日支戦争中の最大の作戦であった。ついに支那を軍事的に降し得なかった戦争の失敗は別問題として、（イ）支那が持つ七つの近代都市を奪ってその政権を田舎に封じ込めること、（ロ）武漢三鎮を制して支那の精神的、経済的かつ武力的抵抗を減殺すること、（ハ）これを以て進攻作戦の一大段階として戦争に区切りをつけることの三目的は、戦略的価値を有したこともちろんであった。勝ち方と、外交の手腕しだいでは、終戦の道をひらく可能性も想定された。

要は攻め方いかんにあった。常識的に漢口を攻める道は二つある。一は揚子江に沿うて攻め上るのと、他は鄭州から南下するものであった。とくに鄭州は漢口北辺の関門と言われ、京漢線と隴海線とが交叉する要衝であった。大黄河はその北方を流れて自然の大防御線を形成し、近郊の地形も要害の名に値する起伏を展張していた。

多田・橋本・稲田のコンビを誇った参謀本部作戦部は、この鄭州を除外し、隴海線の蘭封から南下して大別山の裾を廻り、揚子江軍と呼応して漢口を東北から攻める構想であった。徐州会戦終わるやいなや、大本営はこれを方面軍に命令し、敗走敵軍を西方に長追いせずに南下することを指示した（六安付近に集結予定）。

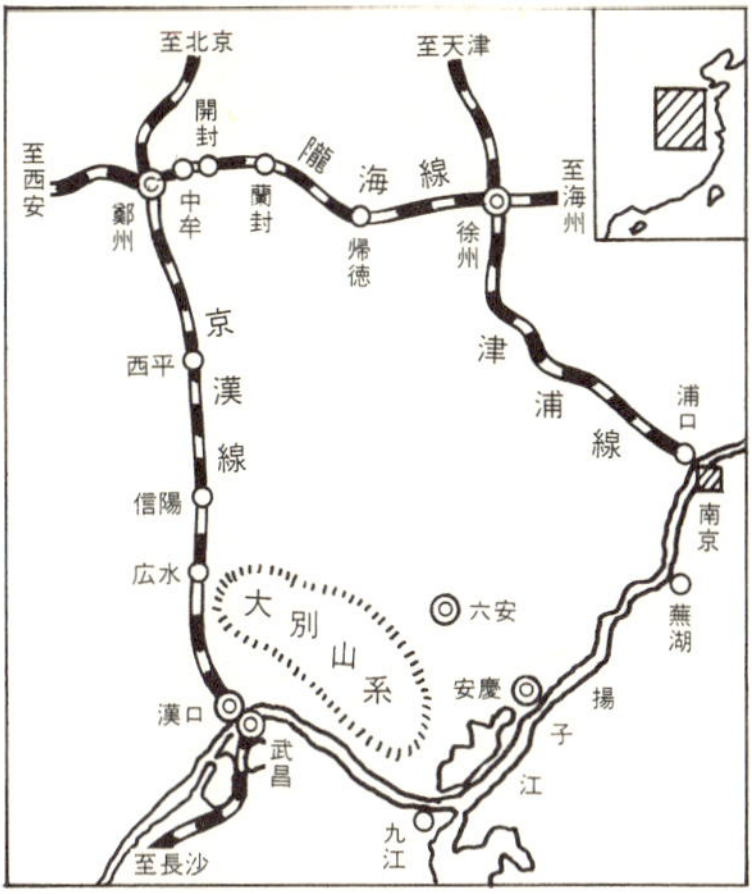

ところが、出先の軍はこの命令を無視して鄭州方面に追撃西進を続け、そのために、漢口作戦の初動において痛い黒星を頂戴し、作戦の一ヵ月遅延、軍司令官および参謀長の更迭という不祥事を惹き起こしたのであった。命令無視の本源は北支方面軍の主将寺内寿一、参謀長山下奉文、実行者は第二軍司令官西尾寿造、参謀長鈴木率道の面々であった。

北支方面軍には、磯谷廉介だの板垣征四郎なぞという支那通の師団長があって鼻息が荒かった。この連中の描く漢口作戦は、支那二千年の戦史から考えても、まず鄭州を占領することが戦略の要訣であり、揚子江の河岸をダラダラと遡るなぞは、支那を知らぬ机上戦術家の愚論に過ぎないと嗤っていた。のみならず、支那通の北支方面軍はその以前から「後日、漢口作戦を行なう場合には、軍は鄭州方面よりこれを実施するの希望を有す」という旨を非公式に大本営に通告していたのである。いまや漢口作戦下命さる。しかしてこれを見れば、鄭州は遠く作戦圏外に取り除かれている。北支方面軍の連中は腹を立てた。いわんや、徐州入城が中支方面軍（畑俊六大将）に一日先立たれた不満も胸中にうずいていたので、彼らは追撃を名として独断鄭州方面への西進を強行するにいたったのである。

すなわち鄭州を取ってしまえば大本営も文句は言うまいし、さらに鄭州から漢口を衝いて戦果を実証すれば、間接に参謀本部の理論屋たちにお灸をすえる結果になって効果は一石二鳥だ、やってしまえッ、という勢いで追撃が開始されたわけだ。これよりさき、大本営は独立兵団第十四師団（土肥原賢二）をして隴海線上の第一都市蘭封を占領させておいたのだが、北支方面軍の第二軍は、第十六師団を先駆として蘭封を超越し、開封、中牟《ちゅうぼう》をつぎつぎと占領して鄭州の近郊まで進撃してしまった。

支那は待っていた。彼の得意とする「洪水戦術」を実施したのである。六月十二日、大黄河の堤防は、百五十メートルずつ二ヵ所において破壊され（鄭州北方の三京鎮と、中牟北方の三柳寨とにおいて）、新しい黄河が南に向かって流れ、おりからの降雨に濁流は急速に平原を沈め、五日の間に全水没集落二千、半浸水集落一千五百、被害面積三百平方マイルという大人造湖を作り出した。日本のいくつかの県を水の底に沈めたもので、その大規模な光景は、さすがに支那の大陸を感嘆させるものであった。

じつは感嘆している余裕はない。第十六師団はその大湖沼の真ン中に包まれてしまったではないか。いかにしてこれを救出するか。当面の作戦はこの一事に集中することになった。あきらかに敵の成功であるが、出先の軍が命令を無視して敢行した独断が、面の当たり罰せられた一種の天譴でもあった。

3　揚子江遡航作戦の成功

洪水戦術も大局には関係なし

大黄河の決潰は、わが第十六師団の先遣部隊が鄭州の近郊に現われた時を見計らって行なわれ、まさに適時安打の観を呈した。主力は中牟を出発して鄭州街道を進軍の最中であった。そこで進軍中の各部隊は、水流と競走して中牟城に帰ったが、その中牟の町はまもなく十数尺の水位の濁流中に浮かんでしまった。わが軍は開封から飛行機を以て土嚢用麻袋一万余を取り寄せ、町民全部協力して土嚢を城壁の間隙に積み、ほとんど完全に水中に孤立して生存を続けるという状態となった。他の集落を占拠していた小部隊は、渡河用舟艇を利用して食糧の補給と住民の救済に昼夜を分かたぬ一週間を送るありさまで、その間、敵は支那軍ではなくて水であった。住民は百万が被難し、十万が行方不明となった。暴戻と評しても、それは国防の已むを得ない非常手段であって、その手段は鄭州を防ぐために有効適切であり、日本軍の進撃は止まり、十日後に水が減っても、泥濘の道を進む苦難は、おりからの初夏の熱暑と相俟って言語に絶し、漢口南下攻勢に一頓挫を来たすことになった。支那は大きい。日本の戦史にある高松城の水攻めなぞは、これに比すれば一滴の水に過ぎなかった。

それは大本営から見れば、まったく余計な道草であった、というよりも、出先軍の作戦独断の失態であった。といって洪水と苦闘中の兵団を放っておくわけには行かない。そこで救援に第十師団を送り、戦線を整理再編して予定計画の六安集結を終わるのに一ヵ月以上を費やすことになった。漢口作戦は少なくとも一ヵ月は出遅れとなった。

将は当然責められねばならない。大本営の中には、北支方面軍の寺内大将を左遷すべしという声もあったが、それでは問責が深刻過ぎるというので、第二軍司令官西尾と参謀長鈴木が免ぜられることになった。

西尾は相当の将軍であり、とくに鈴木率道は長く参謀本部にあって作戦のホープといわれ、事実立派な感覚の持ち主であった。その下の主任参謀岡本清福も作戦部の秀才と目された男であるから、本来はヘマをやるはずはないのだが、現地師団の猪突独断によって失敗の責を負う立場となり、第二軍司令官は東久邇宮中将に、参謀長は町尻量基少将に代えられた。大作戦がスタートした時期にかかる主要人事の変更は珍しいことで、大本営がいかに鄭州独断作戦を遺憾としたかがうかがわれた。

平原の水攻めには悩まされたが、揚子江遡航作戦は、増水するほど好都合であった。この遡航作戦は、陸軍の波多、海軍の近藤両少将の完全なる協力の下に意外の戦果を収めた。作戦の第一目的は、長江筋の各都邑を上陸作戦方式によってつぎつぎと占領して行くこと、第二は両岸陸地を西進する師団に対して弾糧補給を実施することであった。

後者は、漢口に向かって三方から進軍する兵団の兵站を保障するもので、これら兵団が必要とする何百キロの長遠なる後方補給路を節し、長江両岸の占領地点から横に直角に側面補給を行なうのであった。そうして長江の利用効率は、数条の鉄道と大鋪装道路を併せたほどに高率であり（増水期は一万トン級汽船往復す）、両側の進軍部隊は楽々と補給を受けて不休の西進をつづけることができた。

一方、波多重一少将の下にあった高橋、佐藤の両連隊（第六師・台湾軍）は、幾十回でも敵前上陸を戦うべく選ばれた強力部隊であり、ほとんど一回のつまずきもなしに攻略任務を果たして行った。第二軍司令官岡村寧次と江上の指揮官佐藤少将が多年の親友で、どんな無理でもたがいに聞き合うという関係も、この遡航作戦を成功させる一つの大きい要因となった。作戦開始わずか二十四時間の後に、大きい無理を排して、第一関門たる安慶を奪取したごときは、協力成功の大きい見本として全軍の歓喜するところであった。

4　悪路険山に体当たり

「一大隊で敵一師」の意気

波多少将の上陸作戦部隊が、近藤艦隊の掩護の下に蕪湖を船出したのは、六月十一日であったが、十二日夜半には安慶の側面水上に進出し、午前一時半、篠突く雨を冒して上陸戦を敢行、真夜中の奇襲に狼狽する敵を駆逐して、午前六時に同市を占領したのであった。安慶は、南京から二百二十キロ、漢口から二百五十キロの揚子江岸にあり、安徽省省城のある旧都で、双方から防衛の先端基地と目されている要衝であったから、作戦発起後一昼夜でこれを抜いたのは、遡航戦法の幸先上乗のものであった。

揚子江の左岸を西進したのは、稲葉四郎中将の第六師団で、その前面には約十個師団の地方軍があり、一対十の勢力比で戦ったのであるが、稲葉師団は熊本の産で一流の強兵、敵は雑軍であったために、連戦ことごとく勝って進撃の歩を阻止されたことはほとんど一回もなかった。

右岸を進撃したのは、本間雅晴中将の第二十七師と、吉住良輔中将の第九師であり、その南側を第百一師（斎藤彌平太中将）と第百六師（松浦淳六郎中将）が併進した。この五個師団が岡村寧次中将を軍司令官とする第十一軍の全兵力であった。

一方に、東久邇宮を軍司令官とする第二軍は、藤江惠輔中将の第十六師、藤田進中将の第三師、磯谷廉介中将の第十師、荻洲立兵中将の第十三師であって、隴海線方面から南下して西転、漢口を衝く作戦を進めた。両軍併せて九個師、それに遡航部隊の一旅団というのが、漢口攻略戦の総兵力であって、これだけで約六十個師が防衛する首都を攻め取ろうとしたのだ。わが「一個大隊で敵の一個師」という陸軍の自慢の合言葉を、単なる強弱の比喩でなしに、日支戦争最大の攻略実戦に適用して少しもとまどうところはなかった。自信というのは恐ろしいものである。

めざす漢口は、わが攻勢発起の地点から三百五十キロの奥地にある。名にし負う大陸中原の夏を、漢口では屋根の上で雀が焼け死ぬという、その話に有名な熱暑の都を指して進撃する。作戦路に適するような道路はない。とくに廬州を基点として南西に進む第二軍において はなはだしかった。日本は世界中で有名な悪道路の国と呼ばれているが、支那中原の田舎道に較べたら、高度文明の美装道路と呼んでいいくらいだ。雨が降れば消えてしまうような道を、わが軍は戦闘しながら進んで行った。畑を横切り、湖沼を渡る進軍も、のべ百キロを算えたであろう。

その間、幾十万人に達する敵軍を追い、ほとんど連日、戦闘を交えながら行くのだ。自動車で戦場に送られるというごとき戦法は、かりに自動車があったとしても走る道路がないのだ。しかしながら、自信は勢いを生み、勢いは万難を茶飯事と化した。わが軍が占領または通過した合計幾千の都邑の住民が、心底は知らず、表面は少しも敵対行為を示さずに従順であったことは、この作戦を成功させた大きい原因であったと思うが、これもまた「勢い」の生んだ特異の一現象かも知れなかった。

開戦時、出征の歌に送られ、生還を期せぬ覚悟で船出した軍隊は、大沽に着くと、支那人が喜々として埠頭で働き迎えるのを見て、サテ何処に戦争をしに来たのかと異様の感を催したその感情は、漢口進軍中の敵地においても同様であり、戦うのは鉄砲を打って来る敵だけであって、支那人は一種の中立民族としていささかの妨害にもならなかった。すなわち戦争は軍閥対軍閥の討ち合いで、少なくとも昭和十三年代には、民族の戦争にまで悪化していなかったことが、漢口への進軍を円滑にした一大原因であった。

が敵の抵抗は、八月下旬、戦線が漢口から百五十キロに近づいた頃からにわかに強度を増し、地形もまた防戦に有利であって、わが軍に悪戦苦闘の日がつづいた。最南方を単独に南進した第百六師は馬鞍山麓の一戦において数倍の強敵に包囲され、補給を絶たれて窮地におちいり、幹部将校の大部分を失い、空と陸からの援軍によってようやく危機を脱するという苦しい戦闘を演じた。道が不案内のところで湖沼地帯に突き込み、糧薬の補給がとぼしくなれば、敵の数が物を言う場合も生じるのだ。

八月末に至って第二軍、第十一軍はほぼ歩をそろえて漢口防備本線の第一線に攻めかかった。南方はわが国にもつとに名を知られていた廬山を軸とする山岳地帯、北方は大別山脈の裾が長江方面に延びている地帯で、前者は廬山と馬鞍山の対立する中間平原を南潯鉄道が走り、九江から南昌にいたる線上に、徳安以下いくつかの軍事拠点があり、それらから山越しに西進する路上には応急要塞がつらねられてわが軍の進撃をはばんだ。

廬山群峰に拠る敵をことごとく撃退することは、地形的にほとんど不可能事であったが、主要なる険山には肉弾突撃を反覆して戦った。この戦闘中に第百一師は戦力の大半を失うような犠牲を払って苦闘した。飯塚連隊長の壮烈な戦死を筆頭に、多くの犠牲を払ったこの地帯の激戦は、支那事変中の最大の戦闘の一つとなった。

廬山山系の各峰は、これを本式に要塞化したら日露戦争当時の旅順以上の堅城が築かれ、半歳や一年では抜けない大防壁となるはずだ。多くは三、四百メートルの岩山であって、それらに応急堡塁を造って日本軍の進撃に抗したのであった。わずか一本の進撃路は両側から下瞰され、その中心に位する隘口街の要地を一気に占領しようとすれば、砲銃弾の雨を浴びて師団は全滅するほかはない。よって両側の山岳要塞を、一つずつ攻略して進まなければならなかったのであるが、その各塁が天険で容易に落ちず、悪戦苦闘じつに四十日、ようやく隘口街を攻略したのは十月の九日であった。

進軍の順路は、隘口から西進して敵防御軍の本拠地たる徳安を陥れ、そこから大関門の馬頭鎮要塞を奪って漢口へ進むことになるのだ。ところが隘口から徳安までの一本道がまた両側の険山に下瞰されて進軍ははなはだ難く、それにも恐らく一ヵ月以上の猛闘を続けねばならないであろう。とすれば、十一月三日の明治節を漢口攻略の目標としたその期日に間に合わず、作戦が冬に入ることになれば、揚子江の減水による遡航作戦の不利をはじめとして、幾多の困難に逢着し、もしも漢口持久戦にでもおちいれば、なかば蔣介石の勝利ともなるであろう。

これよりさき岡村軍の参謀長吉本貞一少将（のち大将、終戦時自決）は、徳安攻略および廬山掃蕩戦のために全軍を停滞させることを不可とし、その目的のために第百一、第百六の両師を残し、他の三個師半を以て漢口への進撃を敢行することに決断し、東久邇宮の南下軍と連絡しつつ、西方に不休の猛進を開始したのであった。

5　大別山方面の第二軍

岡田旅団長の肉弾戦法

一方に大別山方面から漢口をめざした東久邇宮中将の第二軍は、その第十六師が水攻めに遭い、第十師が救援に待機したために、作戦開始が一ヵ月遅延し、八月中旬に蘆州に集結、そこから兵を二分し、甲軍（第三、第十）は大別山の北方を迂回し、固始、光州をへて信陽（京漢線上）から直角に漢口に南下し、乙軍（第十三、第十六）は大別山を横断して麻城に出で、それから西進することになった。

強兵第十三師（荻洲兵団）と第十六師（中島から藤江に代わる）の乙軍は、葉家集において敵十個師の頑強なる抵抗に会し、これを抜くのに七昼夜を要するという意外なる大激闘を演じたが（九月二日〜八日）、大別山北麓の商城から大別山を横断して麻城をおとしいれる四十日間の戦闘も決して生やさしいものではなかった。

蔣介石は初めはこの大別山ラインの天険をたのみ、台児荘の闘将孫連仲を総指揮官として、四川軍、湖南軍、于学忠軍などの地方軍を配しておいたが、戦勢の容易ならざるに驚き、十月から直系師団三個師、地方軍五個師を増援せしめ、さらに五日後には、直系軍六個師を中央横断道路方面に急派し、秘蔵の砲兵部隊と戦車部隊とを特派して中部関門の死守を厳命した。彼らは英山から麻城の間において（たとえば箱根山なら宮ノ下から仙石の間において）、激しく抵抗したが、ついにわが軍の必死の攻勢を阻止することはできなかった。しかしながら乙軍は、戦場の分担には最も悪いクジを引いたもので、地理的最悪の条件に加うるに、闘志も旺盛でかつ武装も最も優れた敵軍を相手とした関係上、熱戦ののちに麻城を攻略したときは、第十一軍の第六師がすでに漢口の東近郊に突入していたときであった。

大別山の北方を西進した第三、第十の両師は武運めでたく進撃を続けた。敵が弱いわけではなかった。蔣介石の武将四天王の一人といわれた胡宗南が中央軍六個師を率いて防戦を督したので、幾度か夜間逆襲を企てて戦意の強烈を示したが、わが軍の二個師が強剛なる現役兵団であり、第十師（磯谷廉介）は作戦初動の遅れを回復する闘志に燃えており、第三師（藤田進）は、後に「三・十三」と呼ばれて対支日本軍の元締め師団と公認され、バーやカッフェーでも、この二つの師団将兵には、他が席を譲ったというほどの強者であったから、いち早く漢口の北面を封ずるための進軍には想像もおよばない戦力を発揮した。

第十師（篠塚義男中将新任）もわれ遅れじと併進し、たとえば先鋒に立っていた岡田資少将の部隊のごときは、肉弾突撃を旅団の戦術定石として進軍し、十月十二日、信陽において京漢線を乗り超え、二十六日には早くも漢口の北郊に殺到するという戦功を樹てたごときがそれであった。

6　漢口の陥落

「明治節までに」の予定どおりに

他方において、第十一軍の三個師半は、既述のように廬山周辺の攻略を友軍部隊に任せて西進し、九月七日には早くも馬頭鎮の要塞に攻めかかっていた（対岸は武穴鎮要塞）。馬頭鎮は本式の要塞であった。揚子江はここで急湍をなし、流れは二倍の早さであり、漢口に上るための天恵の関門であった。三国志の昔から、田家鎮とともに漢口の肺と心臓とにたとえられ、それゆえにつとに本格の築城が施され、通江嶺を中軸とする山稜の砲兵陣地は、支那大陸においては優秀の施設と称して差し支なかった。

守兵はもちろん中央直系軍の精鋭部隊で、とくに砲兵は、他の戦場では見られなかった腕前をしめし、わが陸海空の協同攻撃を阻止すること八日間におよんだ。わが軍もつとに馬頭鎮と武穴鎮の険塁は知っていたので、陸上からは、第九師、第二十七師の精鋭（平田、石本、中島、山田、秋富、原田の各連隊）のほかに、海軍は砲撃協力のほかに土師中佐の陸戦隊を送り、空軍は海陸両航空部隊の爆撃援護を最大限に提供するという作戦ぶりであった。わが軍は山麓から焼き打ち戦法を試み、肉弾突撃を敢行し、夜襲を反覆し、連日猛爆撃を加え、開戦以来最も激しい攻撃を繰り返した。敵もまたよく戦い、砲台は江上のわが艦隊と砲戦を続けて屈せず、同時に地上軍の進路を射掃して容易に牙城への突撃を許さなかったが、抗戦八日の後、ついに陸軍永井部隊の決死突入によって堅塁を放棄するにいたったのであった。

つぎの目標は有名なる田家鎮であった。田家鎮おちれば漢口の命脈無し、というのが支那二千年の戦略史の語るところであった。すなわち武漢三鎮を守るには、馬頭鎮を第一関門とし、田家鎮を最後の関門とするもので、そこは地形が山岳と湖沼に包まれ、揚子江が大幅にひろがって天恵の防衛態勢を成している。近代的にいえば、漢口防御のための大縦深陣地が廬山を先端とし、馬頭を中央とし、田家鎮を後衛として金城湯池を築いていると評してよかろう。その田家鎮は長江の北岸にあり、その東北には、鳳凰山、玉屏山、陽城山などの険峰が連なり、西北には南山、象山などが三百メートル級の高地を築き、その中間には大きい湿地帯があって、防御にはあつらえ向きの要害である。そこに支那側は、馬頭鎮に上廻る堅塁を築き、蔣直系の中央軍十個師を配して不抜の陣を布いていた。その攻略には馬頭鎮八昼夜の激戦よりもいっそう激しい戦闘が予想された。

攻撃の主力は、長江の左岸を進んで行った稲葉中将の第六師団で、それに二、三の応援部隊を加え、海軍と空軍とは馬頭戦と同じように最大限の兵力を使うことになった。加藤清正の武名を辱かしめない勇戦が、この熊本の将兵によって演じられるであろう。九月二十七日の夜、稲葉中将は攻撃命令を下すにあたり、「諸士は日露戦争旅順の役において先輩が示したる武勇奉公の一念を以て、この堅塁を抜くの決意あるを要す」と訓告し、中華第一を誇る

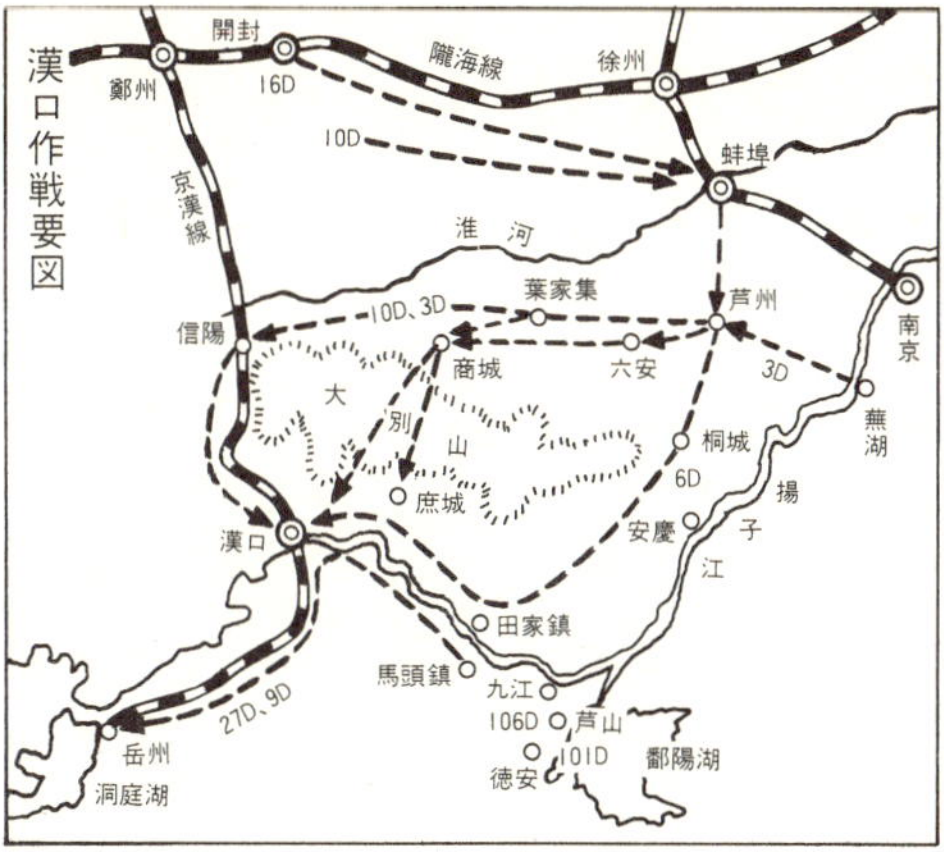

大要塞の奪取に立ち向かった。

攻撃は二十七日の夜半から、各方面同時に夜襲を以て開始され、背後の各連山の山頂を奪取し、二十八日未明から敵を追い落としつつ要塞に迫り、終日激戦を続け、二十九日未明、各隊はいっせいに突撃に移り、午前十一時半、池田連隊の先鋒はついに要塞中央部に突入して日章旗を掲げ、諸隊も相ついで城壁を奪い取ってしまった。本攻撃を開始してから僅々一昼夜半で攻略したのは驚くべき成功であり、その予備攻撃（九月十六日、松口山の第一陣地攻略）の日から数えれば二週間の戦闘であるが、それにしても田家鎮が落ちたことは、蒋介石にとっては漢口防御の上に致命傷をこうむったものである。三国志以来の古訓にしたがったわけでもなかろうが、田家鎮の敗報を聞いた蒋介石は、ただちに漢口死守の方針を解き、可及的多くの損害を日本軍にあたえながら退却する戦略に切り替えた。将兵の全部もまた精神的に動揺して戦意ようやく衰え、逃げ足が目立って早くなった。

かくて十月中旬、包囲環は縮小されて、各軍は漢口一番乗りを競争する地位についた。長江北岸を四ヵ月も徒歩前進した第六師団の健脚将兵が、漢口東端の租界に踏み込んだのは十月二十五日であった。ナポレオン戦争時のモスクワではないが、敵は全市に火を放って退却した。各軍踵を接して入都し、二十六日、武漢三鎮は完全に日本軍の手に帰した。明治節（十一月三日）以前にという目標は達せられた。

作戦発起以来百三十三日である。なおこの作戦中、空軍の協力は日ごとにその価値を高めていったが、その空軍総指揮官が、かつて日本で最初に飛行機を飛ばせて（明治四十三年十二月、代々木練兵場において）一躍有名となった徳川大尉が、中将となって活躍していたことも、たのしい思い出の一つであった。

7　バイアス湾へ奇襲上陸

南方の首都広東の攻略

漢口作戦は現に進行中で、内外の耳目がこれに集中されている十月十二日（漢口陥落は二十五日）、広東攻略のための第二十一軍（古荘幹郎中将）がとつじょとしてバイアス湾に上陸したことは、天下を驚かすに足る奇襲作戦の見本のようなものであった。

漢口の戦線には九個師半が戦闘中であり、北支方面軍の第一軍三個師は山西、河北の治安工作に没頭中であり、南京、杭州方面には第十五（岩松義雄中将）、第十七（広野太吉中将）、第二十二（土橋一次中将）、の三個師が新設されて警備についたばかりである。すなわち兵力量の上から見ても、新たに大作戦を新戦場に企てる余裕なぞはありそうに思えないときであ

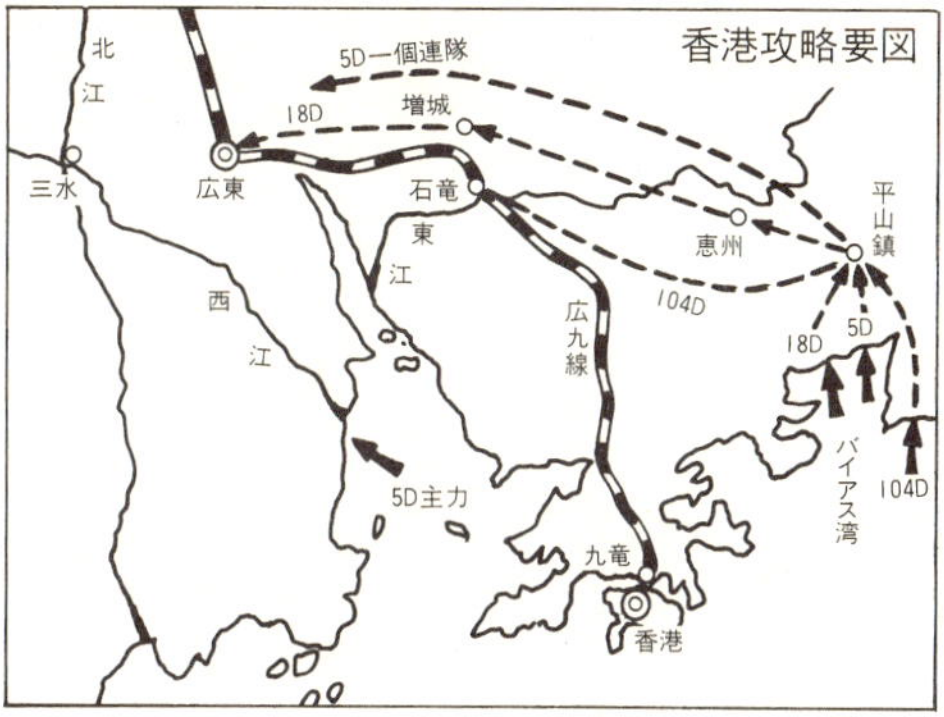

香港攻略要図

った。そのときに、第五師（安藤利吉中将）、第十八師（久能誠一中将）、第百四師（三宅俊雄中将）の三個師が、古荘軍司令官の指揮下にバイアス湾に上陸したのであった。

　そもそも広東攻略は、香港の対支貿易線上に立ちふさがる関係があって、イギリスとの国交を考慮する必要があり、その対策としてバイアス湾の北端を占領して航空基地を設け、空中から広東を制する方針が樹てられたことがあったが、陸海軍の実施部隊に折り合いがつかずに延期されていたものを、今回思い切って広東攻略まで決行することになったのだ。

　本来ならばバイアス湾では相当の抵抗があるものと予期しなければならない。企図は絶対に秘匿され、第百四師は大連から、第五師は青島から、第十八師は上海から来航集合し、船団合計四十余万トン、上陸用舟艇二百九十五隻を準備し、これを塩沢海軍中将の第五艦隊が護衛して、十月十二日の午前二時に湾内に突入した。大本営はこの作戦を重視し、秩父宮中佐を大本営派遣班長として特派した。

　わが陸軍中の上陸作戦師団として鍛えられた第五師が加わったのは当然であったが、久留米で編成された特設の第十八師が戦力の中核を成して勇戦したことは、その後の長い戦争を通じて、一大ニュースに値するものであった。上陸軍の進攻作戦は省略するが、本街道を百数十キロひた押しに進んで十月二十二日に広東を取ってしまったその主力は第十八師団であった。

同師団はこれを初陣として、その後七年近く各地に転戦し、つねに最も重要なる戦線の担当に任じ、しかも最後まで一回も復員を希望しなかった珍しい戦闘単位であった。七年にもおよぶ外地の戦闘には、中途で休養のために復員再編成をするのが常道であったが、この師団第十八師だけは、戦闘即生活のファイトに徹し、終戦までこれを一貫したゆえを以て日本最強の師団と謳われるに至ったものである。

敵の抵抗は部分的には強烈な場面もあった。遠く香港沖を通って、広東の背面を衝くべく広東湾の北江から遡航した第五師団の主力は、三水の付近において相当の損害をこうむったが、それは窮鼠猫を噛むの形状において現出した激戦であって（第五師中の一個連隊はバイアス湾から山岳地帯を広東に進んだ）、他は大体において順風満帆の進撃であった。一言以て掩えば、広東の守将余漢謀は完全に虚をつかれ、茫然たる間に南支那の大都会を失ったという結論になる。

それは文字どおり虚をついた参本作戦部自慢の用兵であった。もちろん万一に備えて上陸作戦準備は完全なものであった。バイアス湾には敵の一兵もなく、おりから秋の明月が白浜を照らす静寂なる岸辺に、大発小発のエンジンの音のみが響きわたる平和の祭典の観を呈した。多く労せずして南支の中枢を領したことは、当時のわが作戦部が誇りとした虚実用兵の記録中の最大の一つであった。

8　修水渡河戦と南昌攻略

弱兵を強兵に転じた統帥

南京から五百キロも奥地に攻め込んで、第二の首都漢口を奪ったが、さてその後はどうしようというのか。五百キロの両側奥地には百万の敵が残されている。日本軍が多数に分散して占領線を守っていたら、随所に逆襲が行なわれ、わが寡兵を以てしてはとうてい防御を全うし得ないであろう。といってさらに攻勢防御の戦法を取ることは兵数的にも資金的にも不可能に近い。そこで、大本営は、武漢三鎮の防衛に差しあたり五個師を残す一方、敵が大挙逆襲してくる可能性のある拠点を征服して、集約的守勢の陣を張ることに決めた。その目的を果たすべく行なわれたのが南昌作戦であった。

南昌は、支那が七大都市を失った後に残る都会として、重慶、昆明と並ぶものであった。鄱陽湖の南にあって、南潯鉄道によれば半日で揚子江岸の九江に達し、その途中に徳安、永修などの軍事拠点を持ち（徳安は漢口攻略の翌日にようやく攻め落とした）、日本軍に対する最大かつ最至近の逆襲本拠であり、一大城壁を有してそこに約十個師の軍勢があった。漢口奪取の余威を駆ってこれを屠るには、道遠くかつ兵威も不十分であった。四ヵ月の連戦に疲れた兵を休め、厳冬の期を送って後に開始するほかなく、したがって南昌作戦は昭和十四年三月を以て決行することになった。南昌を奪えばこれを南西部の先端基地とし、漢口を西端、広東を南端として、占領地帯の防衛を全うしようと策したのである。問題はこの作戦にどの師団を使うかにあった。すでにして漢口も広東も奪ってしまった後は、一大作戦の名を負うて本格の戦闘を行なう余地は、重慶、昆明を除いては、南昌が第一であろう。しかも前二者は、日本を挙げて戦わねばならぬほどの遠隔かつ難攻の大作戦で、常識的にも当分は見込みのないものであった。とすれば、戦功を争う意気衝天の師団が、新春の武勲を狙う一戦は南昌攻略戦のほかにはない。漢口を攻略した優秀師団の将兵たちは、自分たちに担当が廻ってくることを希求した。ところがなんぞ図らん、岡村は、これを第十一軍中の弱兵として汚名を浴びていた第百六と第百一の両師団に担当させたのであった（第百六は包囲されて敗戦一歩手前を救われ、百一は廬山戦闘で拙戦した）。

　岡村は、「この両師団に名誉回復の機会をあたえよう。補充師団であるが、モウ戦闘にも慣れたし、必ず発奮して戦功を揚げるであろう」と裁断し、参謀たちの少しく遅疑するのを排してこれを決行したのであった。果たせるかな、九州男児（百六）と江戸ッ児（百一）とは、軍司令官の深い配慮に感奮した。炊事担当の二等兵までが顔色を変えて名誉回復の期のくるのを待った。師団長を先頭に夜間演習を開始し、渡河演習を行なうなぞ、その戦意の恐るべきものを表明した。しかしながら参謀本部は、用心にしくものなしと考えて、この二個師を支援する十分の援護兵力を配当すると同時に、理想的渡河戦を見学するために多数の参謀将校を戦場に特派した。大砲各種二百門、戦車、空軍おのおの四個中隊、戦力予備二個連隊などが不敗を保証する主たる応援兵力であった。

　いよいよ三月に作戦の開始されるや、この両師団は生まれ変わった強兵となり、進軍に攻城に第一級の戦力を発揮した。南昌前面を流れる修水は河幅数百メートルで、防御の最大関門であったが、百六師の将兵は、架橋縦列の到達遅きを待ちきれず、破棄されていた民舟を掻き集めて渡河戦を開始し、弾雨下にこれに成功して敵の守兵を驚倒させたのみならず、観戦中の軍参謀たちもこの勢いに恐れをなしたのであった。

かくて南昌は予定日数の半分で攻略を全うし、弱兵師団の名を返上すると同時に、岡村寧次の統帥の非凡なことを立証した。長く下積みになっていた選手に出場の機をあたえ、それを一転機として好選手を作り上げる監督を賞揚する人々は、生死の戦争における主将岡村の名断に、大拍手を送らねばならなかった。

さて漢口、広東、南昌を征定して、中南支派遣軍の戦務は一段落を画した。支那軍は弱かったとはいえ、彼らは敵のほかに地形天候と戦って五百キロの遠征を果たした。八月の定期異動を前にして、これら軍幹部は揚子江を遡り、廬山におもむいて蔣介石の別荘に宿り、回顧、自祝の清談に夜を更かした。山紫水明の別天地、暁の鳥啼に目を醒ました将軍たちは、きれいに戦塵を洗い清めた。ある参謀が、「平和が本当ですナ」と感慨の一語を漏らした。みなが同感の微笑を以て答えた。が平和はついに来なかった。

第六章　ノモンハンおよび南寧作戦

1　張鼓峰の〝威力偵察〟

事変最中に大敵の様子を見る

漢口を陥れ、南昌も奪って支那の戦争は一休みの形となった。宇垣外相の退陣によって国民政府との交渉路線は絶え、軍部は汪兆銘工作によって終戦を策することになったこと別に記述するとおりである。蔣介石は長期抗戦を呼号しているけれども、さりとて大きい反撃作戦は不可能であり、わが軍は戦線を整理して、経済的に守勢の陣を布けばよかった。

そこで陸軍は、これを契機として年来の宿願であった「対ソ軍備」に余力を投ずる方針を定めた。平時なら予算が窮屈であったが、いまは支那事変費という大金を持っている。これによって造られる武器弾薬は、支那では一部分を使うだけで、大きい一半を「対ソ軍備」に流用しても表面の問題にはならなかった。陸軍の兵器がどうやら一人前になったのは、じつはこの時代からのことであった。

判りやすい例は、海軍が事変費の一部を、戦艦「大和」「武蔵」の建造に廻したようなもので、陸軍の師団増設や、飛行機・戦車・火砲の増産が、支那事変費の流用にまつところが多かったのは隠れたる真相である。昭和十四年はまさにそのスタートであって、参謀本部は熱心にその方向に歩き出した。武器の消費から備蓄へと転向し始めたのである。

予算流用の是非は別として、それは陸軍国防の本命に対処する至当の方針であったと言える。関東軍の名声はすでに聞こえていたが、その実力は、ソ軍極東軍の二分の一程度のものに過ぎなかった。肩章は重役級であったが、内容は貧乏な会社のそれを脱していなかった。至急に、人員物資を増強して基盤を固めなければ、いつなんどき、ソ連の介入に潰されるかも知れない。ゆえに、国境を平穏にして軍備の充実を果たさねばならなかった。なにごとぞ、その大切な時期に、そうして支那事変の最中に、関東軍はノモンハンの戦闘を惹き起こしてしまったのである。

事変中の対ソ戦闘は二つあった。一は昭和十三年七月の張鼓峰事件、他の一つは十四年八月のノモンハン事件である。一方で戦争をしていながら、他方で恐るべき大敵のソ連軍と砲火を交えるというごとき非常識を、昭和の軍閥がいかにして起こしたかは、回顧解説の価値があろう。支那と戦争中に、アメリカと戦うにいたった軍部の思想根底と、一脈相通ずるものがあるように思われるからである。

ノモンハン戦記の前に、簡単に張鼓峰にふれておこう。それは前者の失敗に対蹠する一つの成功の記録とも言い得るものであり、軍中央部が、出先の軍隊を立派に統帥し得た見本として尊重されてしかるべき事件だからである。昭和十三年七月上旬、ソ連の騎兵が張鼓峰の頂上に姿を現わすと見る間に、陣地の造成、鉄条網や監視壕の構築を、一週間の短時日に仕上げてしまって占領を全うした。目前の朝鮮軍第十九師の国境守備隊はこれを不法越境とみて憤った。

張鼓峰は、豆満江が日本海に注ぐ近くにあって、朝鮮と満州とソ連の三領土が密接する丘陵地帯の主峰である。高サは百五十メートルに過ぎないが、東はポゼット湾から浦塩方面への海域を見下ろし、西は満鮮鉄道を脚下に眺める枢要なる地点である。が、交通も不便な場末であったので、双方ともこれを抛っておいたのだが、相手がそれを取ったのを見ると、急に山が大きく見えてきたという次第であった。

朝鮮軍司令官小磯国昭は、支那事変中でもあり、そんな小丘陵はソ連にあたえても差し支えないと断定した。朝鮮軍二個師の中、第二十師団は出征し、第十九師のみが戦意をみなぎらせながら残っていたが、司令官の一言を聞いて、唇を噛みしめながら不動の姿勢にあった。ところが、参謀本部作戦課においては、これを対ソ戦略の瀬踏みとして利用すべきだという説が現われた。すなわち一度叩いてソ連の模様を見ておくことは、支那事変遂行上極めて重要である。いわゆる「威力偵察」であって、ソ連がこの機をとらえて本気で日本に当たるような気配があったら、この小さい峰を譲って引き揚げても少しも差し支えない。が、単に国境に拠点を得るだけの手出しであるなら、解決はいっそう容易である。とにかく「ソ連が出て来はしないか」という不安が、支那の作戦をいちじるしく牽制しているのだから、その本心を確かめるには無二の好材料であると見たのだ。主張者は作戦課長の稲田正純大佐であった。一つには、この地域が狭隘で大軍を動かすことができないので戦闘は地理的に制限される。ゆえに、日本も一個師団限度の兵力で、航空機を使わず、作戦を稜線の占領だけにとどめると同時に、モスクワで外交交渉を開始して国境画定を談判し、その間、ソ連の肚裏を探究して戦闘を打ち切るという方針に決まった。

2　ノモンハンの火遊び
威勢を張る国境政策の爆発

張鼓峰につづいて沙草峰がある。昭和十三年七月二十九日、ソ連兵がそこまで進出して工事を開始したのを見るや、師団長尾高中将は、歩兵第七十五連隊長佐藤幸徳に対して撃攘を命じた。剛勇なる連隊はただちに夜襲を続行し、三十一日払暁までに、張鼓峰以下各山稜のソ連兵をことごとく駆逐して万歳を三呼した。

こうなると敵が増軍して逆襲し来ることは明白であるので、第十九師としても増兵を欲するのは当然であるが、大本営は一個師兵力の限度で対抗する方針を堅持し、多少の重砲・高射砲は増派したけれども、国境線不進出、兵力不増強の既定方針により、専守防御の作戦を厳命した。

果たせるかな、八月六日頃から敵の反撃は強烈に開始され、わが軍の一に対する五の割合を以て重砲弾を打ち込み、防御一方の日本軍は死傷が累増した。ここにおいてか参謀本部内には、増援出撃の主張台頭し、現地軍はもとよりこれを要求してやまなかったが、大本営は断乎として「一個師限定戦闘の方針」を守り、重ねて専守防御を命令した。新たに軍司令官となった中村孝太郎大将もよく中央部の方針を理解し、尾高師団長もこれを体し、師団の全滅を賭して大本営命令の遵守に努めた。そのとき関東軍においては、その自由裁量にしたがって主力を東寧方面に集結し、万一の場合には戦機を失しない身構えをしていたのだから、もしも大本営が一時の敗勢を挽回するために増軍攻勢を許可し、ソ連がまたこれに応ずるようなことになったら、それこそ煙草の火が大火災を起こさないとは限らなかった。

威力偵察すでに目的を達し、ソ連が積極的に介入し来る意図を持たないことが明白となったのであるから、至急停戦の外交を進めて作戦のケリをつけるのが賢明かつ緊要であった。幸いに八月十日、重光・リトビノフ交渉成立して張鼓峰に平和が回復され、日本は重要なる作戦目的を遂げたのであった。

この成功を、一年後に、関東軍はノモンハンにおいて塗りつぶしたのであった。

ノモンハンは日本人がそのときまで聞いたことのない地名であり、陸軍将校の大多数にも未聞の土地であり、あるいは関東軍のなかでも、知らない人が相当数であったと思われる、満州西北隅の草原にある僻村落の名である。ただ、その付近を流れるハルハ河の水をたって、外蒙と満州の遊牧民が争ったことのある歴史を、そのときに至って初めて知ったくらいのところである。草原と砂漠が続いていて確たる国境線の地図不明瞭の地方に、国境線の紛争が突発したのである。

起こりは、満州人と蒙古人の草原の奪い合いにほかならず、前者は当然関東軍に訴え、後者はソ連軍を頼み、子供の喧嘩に親が出て、おのおのその子供に対する親の面子で退くに退かれぬ羽目となって、馬鹿々々しくも一大戦闘に幾千の血を流す結果を招来したのだ。

満軍と外蒙軍の戦闘では、後者が人数も武器も優れていたので、彼らはノモンハンの満軍を駆逐したばかりでなく、もっと内地まで爆撃の手を延ばして来た。五月二十七日に、満軍を助けに行った東中佐の捜索連隊が敵の戦車群に蹂躙されて全滅したことが、彼らを増長させる原因であったことは疑いない。ここに至って、関東軍は「国境処理要綱」に明記してあるとおり、これを放置すればかえって大きい侵略を誘致する危険を思い、このあたりで膺懲の一撃を与える必要を感じ、第二十三師団をして彼を駆逐させることを決意した。

第二十三師は新編成で装備未了の部隊であり、師団長小松原中将も、参謀長大内大佐も、共に有名なソ連通で、赴任の主たる目的は「対ソ西向き作戦」の研究にあり、いまだ実戦師団の半途にあった。本拠地はハイラル（満州里とチチハルの中間）にあり、ノモンハンまでは南に百六十キロを隔てていた。「西向き作戦」というのは、従来の沿海州決戦よりも、コロンバイル地方から一気にバイカル湖に向かって決戦を求める新方式を指すもので、当時はその研究の途上にあり、小松原・大内は、第二十三師を土台としてその実地調査研究を行なうために赴任したようなものであった。

さて、最初は「侵さず侵されず」の主義を守って自重していた関東軍も、根は暴れるのが好きな性質である。これを大本営に相談すれば、かならず制止されると思ったので、独断膺懲の一戦を強行することに決めた。わずか二ヵ月前に、関東軍参謀長磯谷中将は東京に招致され、軍の大方針すなわち「支那事変の余力を以て関東軍を極力増強すること。その間ソ連との国境紛争のごときは絶対無視すること。重大紛争の危険ある場合には中央と打ち合わせること」を諒解して帰ったばかりである。軍司令官植田謙吉、参謀長磯谷廉介、ともに穏健な常識将軍で、破約の常習犯とは人柄を異にしていた。

ところが関東軍というところは満州事変以来、陸軍の痛弊たる「下剋上」の府であって、司令官や参謀長に鉄の統帥力がない限り、若い参謀たちが政策を指導する危険が常在した。ノモンハン事件はその最適例として爆発したのであった。

3　独断、越境の爆撃行

ソ連の物量戦に苦しむ

石原莞爾将軍を学ぶ関東軍の中・少佐参謀たちは、ノモンハンの敵を以て軍の権威に挑戦する不倶戴天の徒と断じ、満州防衛の責任上からも、関東軍の威力を天下に示す上からも、強兵を派して一挙に掃蕩すべきだと疾呼した。新京司令部の大将は、その捕虜となって手綱を放してしまった。ロシア人の習性は、当方が譲れば一倍進出してやまないものと歴史的に信じられていた理由もあった。

第二十三師団だけでは危ないというので、とくに安岡中将（公主嶺機甲部隊指揮官）麾下の特別兵団――歩兵一連隊、戦車二連隊、機動砲兵一連隊――を増援するほか、第二飛行集団の戦爆合計百八十機を動員して越境敵機を剿滅する戦備を決定した。こうなれば、それは国境の小競り合いとは異なり、戦略単位を駆使する一つの作戦であって、当然これを大本営に具申して許可を受けねばならないものだ。満州国境の防衛は関東軍の責任ではあっても、ときは支那事変中であり、また対ソ軍備を別に考慮中であり、さらにソ連との摩擦回避を打ち合わせたばかりである。この事情の下においては、ノモンハンに師団単位の対ソ作戦を実施することは、大本営の諒解を前提とするのが常道である。

その常道を逸脱するのが、関東軍の暗い方面の特質の一つであった。東京の腰抜けどもには、現地解決の適切な指導などはできない、俺たちが一番鮮やかな腕前を見せて教育してやろう、というすごい意気込みが参謀部員の部屋にあふれ、それが、下剋上の府において植田や磯谷を動かし、かくて関東軍独断のノモンハン戦闘を惹起したのであった。

この報告を入れた軍部は賛否両論に沸きかえった。大陸命（大本営陸軍部命令）を以て制止すべしと叫ぶもの、その程度ならやらして見ろと弁ずるもの、省部連合の首脳会議は十余時間の熱論を闘い合った。

こんな草原の国境が三キロや五キロどう動こうと些事取るに足らない問題に、戦略単位の兵を動かすなぞは、火遊びもはなはだしい。使用兵力は、歩兵十三個大隊、戦車七十、砲百十二門、飛行機百八十、自動車四百といえば、関東軍の西北方面軍のほとんど全力ではないか。これで敗けたらどうしようと言うのだ。さらに援軍を派して戦闘が拡大しないという保証があるのか。この時局最中に、以てのほかの脱線である――というのが、陸軍軍務局系統の主張であった。

しかし、参謀本部の方は、北辺の守備は関東軍に任せてあるし、その関東軍が虚勢を張って長い国境を守っている場合、あるときは威力のデモンストレーションも必要であろう。その限りにおいて、もしも形勢不利ならば断然打ち切るとして、一個師団までは関東軍の自由裁量に任せようではないか――という主張が多かった。結局、板垣陸相が最後に口を開き、「マア、一個師団くらいなら、ソウいちいち咎めずと、関東軍に任せたらいいじゃないか」という一言で論争のケリがついてしまった。板垣は、昭和七年の満州事変当時、関東軍の高級参謀として例の独断をやったのだから、省内の反対論よりも、参本の意見に賛成する閲歴上の理由もあったろう。また、ソウ深く究めないで多数論に賛して行く性質の将軍でもあった。

かくして関東軍の作戦計画は黙認された。彼らは悠々としてさらに向こう見ずの戦法に猛進する危険はないであろうか。まもなく、その大危険が現出した。外蒙の内地爆撃がそれである。地上の戦闘は所期の進展を示さなかったが、空軍の方は、第一期戦において確実に敵を制した。陸軍自慢の九七式戦闘機は、性能においてソ連機に優越したばかりでなく、操縦においても立派な手並みを見せ、連日越境機を撃墜していた。六月二十二日の空中戦では、敵の五十九機が砂原に墜ちていた（わが損害四機）。

が、敵は数量においてはるかにわが軍に優っていた。いくら墜としても、後から後からと新しいのが現われ、日本の同一機を以てする反撃迎撃は疲労の限界に達した。そこで関東軍は、対抗手段として、敵の内地上空に侵入し、その飛行根拠地を痛撃して根源を絶つ戦法を考案した。一つの着想には違いないが、苦しまぎれの作戦であり、敵国内の飛行基地爆撃となれば、その影響は恐るべきものである。もしもソ連の長距離爆撃機が満州の内部に侵入して来たとしても、それは当然の報復手段ということになり、戦闘はしたがって拡大の一途をたどるかも知れない。

参謀本部はこれを憂慮し、ころばぬ前の杖として、六月二十四日、中島参謀次長の名を以て、「国境紛争の拡大を防ぐためには、敵の内地爆撃を禁止すること必要にして、貴軍も同一方針と信ず。けだし内地爆撃は彼我逐次これを内部におよぼして事件を長引かすのみなるにつき、とくに注意を請う」旨の急電を発し、なおこれを徹底するために、作戦班長有末中佐を新京に飛ばすことになった。関東軍はいかに有末特使を迎えようとしたか。

4　火遊び、好運に収拾さる
第二次世界大戦の勃発によって

思い起こす昭和六年九月十八日、参謀本部第二部長建川少将が、関東軍の満州陰謀を諌止するために急行し、ちょうど奉天に到達して旅館で一休みをしている最中に、関東軍参謀は柳条溝の鉄道線路を爆破して北大営の敵陣に攻め込んでしまった。諌言を聞く前に既定計画を実行してしまうという悪い御手本《やど る》である。

こんどは参本作戦班長有末次中佐が外蒙の内地爆撃諌止のために新京に飛来したその日の朝（六月二十六日）に、関東軍は外蒙内地のタムスク飛行基地を空襲してしまったのである。

この空襲は奇功を奏し、敵機百二十四機を撃破する大戦果をあげ、関東軍はこれを敵にあたえた致命的の大勝利として発表宣伝した。内外に対する面目の昂揚という考えもあった。が、天皇陛下は、「外国の内地を爆撃するごときは大本営の方針に反すると思うが責任はどうなるのか」と参謀次長を譴責され、次長は責任追究の御約束をして退出した。陛下の御心配が正しいのだ。その日、参謀本部は関東軍にあてて、外蒙内地爆撃が大本営の方針に反していることを責め、急遽その企図を中止するよう勧告した。すると関東軍は、

「当軍の方針は彼の蠢動を未然に封殺し、その不法行為を初動において破砕し（中略）、支

那事変解決に貢献するにあり。ただ現場の認識と手段とにおいては、貴部といささか見解を異にしあるがごときも、北辺の些事は当軍に信頼して安心せられたし」と返電して来た。思い上がった態度であり、また、国軍の統帥なぞは歯牙にかけないような増長ぶりである。ここにおいて中央部は大陸指を発動し、参謀総長の名において「敵の根拠地に対する空中攻撃を行なわざるものとす」と指令した。すると関東軍は冠を曲げ、その後は参謀本部との連絡を断って独自の行動をとるような態度に出てきた。人間を全部取り替えないかぎり救済の道はなくなったようだ。

二日たつと、ソ連機はぞくぞくと現われはじめたばかりでなく、地上部隊の増強も真面目に進められてきた。そこで第二十三師と安岡部隊（第七師の一部）とは陣容を再建して、ハルハ河の左岸に集結中の敵を、その集中完了前に撃滅しようと前進した。ところが、七月二日から開始された戦闘はいたるところ利あらず、敵の強力なる重砲隊と戦車隊に蹂躙されて惨敗を喫し、関東軍も七月十日、ついに攻撃中止の命令を下すのほかなきに至った。

　ソ連陸軍の戦術は、日本が想像していたところよりもはるかに進んでいた。「一秒間に一メートル正面を二発の銃弾が通る地帯は死地である」という算定の上にすべての攻防方式が計画されていた。かかる地帯を設定するのが防御の基礎。攻撃の場合は、かかる地帯を重砲、爆弾で破壊して後に進むか、あるいは戦車で押し通るかの方式による。完全なる物量戦法であり、自動車による十分の補給をまって戦う。この新戦術を、ソ連軍はノモンハンで実地に試験したのである。もっぱら精神力による突撃戦法を主とし、機械力と補給力とに欠陥のあった日本軍は、その実験用のモルモットとなっておびただしい犠牲を払った。敵は八月二十

日頃から、日本軍を掃蕩するための攻勢に転じてきた。
関東軍は第七師団と、速射砲八個中隊を加えて第六軍をおこし、八月二十三日から報復の決戦をいどんだが、敵の前記の重装戦術に制圧され、第六十四連隊長山県武光大佐は軍旗を焼いて自刃し、第七十一連隊長東宗治中佐もまた軍旗を焼いて全軍斬り死にし、師団長は残兵を督してかろうじて帰陣するという惨果に終わった。死傷じつに七割、生き残るものわずかに三千であった。

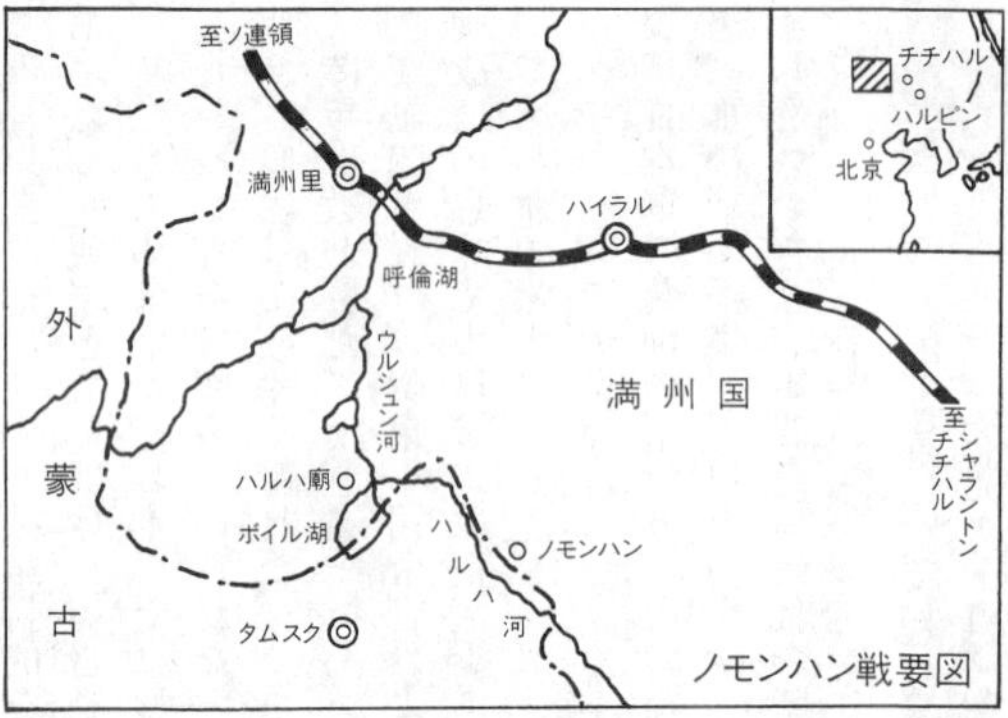

ノモンハン戦要図

ソ連軍を指揮したのは勇将ジューコフであった（第二次大戦時の主将。最近国防相を罷免されたので有名）。前記の新戦術を実施するため、狙撃歩兵五個師団、戦車六旅団、重砲兵四個師という大軍をひきいて現われたのである。わが軍が勝てる道理はなかった。されど関東軍も勢い引き退るわけにいかず、さらに第二、第四の両師団と全満の重砲および速射砲隊を動員して立ち向かおうとしたが、軍中央部は前途を慮って断然戦闘を中止させることに決し、九月三日、大本営命令第三四九号を以てこれを下達した。

その間ジューコフ将軍は、従来ソ連が自己の国境と主張していた線を確保するや、そこに陣地の構築を開始し

てそれ以上に進出せず、戦略目的を達した上は深入りをしない見事な統制ぶりを見せたのであった。ソ連軍としては珍しい自制であった。

時しも天佑はいまだ日本の上に残っていた。第二次欧州大戦が起こったのである。ソ連もノモンハンなぞは顧みていられない。九月十五日、重光大使とモロトフ外相の間に停戦協定成り、暗雲はようやく霽れた。

陸軍は救われた。が、ノモンハン戦が失敗であったことは、陸軍みずからの人事異動によって証明された。関東軍司令官および参謀長は予備役に、他の参謀は転任を命ぜられ、喧嘩両成敗の意味で中島参謀次長、橋本作戦部長は予備役に、稲田作戦課長は転出という幹部一掃でケリがついた。

ノモンハンの火遊びは、危うく本家に延焼するところを、欧州の風向き変更にすくわれたが、日本軍の装備の不十分、そのための局地的敗戦という現地の経験のほかに、関東軍の専恣、軍統制の不備、下剋上の危険、等々の暗い証明を歴史の上に残した。これらの諸弊の改まらないかぎり、軍閥専横時代の時局の前途は、一として楽観すべき材料はなかった。

5　引き続いて起こった南寧作戦

援蔣ルート遮断の第一石として

ノモンハンの火遊びとは異なり、真剣そのものの作戦が、その直後に、支那広西省の首都南寧に向かって指向された。「南寧作戦」は、台児荘や漢口の作戦とちがって、機密裡に一

挙攻略をめざし、国民の知らぬ間に、日支戦争中で最大の苦戦を現出した、「語られざる作戦」に終始したものであるから、ここにその戦闘のフィルムを現像しておくことも、日支戦闘史のアルバムには不可欠の一葉であろう。

　まして南寧作戦は、大本営が米英仏の関係を心配しながらも、戦略的に企てた最初の「仏印ルート遮断」の作戦であった意味でも重要性を有するものである。漢口が陥ちても、蔣介石が長期戦の勝利を高言する根拠の第一は、仏印を通して、米英仏からぞくぞくと武器弾薬が供給されるその戦略物資の無尽蔵なる点にあった。

　支那には近代的な軍需工場なぞはないのだ。にもかかわらず、漢口その他で莫大なる武器を失っても、新鋭の兵器がぞくぞくと戦場に現出したのは、みな、欧米からの供給が、仏印ルートを通って重慶や長沙に運ばれたからである。この道を断たなければ、支那戦争の泥沼はいよいよ以てその泥を深くするだけで、日本の武力による勝利はついに永久におぼつかないのであった。

　が、日本は援蔣ルートの遮断作戦なぞと大手をふってゆうゆうと南支の奥に作戦するわけには行かない。昭和十四年の秋ごろには、日本はまだ欧米に多少でも気兼ねをする国際良心を有していた。宣戦布告もしていないのに、友邦からの貿易品を一気に遮断する作戦は、米英仏などから抗議を雨下されて自由奔放に実施するわけには行かない。そこでこれら外国に遠慮して援蔣軍需品の中継地たる南寧の攻略を躊躇していたのであった。が、ノモンハン戦の責任人事異動で富永恭次少将が作戦部長に就任するや、戦争中に遠慮は無用とばかり、上司を説得してただちに決行することになったものである。

南寧急襲攻略の命令は、ノモンハンから引き返したばかりの第五師団に下された。これは上陸戦を得意とする強勇なる広島の師団であったが、南寧は、広東から南へ五百キロ、仏印国境に近い遠隔の都市で、北満のノモンハンから何千キロという彼方の戦場である。第五師団は呼吸が続くだろうか。

この師団は昭和十二年夏の第一次動員で北支に出征し、山西の戦闘で蔣直系の精鋭および共産軍と戦って大損害を受け、青島に集結して補充訓練の途中、台児荘の戦闘に参加し、転じて広東攻略の主力として奮戦し、休む間もなくノモンハンの救援のために急行し、停戦となって南下する途中で南寧攻略を命ぜられたものである。これくらい遠慮なく使われた師団は他には無かったろう。師団長は板垣から三代目で、今村均中将が指揮し、参謀長は玉置温和少将であったが、旅団長以下二万余りの将兵は旧のとおりだ。が、彼らは新しい戦場に赴くことを歓んで張り切っていた。

広東にいたってはじめて南寧作戦の責任重き戦闘を指示され、船団は欽州湾をさして進んだ。が、波瀾は早くも上陸の日に予報されたごとく、その日は風速二十六メートルの暴風が山なす怒濤を湾内に捲き上げているのであった。二十六メートルといえば大暴風だ。南支艦隊司令長官高須中将は方面軍司令官安藤利吉中将（在広東）に無電し、「海軍は上陸を掩護することもちろんなるも、上陸を決行するやいなやは一に陸軍の方針による」と照会した。即時、安藤から今村に転電され、今村は、木の葉のように揺れる船上で迷ったが、試みに各部隊長の意見を質してみると、各部隊長とも、万難を冒して上陸を決行したいという一致の答申であった。

十一月十六日午前三時、大発汽艇がいっせいに下ろされ、沿岸目がけて航進した。欽州湾というだけで港の設備はなく、幸いに雲間を走る月あり、あの辺という見当で砂浜に乗りつけた。大発は濤上に躍り、波底に落下したが、不思議にも一隻の転覆もなく、第一線部隊は午前十時には上陸地点を確保して全軍の途をひらいた。

欽州湾には敵兵なく、まったくの奇襲が成功したのだ。しかしそれから南寧への道路二百キロはほとんど完全に破壊されており、馬匹八千、野砲四十八門が進むためには、修理に大困難をなめ、十一月二十四日ようやく南寧の近郊に到達した。

6　奪還に蔣の主力

今村遠征軍は分散して包囲さる

南寧はもと白崇禧の居城であり、広西軍閥の本拠であった。白崇禧はつとに日本にも知られていた南支方面の武将であって、日支開戦と同時に蔣介石軍の一翼を担い、第二十六集団軍の総司令として漢口戦以下の諸戦闘に参加しており、南寧には少数の留守部隊を残しておいただけであった。こんな南方奥深く日本軍が襲来するとは思いおよばなかったのである。

中村・及川の両旅団は、十一月二十四日の日没とともに南寧に突進した。欽州から七日分の糧食を携行したその食糧は三日前に食いつくし、将兵は水を飲みながら進軍していたのだから、街の灯を見たら、食糧への突撃心は矢も楯も制し得ない。いわんや二ヵ月がかりで攻めに来た戦闘目標がそこにある。翌払暁の戦闘常識を超脱して、未知の敵地に夜討ちをかけ、約三時間ばかりでこれを占領したのである。

二十五日の朝が明けると、高い建物の屋上には日ノ丸の旗がひるがえって戦略の万歳を告げていた。遠路はるかに到り、かくも簡単に広西省の首都を抜き得ようとは、誰が予想したであろうか。師団長は、型のごとく敵を二方面に五キロ程度追撃させて第一線仮陣地を布き、本部を白崇禧の居城に据えておもむろに第二期の作戦を練った。

特務機関長として同行した中井大佐は、かつて白崇禧の軍事顧問として南寧に二年住んだ経験者であった。中井がその当時の使用人を捜すと、彼は喜んで情報を持って来訪した。それによると、近く蔣介石の軍隊十万が南寧に向かって進軍してくるというので、その地方の住民は避難と家財の隠匿で大混乱を呈しているということであった。

敵が南寧の奪還に逆襲してくることはこれで明らかとなった。が相手は支那兵だ、十万来たにしてもわれわれに二万五千の精鋭があればいささかも恐れる要はない。依然大隊単位の部隊を各方面に張り出して随所に彼を屠って見せようと待ちかまえていた。ところが油断大敵、それも本物の大敵であることがひしひしと第五師団の上に響いてきた。各地点に分散点在していたわが部隊は、その各地点で漸次各個に包囲され、その敵がいずれも五倍から十倍の優勢であって、各部隊はみな交通を遮断されて孤立するのみならず、南寧自体も二重三重に包囲されて、空からする以外には広東の軍司令部と交通する途が絶えてしまった。

その大敵とはどんなものであったか。それは蔣介石の主力であって兵力二十九万という優勢なものであったのだ。参謀総長陳誠が総指揮となり、北正面は白崇禧の第二十六集団軍九個師、南正面は張発奎の第十五集団軍四個師、東正面は李宗仁の三個師、西正面は陳誠直率の第三十八集団軍八個師、戦略予備四個師、それに重砲五大隊、野砲三大隊、山砲七大隊、対戦車砲一連隊、機械化部隊一連隊という内容のものであった。これはまさに敵の主力の大半ではないか。

日本軍にたとえれば、杉山が陣頭に立ち、寺内、岡村、畑の各将軍が司令官となって反撃に現われたようなものである。これに対してわれわれは一個師半に満たない孤立の一隊である。小軀今村師団長の胆は太かったとしても、広島の師団は強兵であったとしても、また台湾から来援した塩田少将の旅団は精鋭であったとしても、合計二万五千は、間もなく袋の鼠とならざるを得ないであろう。

敵のかかる大兵力は、当初の計画にはなかった。白崇禧と李宗仁の十個師強を以て奪還戦を試みようとしたのだ。わが軍の糧道を断って攻めれば、それも不可能ではなかったろう。ところが、自信満々の第五師団将兵は、山芋《タピオカ》と草の根を食べながら頑強に各陣地を死守すること二週間におよんだ。

そこで第一の抗議は、米英仏から激しく蔣介石の本営に飛来した。君を援ける生命のルートを一個師ばかりの敵に遮断されてそれが撃退できないとはなにごとであるか、というのだ。蔣自身にしても、それはあまりにも腑甲斐ない支那軍の反攻であると痛感し、ここに股肱の総参謀長陣誠を総司令に任じ、兵力を倍増して奪還をとげ、祝酒を重ねて昭和十五年の新春を迎えようと期したのであった。

戦闘は十二月十五日ごろからにわかに激しさを加え、八塘付近にあった三木大佐の連隊は三万余の敵の包囲にあって大苦戦におちいった。旅団長中村正雄少将は部下の急を救うべく敵の側背に突進し、その衆望厚き将器を七塘の戦野に埋め、従う将兵の損害もまた甚大であった。今村はさきに南寧攻略の直後、及川少将の旅団を仏印国境の龍州に派し、ガソリン一万缶をはじめ多量の援蔣物資を押収して得意満面であったが、形勢逆転、いまや一兵たりとも多く南寧周辺の防戦に投ずるの急に迫られ、十二月二十日、及川少将に急遽帰還を命じたが、その及川は帰路数倍の大敵に迎撃されて悪戦苦闘、年末ようやく南寧に帰るという状態であった。他の来援がなければ、広島健児の一個師もついに全滅をまぬかれないような情勢となった。

7　一種の囮作戦

第五師団の苦闘六ヵ月

援蔣ルートの遮断は一つの構想である。が、それが泥沼への深入りであることもまた争われないであろう。日支事変は最初から泥沼入りを警戒されたが、勢い已むを得ず、漢口攻略までは、七大近代都市の占領を理由にこれを決行し、その後は交通の関係によって兵を沿岸近くに集結し、——北は天津・北京、中支は南京・上海、南は広東を中心に——以て持久和平を策する方針を実施しようとした。そこまではまず致し方がなかったとしよう。しかるに南寧にいたっては、南方の拠点広東から五百マイル、沿岸欽県から百マイルという遠隔孤立の田舎都市である。泥沼の中央みたいなところだ。そこへわずか一個師団強を乗り入れて、それで援蔣ルート遮断で御座イと宣揚するのは、威勢はいいかも知れないが、実質は効能よりも危険の方がはるかに大きい。というのは、占領は一個師の急襲を以て成就し得るとしても、これを敵の逆襲に対して保持するためには、二個師三個師の兵力と補給路とを常備確保しなければなるまい。師団の複数をかかる地帯に釘づけする余力はもちろんおぼつかない上に、補給路の確保はほとんど不可能に近い難業である。敵からの遮断は随所に成立すべく、したがって逆に援日ルートを断たれて、守備兵は枯死するの危殆にさらされぬともかぎらない。現に見るごとく、昭和十四年十二月下旬、第五師団はほとんど四方から包囲され、補給路は寸断され、弾糧いたらず、兵力は漸減し、運命の最後は長くも数週日の間にせまったではないか。

一方に敵も軍需品補給のルートを断たれて苦痛をなめたことは明らかだ。が彼のルートはその一本だけではない。いな、はるかに大きいルートが他に二本あって、少なくとも輸入量の五分の四はそれを通って流れた。一はビルマ・ルートであり、他はハノイ・諒山・昆明を通ずる仏印ルートであった。ビルマ・ルートの方は英国との間に外交談判が成立したとは言っても、公路以外の道は何本もある。列国の営利商人が、日本に義理を立てて戦時利得を放棄する理由は一つもなかった。

すなわち一本のルートは遮断されたが、他の太い二本は活動をつづけているのだ。とすれば、南寧作戦もどうやら泥沼深入りの度を加えるだけに終わりはしないか。敵の苦痛よりは味方の苦痛の方がはるかに大きいのではないか。ここまで突進した第五師団と台湾の旅団は戦略の是非を疑っているいとまはない。文字どおり懸軍万里、寡兵草根を糧としてよく衆敵を防守すること三旬におよんだが、三旬米を見ず、弾帯には弾丸の代わりに莨の「ほまれ」

が何本か入っているというのでは、いかに強勇の日本軍でも戦力の限界を通り越して敗退の悲運におちいることをまぬかれないであろう。敵の連日連夜の砲声は日ごとに近づいて、あたかも死神の咆哮を感ぜしめる気配となってきた。

幸いに敵は空軍を持たず、制空権はわれにあった。ある日、偵察に飛来した海軍航空隊の一機が、南寧師団司令部に通信筒を落として行った。開けて見ると「武鳴方向第一線の中隊は、敵の手榴弾に対し石を投げて戦いつつあり、弾丸を補給されるよう祈る」とあった。悪闘の状を知る。

十二月二十五日、いよいよ最後の作戦を決めねばならぬ夜が来た。酒もなく、わずかに粥をすすりながら蒼い顔の参謀たちが、今村を中心に議を進めた。サンタクロースなぞは日本の軍営に来るわけはない。クリスマスの夜は生死の途を捜す論議に更けていった。が、結論として、支那兵に負けてしまうとは信じないところに、たのもしい一縷の望みがかがやいていた。

議定された作戦は、師団長みずから戦略予備として掌握していた一個連隊をひきい、山間を縫って敵主力の背面に進出し、日本軍伝統の突撃戦によって敵の一部隊を潰走せしめ、その上で防御陣形を再編しようとするのであった。その全軍呼応攻勢の発起を一月元旦と決めた。酒も米も弾もない師団には、御歳暮も御年始もない。あるものは、攻勢勝利によって敵のチェッコ機銃や老酒を分捕る意欲のみであった、と書いても小説ではない。餓をしのぐ食物取りの戦闘は、遠征の日本軍が無数に実施したところである。

ちょうどそこへ軍の特使が飛来した。南支軍の参謀長根本博、副長佐藤賢了、大本営作戦部の荒尾興功といった錚々たる連中である。彼らは、戦況の実態を知り、その打開のために作戦の打ち合わせに来たのだ。そうして軍議の要点は、今村軍が今日まで吸収した敵の大軍に対し、南支軍（司令官安藤利吉中将）が今こそ鉄槌を一下する好機が到来したものとして、その決戦方策を議定するためのものであった。思えば第五師団は囮であったわけだ。

8　南寧作戦の終末
後日の仏印問題に糸を曳く

議会の「黙れッ」で有名になった佐藤賢了は大声をあげて、今村師団長の出撃計画を制止し、軍が敵の暗号解読によって確認した陳誠総軍の兵力配備を説明した。諸兵連合二十八個師団、それに四個師を動員中で合計三十二個師、兵力二十九万、新たに戦車と航空の一部隊を加え、日本の第五師団を殲滅の好目標として進撃中であることが判った。果たしてしからば、今村中将の出撃のごときは、少年がナイフを持って巨象に挑むの児戯に等しい。鼻根一振彼は吹き飛んでしまうこと明白である。そこで根本、佐藤の軍参謀たちは、第五師団の各前衛部隊を撤収し、これを南寧付近の丘陵地帯に集結して堅固なる防御陣地を構築し、援軍の到来するまで持久すべきことを勧告した。今村は、その撤退集結がすでに不可能におちいっている実情を説き——各隊は別々に分断包囲されていた——一大反撃を断行しないかぎり難境打開の途なきを主張し、論争数刻にして決せず、軍参謀たちは、広東からの軍命令のあるまで出撃を中止して待つことに妥協して去った。大晦日に軍命令がきた。第五師団はいかなる意味の攻勢をも取るべからず、現状を持久して友軍の来援を待つべし、というのであった。

軍命令には従わねばならぬ。第五師団は、各部隊が各所に孤立包囲されたままで専守防御の態勢に入った。軍司令官中将安藤利吉が、自ら第十八師団と近衛の旅団を率いて南寧の戦場に現われたのは、それから約一ヵ月を過ぎた一月二十五日であった。それでも、広東から三十隻の船団を組んで欽州湾にいたり、二百キロの難路を南寧に進むまでの最短時日であったろう。

第五師団の方は、その間の持久防御が大変であった。とくに一月十五日、援軍欽州上陸の報を聞いた支那軍の大急ぎの攻勢は、各包囲戦の随所に強度を増し、最前線の大隊では全滅するものあり、三木連隊のごときも八塘の要衝を放棄して六塘付近に退却のほかなきにいたり、また敵の飛行機もときどき来襲して南寧の司令部を爆撃するまでに急迫した。

不幸中の幸いは、敵もまた兵站線の不備に悩み、食栄養をおぎなうために兵力の半分を数十キロの後方に交替避戦させていたことである。すなわち二十九万の大軍も十四、五万しか戦っていなかったことである。さらに他の好運は、支那兵が、わが信号用発煙筒の煙（青紅白の各色）を毒ガスと誤認し、その煙を見ると将兵ことごとく地に伏してしばらく起き上がらず、またこれを恐れて近接戦闘を挑まなかったことであった。蔣介石が戦線の渋滞を譴責したのに対する前線司令の返電に、「ガスマスクを携行せざるかぎり突撃は困難なり」とあったのを傍受して以来、今村師団は、小石と発煙筒とを主たる武器として戦闘を続けたのであった。

また一つには、敵の来攻方面の地形が、南画で見る岩石山の屹立する地方で、大軍の運動に適しなかったことも、第五師団の孤立防戦には好都合であった。このような地理的条件と近代戦に関する支那軍の未熟とがなかったなら、すなわち敵が支那でなしに米英の兵であったなら、今村軍は十日とは保たなかったであろう。まことに危うい大本営の南寧作戦であった。

にもかかわらず、六十日にわたる被包囲の難戦は、日本の陸軍にしてはじめてヨク堪え得たと思われる闘志衝天の物語が、うずたかく積まれたのであった。たとえばのちにソ連戦術の研究で知られた堀毛一麿大佐のごときも、砲兵連隊長として出陣、部下玉井中隊が野砲三門を放棄して退却した責任を痛感し、残存六十余名を率いて突撃奪還を主張して聴かず、砲兵操典に書いてある「死生栄辱は火砲と運命をともにすべし」といった綱領を墨守して司令官と争ったような物語も残っている。前線被包囲の部隊に「食糧如何」と見舞いの信号を送れば、「タピオカあり、弾丸送れ」と異口同音に答えた。すばらしい闘志である。この闘志と、戦闘の自信と、耐乏の訓練とが、一師ヨク三十二師を相手に六十日の被包囲防御を成しとげたのである。

心すべきは補給の自信なき遠征の危険であるが、安藤の南支軍としては、いたずらに今村の苦しむのを傍観していたわけではない。南支軍の戦略は、敵の大軍を南寧の前面に引きつけ、機を見て側背から痛撃して一大戦勝を挙げることを待機していたのだ。ゆえに第五師団が苦しまぎれに出撃して敵を追いはらってはまずい。囮となって十分に彼らを引きつけておくことが使命であったのだ。

安藤軍三万は一月二十五日に南寧に到着、ただちに戦線に急進し、二十八日には早くも遠く賓陽の後方に進出した。敵は驚いてたちまち得意の退却戦を開始し、安藤の包囲網を潜って逃げ去った。

かくのごとくにして、支那軍の主力を撃滅する作戦は、他の戦場の場合と同じように徒労となったが、戦闘は勝利に帰し、第五師団は二ヵ月ぶりで全員が集結した。南京から飛来した総司令官西尾寿造大将は、閲兵を終わって司令部に引き揚げると同時に、師団長に向かって開口一番、「どうか兵隊を肥らしてくれ」と言った。

南寧の戦闘は終わった。師団長今村均は教育総監部に転じてのちに中将中村明人が着任した。第五師団は、有力なる作戦部隊であるにかかわらず、守備隊として南寧に残されることさらに七ヵ月、昭和十五年九月、例の北部仏印進駐に関連して越境事件を惹き起こし、多くの犠牲者を出して海路上海に帰った。

第七章　汪兆銘工作前後

1　武力解決は見込みなし
日支両巨頭は互いに強がる

漢口を攻略しても、少しも平和の気配が見えないのは、国民が不思議とし、また失望するところであった。御嘉賞の勅語の裡にも終戦の期待はあったろうし、盛況をきわめた各都市の提灯行列の陰にも和平の希望は流れていた。軍部もまた、一大戦略目標は達成されたと歓んだ。ところが、蔣介石もまた、漢口戦の戦略目標は達せられたと豪語し、本当の戦争はこれからはじまるのだという声明書を発表した。十月三十一日の「全国民に告ぐるの書」がそれであった。しかしながら、じつは、危機をのがれたばかりのときで、それだけに最大級の強気を示現して、政府部内と軍部と国民とを力づける必要にかられて発表した声明書にほかならないのであった。

武漢三鎮の落ちるや、政界には和平派の株が上がり、苛酷に失しない条件が得られるならば、このあたりで和平の方向に転ずべしと思考する政客が、汪兆銘を首領として重慶陣営の半数以上に達した。軍人中にも、このあたりが鉾の収めどきであるとねがう連中が五割以上を数えるにいたった。

戦後、当時の総軍司令湯恩伯の述懐するところによれば、漢口戦に続いて日本軍がモウ一押し戦勝の陣を進め、支那軍に一大打撃をあたえていたならば、休戦論は軍部内にもあふれ、政界は、共産党を除いては、大部分が和平主義に傾き、日本の呼びかけしだいで、日支戦争はその時に終わっていたであろう、というのである。誠に惜しい機会が、知らずに目の前にぶら下がっていたのであった。

が、日本の兵力の余裕ははじめから不足であったし、一大会戦後の戦力再建には数ヵ月を必要としたであろうし、いな、それよりも、わが軍の作戦目標は、七大近代都市の攻略にあって、敵野戦軍の撃滅という戦略理想ははじめから念頭になかったのであるから、敵の主力を漢口から追いはらうだけで凱歌をあげたのだ。もちろん、日本政府はこれを和平への一段階としたつもりはあったろうが、敵軍主力を逸したことにより、終戦工作としての利用価は乏しく終わった。

現に蔣介石は湖南省の阮陵に大本営の移転を進めつつ、漢口陥落後の防衛戦略の基礎工作に着手していた。十月二十九日、彼は長沙において第四期抗戦に関する作戦大綱および人事を決定する最高軍事会議を開き、何応欽、陳誠、白崇禧、張治中、周恩来、胡宗南、葉剣英らの国共両党領将を招集して重要事項を議決している。

すなわち今後日本軍の侵攻は湖南方面のほかはなく、よってこの地帯において戦勝の第一歩を築こうと計画したのであった。

湖南は昔から中国の心臓と通称された枢要の地帯であるが、防御的にも天然の要害にめぐまれ、この方面で来寇の敵を討つには最適であると信じられていた。そこで日本軍が漢口から南下する場合、広東から北上する場合、南昌から西進する場合の三方面に備えて堅固なる防御陣地を構築するとともに大群の動員配備を急いだ。

第一線は、臨湘、平江、瀏陽、萍郷を連ねる線、第二線は岳州、長沙、衡陽を連ねる線であって、この二重の防御線は、その縦深の要害と相まって、五十万の日本兵を完敗させるに足ると意気込んだ。そうして第九戦区司令官陳誠は武漢・長沙の沿線、第四戦区司令官何応欽は粤漢線の南段、第十戦区司令官張治中は萍株鉄道沿線の防備を担当することに決定した。

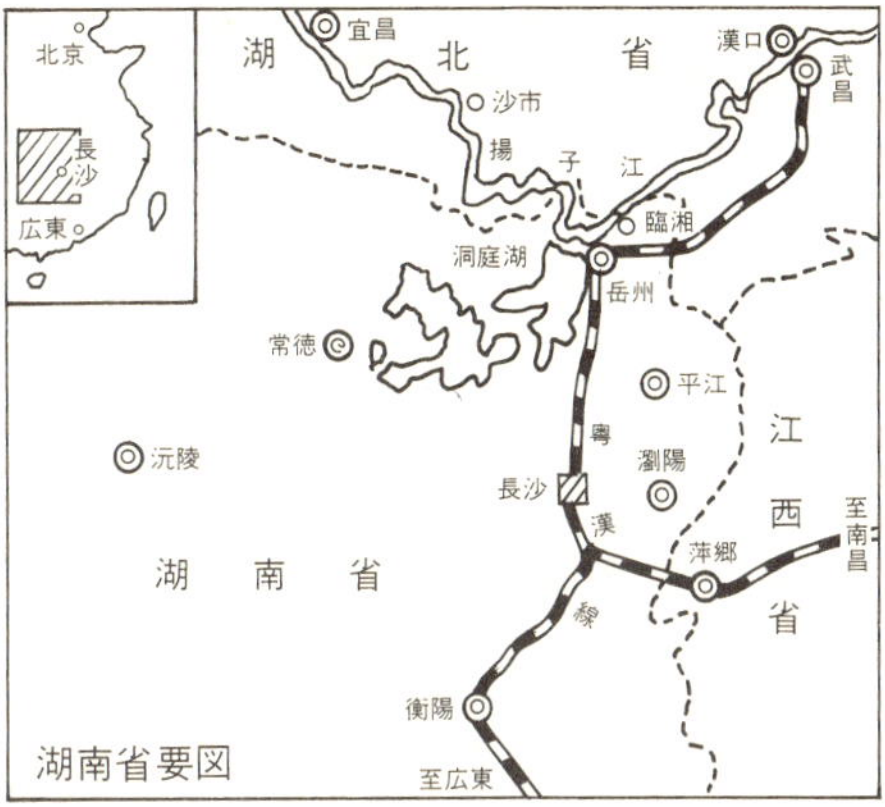

湖南省要図

さらに従来の陣地戦中心主義を修正し、被占領地帯において活発なる遊撃戦を実施する方針を採択し、山東省に沈鴻烈、河北省に鹿鐘麟、湖北省に厳重、安徽省に廖磊、江西省に熊式輝、江蘇省に李明楊、浙江省に黄紹維、河南省に程潜を、おのおの「遊撃総司令」に任命したのであった。

これを見ると、蒋介石の「全国民に告ぐるの書」は必ずしも空宣伝ではなく、第四、第五の抗戦計画を根強く推進する決意であったことが判る。いずれにしても、戦意を失っていないことだけは確かであった。彼にして戦意を失わないとすれば、わが漢口攻略戦は、無意味とは言わないが、決定的な意義はほとんどなかったということに帰着する。しかして事実はそのとおりであった。それならさらに戦闘によって終戦に導く手があるのか。十一月三日の明治節に際し、近衛は、「帝国陸海軍は克く武漢三鎮、広東を攻略して支那の要域を戡定したり。国民政府はすでに地方の一政権に過ぎず。しかれども同政府にして抗日容共政策を固執する限り、これが潰滅を見るまで、帝国政府は断じて矛を収むることなし」と声明したが、それでは永久に矛を収める日が来ないのではないか。前記のように蔣介石が用意しつつある湖南方面に攻め入ったとしても、軍事的に勝利の和平を期待することは、当の軍部といえども深く疑わざるを得ないところであった。もはや外交工作による以外に、平和の道をひらくことは不可能と考えるほかはなかった。

2　第三国の和平調停も見込みなし

パネー号およびレディーバード号事件

武力では日支戦争を片づける道はなく、どうしても外交によるほかはないことが、常識のある人には当然考えられねばならないことであった。しかし、蔣介石を相手にせずなぞと、学生の擬国会演説程度の外交宣言を連発した手前、また、不幸にもそれを取り消しにかかった宇垣・孔祥熙談判を葬ってしまった手前、モウ近衛内閣には支那に向かって差し伸べる外交の手はなくなった。戦争に引きずられるだけが近衛の歩む方向であった。そこでただ一つの道は、第三国の仲介にたよって和平の道を捜すしかなかった。

ところが、有力なる第三国で、日本に好意を以て終戦の斡旋をしてくれるような国は、昭和十三年の世界には、もはや見つけることはできなかった。日本は単に孤立していただけではなく、完全に憎まれ者になっていた。独伊以外の世界からは敬遠の対象となっていたのだ。世界は支那に同情して間接援助を約し、そうして日本が底知れぬ泥沼に落ち込んでその国力を消耗することを、心底で拍手しながら眺めていた。乱暴者が社会からきらわれるのとおなじ状態の下にあり、しかして乱暴者自身はいい気持で怒鳴り散らしているというのが日本の姿であった。

もちろん、乱暴にも幾分の理由はあったろう。ただそれが下手であった。腕力を隠然と示威するのと、ただちに殴るのとの間には巧拙の大差があるが、日本は後者の若者にちかかった。いわゆる「持たざる国」が「持つ国」の仲間入りをするのには、礼儀も必要だし、また腕力もこれを隠然と備えて濫用しない用意が肝要であろう。日本は、無礼講で乱暴を働く街の若者のように振舞い、それゆえに世界で総スカンを喰ったのであった。

同じ腕力仲間にドイツがあって、話せば判る相手であった。が、日本は一月十六日の「不相手声明」と同時に、ドイツの和平斡旋（トラウトマン工作）を断わってしまった関係があって、年内にふたたびドイツ大使館の門をたたいて和平仲介を頼み込むのは面子が許さなかった。いわんや、ディルクゼン大使は断わりに行った広田外相に対し、「諸種の事情は諒とするも、日本は世界に対し討議停止の責を負わねばならぬ」と苦言し、さらに、「戦争の継続は、第一に日本と英米の関係を悪化し、第二にソ連に対する日本の戦力を弱体化し、第三に支那を赤化に追い込む三重の損害が予想され、ドイツにとってもはなはだ残念である」と力説したが、今やそれがその通りになりつつあったのだから、なおさら顔向けのできない義理であった。

ではイギリスに通じる途はあったかといえば、これも義理が悪かった。戦火が上海に飛んで間もない八月二十六日（昭和十二年）、ヒューゲッセン大使の自動車を飛行機から銃撃して重傷を負わせた事件をはじめ、十二月十二日、日本軍が南京の西方蕪湖において、英国砲艦レディーバード、同ビー、同クリケット、同スカラップの四隻を砲撃拿捕した事件が発生して以来（レディバード事件という）、イギリスの対日国民感情はいちじるしく悪化し、みな日本の負けることを祈っているような有様であった。

この英国の揚子江艦隊は、米艦パネー号の遭難を受信して救援に赴こうと蕪湖から長江に向かう途上において、橋本欣五郎大佐の指揮する野砲および銃砲に撃たれたもので、日本軍乱暴の一事例として問題となったものだ。橋本大佐は、師団長柳川平助の命令――南京に向かって航行する船舶は全部その国籍のいかんを問わず撃沈すべし――に従ったもので、命令そのものが乱暴の標本でもあった（注）。

（注）昭和十五年春から、上海のイギリス財閥を仲介とする和平工作は、米内光政や井上成美〈遣支艦隊長官〉などを背景として進捗し、極めて有望に見えたところ、日独同盟で吹き飛んでしまった。

前記レディーバードが救援に赴くといったパネー号の遭難は、やはり同じ日に、わが海軍の航空機が、米国の警備艦パネーと、スタンダード石油会社の汽船メーピン、メーシア、メーアンの四隻を、南京上流二十八マイルの地点において、敵船と誤認して爆撃撃沈した事件である。三ヵ月の外交交渉で無事に解決（損害二百二十一万ドル支払い）したが、日本の乱暴を怒る国民感情は残った。

すでにして日支事変の当初からハル長官は日本の武力解決方式を批判し、またルーズベルト大統領が「隔離室演説」で日本の侵略を非難するような前述の経緯もあって、日本がアメリカに和平の橋渡しを依頼し得るような空気はほとんど皆無と言ってよかった。

のみならず、宇垣の外交による終戦案を軍の名折れとなし、あくまでも武力解決を強要しようと謀った軍部の勢いであってみれば、アメリカやイギリスに頼むなぞは国辱として一蹴したことであろう。

児玉参謀次長が、日露開戦の日に、早くも和平の適時斡旋をアメリカに依頼する意図を持っていたことや、総司令官大山元帥が、長期戦を回避するために、軍配扇の挙げ方（終戦の合図の意）を山本海相に委嘱して出征したことは、わが軍閥将領の高い見識として有名であるが、昭和の軍閥第二世は、かかる大局眼は十分の一も持ち合わせなかったようだ。それなら、軍は漢口戦後の和平工作を、自らの手でいかに工夫しようとしたか。

3　汪兆銘工作始まる

影佐・今井と高宗武・梅思平

これよりさき、国民政府外交部の亜州司長（アジア局長）高宗武を迎えた参謀本部の今井

・影佐両大佐が中心となり、「日支関係調整案」を作って、宇垣交渉に置き換えた事情はすでに述べた。いまや漢口落つるも敵の戦意は落ちず、しかして列強は日本の泥沼行をゆうゆうと見物する環境において、日本がわずかに求め得る終戦のルートは、この「日支関係調整案」の推進以外にはなかったであろう。近衛を強いて「不相手声明」を反覆させ、興亜院を起こして宇垣を追った軍部は、完全に近衛内閣の外交を支配する立場を獲得した。単に政府に注文し、容喙するのではなく、みずからその外交の衝にあたることになるのであった。

昭和十三年十月中旬、今井武夫は上海に出張して高宗武に接触し、かつ今後この交渉の立役者として最適とされる梅思平と会見した。梅思平は江寧県（南京の近郊）の県長で、北京大学出の俊才、個人として日本人との知己はなかったが、日支提携派の若い闘将として最も真摯かつ勇敢なる一人物であった。梅はつとに高と計って自らの「日支国交新案」を練り、すでに周仏海を通して汪兆銘の承認を得たものを今井に提示した。今井はこれをたずさえて帰り、陸軍省部の中堅において彼我両案を再検討した後、一つの修正案をまとめて軍部交渉の基礎案とした。

まもなく漢口が落ちて、日本は終戦を急ぐ心に駆り立てられた。そこで十一月十二日、今井と影佐は上海に飛び、梅・高の二人を招き（香港から）、四人は上海新公園裏の空家で二昼夜にわたって原案を討議し（いわゆる重光堂の会談）、ようやく一つの結論に到達した。

陸軍の両大佐は、その夜上海を発ち、十一月十五日に帰京、ただちに板垣陸相と多田参謀次長とに報告し、四人鼎座《ていざ》して審議数刻の後、いよいよこれを以て和平の原案となし、あらゆる手段を講じて和平終戦に突き進むことに決定した。両人はただちに出発してふたたび重光堂に到り、今井・影佐は日本を代表し、高・梅は支那を代表し、日華協議記録および同諒解事項の二通に署名した。代表と呼ぶのは僭越だが、日本外交の最大問題が、この二人の行動に基礎を置いた点から見れば、ある意味の代表でもあったろうし、少なくとも、日本側は陸相板垣征四郎、支那側は国民党副総理汪精衛を代表したことにまちがいはなかった。

板垣は十一月二十五日に、前記二通の書類を五相会議に提出して整調方針と下交渉の経過を詳細に説明して承認を得、二十八日の閣議はこれを帝国の方針として議決した。ついで三十日午前十時から御前会議が宮中で開かれ、「日支関係整調方針」の名のもとに審議一決された。会議には、近衛、板垣、米内、有田、池田、末次の六相と、伏見、閑院両宮殿下、多田、古河両次長および平沼枢府議長とが参集し、約二時間にわたる討議の末に原案どおり可決し、これを終戦外交の帝国の方針として確定したのであった。

以上の経過から見て明らかなとおり、この重大なる対支外交は、その基本を三宅坂において作られ、陸相を最高推進力として結実したもので、近衛首相も、有田新外相も、軍部が運転する車の隅に乗っていたに過ぎない。

日本側の工作は、軍部中心でらくらくと進んだが、支那の方は難航を極めた。なにぶんにも、最高権威蔣介石は抗戦を疾呼し、汪兆銘は次席として和平を力説するという内部分裂の状態となり、汪はついに内部から蔣を動かすことを断念し、脱出して外部から国民運動を展開し、その昂揚された国論によって蔣を動かそうとするのだから、第一には和平一派の重慶脱出、第二には国民運動本体の形成について、容易ならぬ難関を処理しなければならなかった。

汪が政府の内部にあって廟議を動かしたかったことは言うまでもない。脱出して外部から工作することの大冒険であることは百も承知していた。党の副総理、中央政治会議首席、国民参政会議議長という要職と、行政院長たること三回すなわち通算六ヵ年にちかい首相の閲歴とは、蔣についで国内に重きを成し、国民党苦難の道程においては、蔣は軍事、汪は政事と、唇歯相扶けて今日にいたった関係上、膝をまじえて蔣を説き得るものは自分以外にはないことも信じていた。すでにしばしば蔣に和平転向を奨め、とくに八月ごろ、周仏海から日本の和平条件を聞いてからはいっそう熱心にこれを忠告した。

蔣介石は、年来の盟友の忠告を頭から否定はしなかったが、容易に抗戦の志を変えなかった。というのは、一つは日本の軍部に対する不信のほかに、他の重大なる理由は、すでに国・共合作が深く進み、共産党の政策（徹底的排日）を否認することは不可能であるばかりでなく、共産党の戦力を併用して長期抗戦の勝利を期する胸算用もあって、旧い親友の一本気の和平に同調し得なかったのである。高い地位は汪にあたえていたけれども、実際の相談相手は陳誠（主戦派代表）や何応欽のほかに、毛沢東や周恩来の共産派を迎えていたのである。

4　汪兆銘、重慶を脱出す

純理に動く反共派の首領

日本の政治は昭和軍閥の手中に落ちていたが、おなじように支那の政治は共産党の掌中に傾きつつあった。もとより蔣介石は巧みにこれを利用することにおいて、日本の為政家よりは優れていたろうが、共産党を無視する政治は成立しなかった。ここに、徹底的に共産党を否認する汪兆銘の政治的立場の凋落があった。

共産党の手口はいずこの国でも同じだ。その跳梁を不快とする政客たちは自然と汪兆銘の膝下に参し、陳立夫や曾養甫のような錚々たる連中は、一団となり中華同志復興会を組織して反共政客の結束を計り、一方に、汪を首領と仰ぐ周仏海、陳公博、曾仲鳴、高宗武、林柏生、褚民誼等々、日本にその名を知られた政客たちは、和平建国を政綱として足場を固めていた。が、行動の積極無遠慮なると、兵力を有するとの二点において、共産党の伸び行く勢いには抗し得なくなっていった。

共産党が反共の首領汪兆銘に集中砲火を浴びせたことはもちろんである。彼らは一切の宣伝機関を動員して、汪を「民族統一戦線の裏切者」と攻撃し、あるいは「詩文を弄ぶ貧客」と冷笑し、いずれにしても民族興廃の危機には無用有害の存在であると難じた。

しかしながら汪精衛は、智恵者であるとともに闘将でもあった。二十二歳のときから革命の火を潜り、命を投げ出して孫文主義を戦ってきた四十年の経歴と、その間に修めた教養の自信とは、共産党の総攻撃に会ってもいささかも屈するものではなかった。少なくとも同じ時代の日本には、彼に比肩し得る政治家がいたかどうか疑問とするだけの人物であった。彼は依然として蔣介石に和平を勧告しつづけ、とくに十一月一日（漢口陥落後五日）には、長時間にわたって対座勧説の夜を更かし、蔣も相当に耳を傾けたかに見えた。

ところが、十一月十三日、蔣介石は十一月三日の近衛のラジオ演説および政府声明に対する応酬の演説を行ない、その中で「各戦線の国共両軍は山地に退いて克く日本軍の進撃を阻止し、前途極めて明朗である。地形はますます有利である。今後国民団結して抗戦すれば日本の進攻はいささかも恐るるに足りない」と、大いに長期抗戦の前途を楽観して民衆を激励したのであった。

汪精衛はこれを聞いて自分の最後の勧告がみじめに蹂躙されたことを感じ、十一月十六日、蔣と二人の会食の後に、「中国をここに至らしめたのは国民党の責任である。二人は連袂辞職して罪を天下に謝すべきである」と激しく迫り、蔣はまた「辞職のみを以て責任をとるは言はなはだ易し。責任を以て国を救い得るものはだれぞや」と満面朱を注いで反駁し、三十余年相携えて革命闘争を戦ってきた盟友は、ここに永えに袂を別つことになるのであった。

これよりさき、日本の軍部は汪精衛が国民政府を脱退し、孫文の三民主義を旗印として日支国交復活の中国代表となることを希求していたが、汪は下野によってこれを達成するの至難なのを認識し、極力政府部内に止まって蔣介石を転向させるよう努力したのであったが、十一月十六日の蔣汪会談においてついにその絶対に望みなきを確信するに至り、次善の策として重慶脱出を決意するに至ったのである。

かくて同志との間に極秘裡の打ち合わせを行なうために約一ヵ月をついやし、十二月十九日、決然として重慶を脱して昆明に飛び、そこで雲南省の主席龍雲将軍の飛行機を借りて、二十日、仏印のハノイに到着したのであった。

汪兆銘の脱出は沈痛悲絶の文字通りのものであった。その勇気と、和平に対する熱意と、またその構想と信念とは、いずれも十二分の敬意に値するものであった。彼の構想は、わが軍部および政治家の一部が予期したような、北京臨時政府や南京維新政府のごとき傀儡政権の樹立とは違って、はるかに高い見識に立つものであった。それは、仏印あるいは他の安全第三国に常駐し、そこから国民政府、軍部、党部および国民に対し、連続的に和平を呼びかけて翻意させ、そうして日本と国民政府間の和議の橋渡しをしようと期したのであった。彼は政治的野心のために闘う考えは露ほどもなく、東洋の万事を日支の兄弟協力の下に処理するという純理想のためにのみ動いていた。汪兆銘の「精衛」という号は、支那の故文に、東方の島につながって往来する、という意味であるのを採ったのであるという。彼は死を賭して脱出したが、「一国が二つの政府を持つのは国の不体裁でありかつ国民の不幸でもある」と言って、あくまで野にあって和議を講ずることを主張していたのであった。

のちに余儀なく政府を樹てたが、いずれにしても、近衛内閣および軍部が、北京や南京に臨時政府を樹立し、日本人の顧問を入れて内面指導を行ない、実際は日本の思うとおりの政策を行なわしめるごとき衛星政権は、汪精衛が頭から否定してかかったところである（南京中央政府が最悪の場合の帰結であったことは後述する）。まず第一陣として、夫人陳璧君、周仏海、高宗武、陳公博、曾仲鳴、陶希聖、林柏生などが、汪と前後して重慶を脱出し、その中で曾仲鳴夫妻が秘書としてハノイのホテルに同宿した。

5 「近衛三原則」で声援
汪の和平論、苦境に立つ

日本政府は、十二月十二日（昭和十三年）、汪兆銘がハノイに安着するのを待って、日支国交調整に関する重大なる方針を発表した。後々まで問題となった「近衛声明」または「近衛三原則」といわれるものがそれであった。

三原則というのは（イ）善隣友好（ロ）共同防共（ハ）経済提携という、きわめて平凡なる、またきわめて合理的な要望であって、それだけのために、東亜の兄弟民族が血で血を洗う理由はいずこにあるか、と万人が疑うほどのものであった。そして声明はさらにその結論において、日本が支那に求むるものは、「区々たる領土にあらず、戦費の賠償にもあらず、じつに支那が東亜新秩序の分担者としての職能を果たすに必要なる最小限度の保障を要求するに過ぎず」と言い、なお支那の主権尊重の一証として、治外法権の撤廃および租界の返還をも考慮していることを表明したのである。

講和条件としては寛大以上のものであり、むしろ反動的とさえ評し得るものであった。そうして声明原文は、参謀本部作戦課の堀場一雄中佐が草案し、課長稲田正純大佐が手を入れて多田参謀次長に提出し、多田から板垣陸相を通して内閣に渡ったものである。もちろんその思想の根底は、十一月三十日の御前会議で決定された新方針に依拠するものであったが、この重大時機に公表される重大声明が、作戦課の机の上で書かれたところに、軍部の外交指導をハッキリと見ることができる。近衛は、その陰の指導者数名の印形が捺してある原本を書き移し、安心して大声で読み上げたのであった。はじめは、十二月十一日、大阪における時局講演会にのぞみラジオを以て全国に放送する予定であったが、たまたま汪兆銘の重慶脱出計画の進行中なのを知り、その決行の後に延ばすことになって、二十二日夜の発表となったわけだ。

換言すれば、それは対汪兆銘外交とも称し得べく、起原は、二月薫道寧、七月高宗武の渡日の時にあり、漢口の攻略後は、寛大なる講和条件を提げて重慶の和平派に喚びかけ、汪兆銘を動かして終戦の基を拓こうとした軍部の外交にほかならないのだ。そうして汪のハノイ安着の機を狙って公表されたわけで、要は汪の救国和平の第一声に糧を贈るのが目的であったのだ。

汪兆銘はそれを受けて起ち上がった。十二月三十日、彼は長文の和平論を草して、蔣介石と中央執行委員会宛に打電し、翌大晦日にこれを新聞に発表した。論文の要は、「近衛声明に徴すれば、中国の戦争理由はいまや大部分消滅しており、かつ彼の提案は原則として同意し得るものであるから、国民政府は速やかにその基礎の上に具体的条件を交渉してしかるべきである」というのであった。同時に汪は具体的条件に関して、「日本軍の撤兵は、その全部を急速にかついっせいに行なうことが必要であり、また防共協定にともなう日本の駐兵は、内蒙付近の特定区画に制限されねばならぬ」と率直に日本軍部に警告し、また日本は、中国に対する伝統的蔑視の態度を改めて、親支的教育政策を樹立することを要し、中国はまた、その教育政策を善隣主義と矛盾しない方向に改める必要のあることを提言したのであった。

明くる昭和十四年一月元旦、蔣介石は中央執行委員会の臨時会議を招集して、抗戦徹底を再確認すると同時に汪精衛を除名し、その職務を取り上げ、永久に追放する旨を議決した。一般の世論も、汪の忽然の和平提案を陰謀的であると非難し、ある者は汪が日本に買収されたとまで罵ったのであった。ここにおいて汪精衛は、一月八日に第二回目の声明を発表し、自分が幾回となく蔣介石に和平を奨めたばかりでなく、また中央執行委員会においても和平の望みなきにあらざる所以を述べたことは、列席した委員の周知するところである。自分は信念を闘っているだけだ。そうしてめざすは東亜永遠の平和と、二大民族の提携以外にはない。とらわれることなく熟慮して欲しい旨を力説した。が蔣介石は少しも動かなかった。周仏海、林柏生を公職から罷免すると同時に、汪と親しかった閣僚級政治家を軟禁し、ゲー・ぺー・ウーの活動を強化して内部を固め、抗戦の態勢をいよいよ強靱にするのであった。

刺客はすでに飛んで、汪の身辺はだんだんと危険にさらされて行った。汪はホテルを去って曾仲鳴夫妻と一軒の借家に入り、仏印当局からの護衛申し出を断わって密かに暮らしていた。三月二十一日の午前二時、刺客はついにその家に潜入した。汪は奥の部屋に静座して天命を待った。兇漢は曾仲鳴夫妻の部屋に闖入し、携帯機銃を連射して曾を倒した。血に染まった仲鳴は、「国事は汪先生にあり、家事は我妻にあり。われ憂うるところなし」の一言を遺して息絶えた。この報東京に伝わるや、政府は五相会議を開いて対策を議し、至急、影佐大佐をハノイに派して汪と会見せしめ、安全地帯への救出を提起させることになった。

6 最後に選ぶ「新政権」
汪兆銘は名古屋の病院で逝く

当時の陸軍にも、日支間の「不侵略提携」を信条とする一連の中堅将校があった。柴山、影佐、今井、松井らの各大佐で、それを良心グループと称して差し支えなかった。影佐禎昭はちょうど軍務課長の要職にあって、汪兆銘と対応するにはあつらえ向きの人物であった。そこで前記五相会議の決定を具体化すべく、使者として仏印のハノイに急航し、昭和十四年四月十八日、孤影を朱培徳の別邸に隠れていた汪を発見し、危険地脱出の援助を申し入れ、結局、上海に安住の居を求めることに決めた。

汪が刺客網を脱し、暗夜片舟に飛び乗って紅河を出で、海防に着いて仏印の傭船に移り、さらに香港の海上において、日本の汽船北光丸（山下亀三郎の提供）に移乗し、千トンの汽船でおりからの暴風に翻弄されること前後二週間、五月八日の正午ようやく上海に到着するまでの経過は、重慶脱出とあわせて、スリル満点の映画を作るものであった。

汪は上海において、周仏海以下の同志とともにその理想案の実現に着手した。重慶から大臣級両三名を参加させ、雲南や四川の将領をも加え、和平宣伝の大本山を造ろうとしたのだが、この工作は失敗に帰し、余儀なく、完全なる独立自主性を有する政権を、国民政府の出張所の形において設定するのほかなきを観念することになった。汪の好まざるところであったが、これも抗し得ない運命であった。

問題は日本の真意だ。それを確かめるため、汪の一行は日本に飛来し、六月十日から、平沼、板垣、米内、石渡、有田、近衛を順々に訪問し、今後の新政権に対する日本の提携の真意を確かめた。汪は天皇陛下の御口から、日本帝国の提携の一貫不変なる旨を拝聞することを希望したが、わが政府は、陛下が外交政策に関してコンミットする慣例なしとの理由によってこれを容れなかった。少しく水臭い感じであったが、汪はあえて追求せず、各大臣の誓約に安心して、六月末に上海に帰った。

七月十四日、汪は「日支関係に対する根本的観念」と題する大演説を試み、蔣の抗戦を目して「卵を以て石を打つもの」と評し、和平を説いて「仇は解くべし、結ぶべからず」の名句を述べ、同憂の士を激励するとともに、新政権樹立用意の第一声を挙げた。

これよりさき、汪は北京に王克敏を、南京に梁鴻志を訪うて統一新政権の諒解をとげる一方、「近衛三原則」にともなう具体的の細目条件について、満足なる一致点の発見につとめた。汪の運動は、それこそ地位や名誉の問題ではなく、東亜二大民族の提携という信念一途に発していたから、日本の要求に侵略的の片鱗でもあれば、新政権の構想を放棄する決意であった。

両国の代表(日本は須賀海軍少将、影佐陸軍大佐、矢野外務書記官、犬養健。支那側は周仏海、梅思平、林柏生、周隆痒)は約二ヵ月にわたって論議を重ね、昭和十四年十二月三十日、ようやく結論を得て、日本政府および汪精衛の承認するところとなった。これら日本の代表は、海軍大佐影佐禎昭を主班とし、陸軍は岡田大佐、谷萩大佐、晴気中佐、塚本少佐、大村少佐、海軍は須賀少将、扇少佐、外務省から矢野、清水、太田の各書記官、民間から犬養、岡部、伊藤、神尾等の連中が、上海北四川路の梅華堂に本拠をおいて、汪の理想に共鳴し、不侵略の真摯提携のために日夜奔走したのである(いわば五相会議の出張所に類す)。

ようやく双方の諒解が成ったので、翌十五年二月二十三日から、青島において三者会議が行なわれ(汪、王、梁)、新政権発足の約を了し、三月二十日から南京において中央政府会議を開き、「新国民政府」の陣容を決定し、三十日に南京遷都宣言を発した。汪が重慶を脱出してから一年三ヵ月を過ぎていた。日本はすぐにこれを中華民国正式政府として承認し、陸軍大将阿部信行を全権大使に任命した。阿部大使を送る壮行会は、日比谷公園に数万人の会衆を集め、司会は松井陸軍大将、座長は有馬海軍大将という軍人張りの盛会を展開した。国民が和平を希求した熱度も、この未曾有の大群衆の上に現われたのであった。阿部と汪兆銘の基本条約商議は、七月五日から開始され、連日論議を重ねて八月三十一日に妥結し、十一月三十日に正式調印を終わった。すなわちこの汪兆銘工作は、参謀本部作戦課の着手の日から満二ヵ年を要したのであった。

軍部はこれを日支事変における画期的進展と銘打って言論を指導し、蔣政権はなかば滅びたような印象を国民に与えたが、事実はそれに相違していた。すでに汪兆銘自身としても、これを余儀ない最後の手段として採用したもので、終戦への効果はほとんど期待し得るものはなく、結局は軍部の独り相撲に終わったのである。けだし、日華基本条約中、近衛声明に反する侵略条項が強制されたことも、汪の宣伝効果をいちじるしく減殺したことは残念であった。

まもなく日独同盟、日米交渉、ついで大東亜戦争と発展して対支外交は自然と舞台裏に追われ、汪兆銘の素願もこれを伸べる機会を失った。しばらくして、汪は脊髄を病むにいたったた。かつて行政院長時代に日支妥協を指導中、暴漢に狙撃された古疵が悪化して癌となったのだといわれた。昭和十九年十一月十日、手術効なく、東洋一流の政客は、おしくも名古屋大学の病院にその理想戦の生涯を終えた。かくして軍の汪兆銘工作も、人の噂のように消え去った。

第八章　日独同盟の速成

1　陸軍の提案経緯

近衛、平沼の両内閣を倒す

日独同盟の締結は、日本を亡国戦争に導く悲劇の外交であった。それはまた、開国以来長く師友の関係にあった英米両国と袂を別ち、国柄を異にする反対の陣営に投ずる大賭博であった。事の起こりは陸軍の支那事変対策にある。すなわち、昭和十三年の夏ごろ、参謀本部の一部では、ソ連の戦争介入を防止するために、ドイツをして後方を牽制させる手はないかと考え出した。

日支事変は一周年を迎えて早くも砲弾の不足に悩むようになった。政治外交の方面に喙を容れていた軍部は、本業である戦争準備の根幹をなす砲弾の蓄積や兵器の充実には、自然と怠慢に流れた。というよりは、師団を増しても、これにともなう武器の整備には金がまわらなかったのである。たとえば、上海において支那軍が示した強靱なる抵抗を破砕するためには、予定の数倍の弾量を消費し、対ソ戦に保留しておいた内地優良師団の弾薬まで使うような羽目となった。

この真相を知る軍の中央部は、夜も寝られぬような心配に襲われた。国家総動員法という非常立法を急ぎ、佐藤賢了中佐の「黙れッ」事件が起こったのも、右の焦慮から自然に発したものと解釈されないこともなかった（佐藤が委員会で詳細説明中、宮脇代議士がしばしば妨害したのでこの乱暴なる発言をあえてした）。

軍部の対ソ戦の心配は昂ずるばかりであった。思案のあまり、「日独防共協定――昭和十一年十一月成立――を強化しこれを一種の軍事同盟に導く方法はないものか」という話が参謀本部の一角で私語され、それがベルリンの駐在武官大島浩少将に伝わった。大島は七月初旬（十三年）、それを一個人の茶話として、外相リッベントロップに語ってみたところ、リ外相は数日後、「私見によれば、ソ連だけに限らず各国を目標とする相互援助条約を結べば世界平和に貢献すると思う」旨を返事してきた。これが、運命の三国同盟の源の一滴となったのである。

神経過敏になっていた五相会議（近衛、宇垣、板垣、米内、池田）はこの情報を取り上げ、七月十九日午後の会合において、「ドイツに対し防共協定の精神を拡充してこれを軍事協定に導くよう交渉する方針」を決定した。これが東京における源の一滴であった。

藁をもつかむとまでは言わないまでも、日支戦争は満一ヵ年を過ぎて結末の見込みなく、一方にソ連の軍備に無限の脅威を感じてきた軍部は、その欧露方面からの牽制を欲することいよいよ急となり、板垣陸相は八月二十六日、五相会議においてドイツ提案にある程度の修正を加えて交渉を開始すべきことを力説し、会議は「防共協定の延長としてそのほかに逸脱しない」という条件付でこれに賛成した。この条件は真剣に守られたならば幸せであった。

まもなく、板垣は大島を駐独大使にすることを近衛に談判した。陸軍が対ドイツの外交を左右する魂胆である。時しも宇垣は辞職して近衛が外相を兼摂していたときである。宇垣が外相であったら拒否したであろう。

近衛は難なく落城し、大島は十月八日付で大使となった。ちなみに、白鳥敏夫にイタリア大使を奨めたのも近衛であったから、彼は三国同盟締結の責任を、その人的構成の上でも負担していると見られる。有田が外相に登場したときは、大島と白鳥の枢軸派人事はすでに決定した後であった。

十一月に入ると、ドイツから、各国を目標とする同盟条約の試案が提示され、五相会議はこれを協議した。席上有田は、本協定はあくまで防共協定の延長であり、ソ連を対象とするが、英仏は対象としないものと諒解していいかと駄目を押したのに対し、近衛、池田、米内の三人はしかりと明答したが、板垣は「フランスが赤化した場合は対象になろう」と御茶をにごして、ともかくも「ソ連対象」に一決した。ところが、十二月初旬の五相会議では、板垣は「ソ連を主とするが、英仏をも従として対象とする」とがんばり、会議は四対一だが激しい論争となって未決のまま流会となり、閣内分裂は近衛の辞職心理を再発させてついに退陣となり、一月五日(昭和十四年)、平沼内閣の成立を見るにいたった。

平沼内閣最初の五相会議は、一月十九日に本問題を取り上げたが、依然として、板垣のドイツ案賛成と、他の四大臣のソ連対象限定主義とが対立して解けず、またもや近衛末期の分裂を再現する状態となった。そこで有田は、「ソ連対象の場合は武力援助をするが、英仏対象の場合は、武力援助およびその程度は、一に状況による」という妥協案で一応のケリをつけた。

しかしドイツはそれでは承知しない。といって日本は、英仏を敵にまわす同盟には賛成ができないのが、陸軍以外のほとんど全部の考え方であった。板垣はほとんどドイツを代弁するような立場におちいり、しかも強硬にして屈せず、他はその反駁あるいは説得に努めて倦まず、よくもがまん強く七十何回の会議を反覆して、異常なる粘りを闘った揚句の末が、八月二十三日、外交水素爆弾一発、平沼内閣は息の根が止まってしまった。ドイツは、国もあろうに、ソ連との間に不可侵条約を締結し、舌を出して日本にサヨナラを告げ去ったのであった。

2　平沼去り、阿部また倒る

「複雑怪奇」は内外共通の現象

日本の朝野はただ啞然として独ソ不可侵条約のニュースを読み返した。日本ではかかる行為を、友を売ると称し、田夫野人といえどもそれを卑しむのが常であったからだ。平沼内閣は、激憤と同時に惑乱した。ナチス・ドイツとの同盟を嫌われた陛下に対し、対ソ国防のうえからよりどころない緊急政策であるという理由でようやく御賛同を願った平沼は、モウ陛下に合わす顔がなかった。責任の大部分はドイツにあるが、そのドイツを見損じて同盟を結ぼうとした不明の罪はまぬかれないであろう。平沼は謝罪して辞職することが、「臣節を全うする」所以であると信じた。

また一つには、ドイツに惚れて、彼の言いなりの同盟を結ぼうとがんばってきた陸軍が、この大見込み違いに対して真に責任を感じているか。従来多くの誤りを犯しながら責任者を出すことを知らなかった軍部に対し、こんどこそは、目の前に責任の標本を示して間接の訓戒を加えようと志したのであった。かくて断然辞意を決し、近衛たちの忠言を排し、かの有名なる、「欧州の天地は複雑怪奇なる新情勢を生じ云々」の言葉を残して永田町を去った。昭和十四年八月二十八日のことである。

平沼の責任範示にもかかわらず、つぎの首相に陸軍大将阿部信行が現われたことは、平沼はもちろん、識者一般の眉をひそめるところであった。はじめ湯浅内府は陸軍大将を推す意思はぜんぜん無く、西園寺と近衛の賛成を経て広田弘毅を後継に推すことに決め、原田熊雄を使者として広田の意思を質したのであった（八月二十四日）。ところが同人の考慮中にそれが軍部に漏れて、またしても反対運動が起こり、板垣が代表となって近衛にそれを通告した結果、広田案が動揺するに至ったのである。

湯浅は広田を第一候補とし、それが不成功の場合には池田成彬が適任だと考えたが、近衛は、池田ではあまりに親英的で時間尚早であると反対して決せず、とにかく広田の意思を聞くことだけが一致したのであった。そうして広田から辞退を回答してくると、近衛は池田よりも阿部が至当である旨を提議した。近衛は二十六日に板垣陸相と会ったとき、陸軍から出すとすれば誰があるかと質してみたところ、板垣はただちに「林か阿部である」と答えたので、変わり物好きの性質から「阿部」に白羽の矢を立てたものである。

これに対して、湯浅は、陸軍が責任を顧みずに後任を運動するなぞは言語道断である、陸軍の推薦する者はこの際は人物いかんにかかわらず採用すべきでないと刎ねつけた。しかし近衛は阿部に食欲を感じ、重ねて池田説に反対して阿部の推薦を熱心に反覆したので、湯浅も二十七日夜に至ってついに折れ、責任大局上相応わしからぬ陸軍大将の首相が生まれ出でた次第であった。

かえりみるに二・二六事件の直後、一般から謹慎を予期された陸軍が少しも謹慎せず、逆に広田の組閣を指導するごとき跳梁を示したその責任観と、平沼倒壊の後にいささかの悔恨を感ぜず、広田候補を排斥して阿部を推した責任の感度とは、三宅坂独特の神経作用にもとづくものであって、三宅坂以外に住んでいた将校の中には、陸軍はこの際静かに引ッ込んでいるべきだと主張した人が少なくなかったのだ。

しかし阿部を推した陸軍中堅層の中には、かかる責任論よりも、支那の戦争を速急に終熄させる手段として、阿部の下に多田駿（参謀次長）を陸相に送ろうとした一派があった。すなわちソ連の後方を牽制するはずのドイツが、反対にソ連の味方となってしまった上は、支那から速やかに撤兵して満州の備えを急ぐべしとの熱望にもとづくものであった。

阿部・多田のコンビは、あるいは曲がりなりにもこれを遂げたかも知れない。が阿部をかついだ他の一派は、関東軍参謀長の磯谷廉介を推す計画で、早くも三長官の持ち廻り会議を催し、二十七日には飯沼人事局長が空路新京に赴いて内諾を得るという早業を演じた。この一派の国防方針は、「日本もドイツにならってソ連との間に国交調整を企て、衝突の原因となるような問題を速やかに解決する」というのであった（板垣近衛会談）。きのうまでソ連を敵とする軍事同盟を熱狂的に主張していたものが、ドイツの百八十度転換を見るや、あわててそれに追随する不見識は、ウソのような本当であって、この連中に外交を指導されたら国が大変なことになるという活きた見本でもあった。

それは別として、右の陸相人事が陛下によって覆されたことは、組閣史上珍しい事件として興味が深い。すなわち陛下は大命を拝して参内した阿部に対し、「陸相は余が指名する、梅津か畑にせよ」と仰せられた。磯谷の内諾を得ていた阿部は恐懼かつ狼狽し、ようやく磯谷に辞退してもらって畑俊六を迎えた。

畑は善人、また軍司令官には向いても、三宅坂に陣取っていた中堅層を抑えることはできなかった。そのために阿部と畑は心の一致を欠き、またその他の理由もあって、政党の攻勢に押され、昭和十五年の正月、門松の取れるのを待って退陣してしまった。阿部は議員過半数の不信任決議署名を突きつけられ、よって議会を解散して争おうとしたが、陸軍は解散を不可として扶けなかったので、アッサリと砕けてしまったものである。

3　支那大陸からの自主的撤兵案

海軍大将米内光政の内閣生まる

阿部内閣を作ったのは陸軍であったが、それを倒したのもまた陸軍であった。それなら軍部はなにを企てようとしたのか。畑陸相をして解散に反対させることに決まった以上は、阿部内閣は議会の不信任決議にあって退陣のほかはなく、余命は両三日に迫った。その一月七日(昭和十五年)に、軍務局長武藤章は、近衛を訪問して軍の総意なるものを伝達した。そ

れを要約すると、

（イ）内外の重大時局に処するため、軍と政党と財界とを含めて挙国一致内閣を作ること

（ロ）その内閣の首班は近衛公であるべきこと

（ハ）いかなる場合にも宇垣一成には反対であること

（ニ）政党総裁は、閣僚たることは歓迎するも、首相となることには反対であること。金融資本家も同様であること（注、町田と池田を指す）

などの諸条件であった。

そうして緊急政策としては、日支事変の思い切った解決策を講ずること、たとえば汪兆銘は第一段とし、さらに蔣介石に対し相当の譲歩をして第二段の和平工作を展開する必要を述べた。また軍事費はいよいよ膨張して国民経済との釣り合いを破るとの非難も生ずべく、その調整には立派な蔵相を要し、たとえば勝田主計のごときは適当かと思う、というような点までも説明し、結局、近衛の出馬を懇請したのであった。さらに一月十三日には、畑陸相が近衛を訪問して強烈に出馬を要請した。近衛は確信なしといって池田成彬の適当なことを述べると（半歳前は尚早と主張して阿部を推したが——）、畑はそれを不可とし、「強いて出したらふたたび二・二六事件のようなものが起こることを憂慮する」と言って近衛を驚かせ、意見不一致のまま長時間の会談を終わっている。

軍が組閣の裏面運動をいち早く開始していたことは右のとおりであるが、ようするに阿部では実力が足らないと失望して縁を切り、なんとしても近衛を担ぎ出そうとする軍部一致の要望を披瀝し、宮中方面にもこれを伝えて実現を期待したのであった。

近衛は財政経済政策に自信なし、という一点張りで固辞し、重臣会議の結果、海軍大将米内光政が推薦されることになった。陸軍は内心不満であり、とくに米内が海相時代、日独同盟案に関して陸軍の深入りに反対して来た関係もあり（近衛、平沼両内閣の海相として）、大いに失望はしたけれども、この際、陸軍が海軍の邪魔をするわけには行かないので、静観の態度をとった。

が、静観だけでは米内に強い政治を期待することはできない。これが宮中でも心配されたところであった。そこで天皇陛下は、とくに畑俊六を召され、引き続き米内内閣の陸相に留任して真摯に協力するよう下命された。これでは陸軍がすぐに米内の足を引ッ張ることもできず、後日の機会を待つことにして、表面新内閣の成立を祝った（一月十六日）。内閣は、財界から製紙王の藤原銀次郎を商相に迎えたのが異色といわれた程度で、難局に臨む強力内閣という姿ではなかった。

米内の難局は、その年の五月、ドイツ軍がとつじょとして大攻勢をベルギー、オランダに指向し、破竹の勢いを以て西部戦線に殺到するにいたってうずき出した。ドイツと適当に交際すると同時に英仏との協調を堅持しようとする米内の思想と、ドイツと盟約するためには英仏を敵に廻すのを辞さない陸軍の思想とは、いつかは爆発する危険を包蔵したが、はしなくも、ドイツの大進軍を機会として発生した。

前述のように、昭和十五年三月三十日、陸軍は日支事変処理に関して重大なる決定に到達した。それは、十五年中に終戦外交が成功しない場合には、陸軍は十六年初頭から自発的に撤兵を開始し、昭和十八年中には、上海付近および蒙彊の一角を残して全部の撤兵を完了するという決定であった。これは、蔣介石が抗日容共の方針を改めない限り帝国政府は断じて鉾を収めない、という既定方針を放棄する超重大の決定であった。

　この会議に出席した者は、参謀本部からは閑院総長官、沢田次長、神田総務、富永第一、土橋第二、鈴木（宗作）第三の各部長ら六名、陸軍省からは畑陸相、阿南次官、武藤軍務局長の三名であり、昭和十五年中は政戦両略のあらゆる手段を講じて和平処理に邁進し、年末にいたってその見込みが立たないときは、自主的撤兵を開始する方針を確定したのである。

　右方針にともなう兵力量および予算措置の打ち合わせが、引き続いて省部の事務当局間に行なわれ、陸軍省からは、岩畔軍事課長、西浦高級課員、松谷編成班長、松下予算班長、参謀本部からは作戦課の岡田重一、高月保、荒尾興功、種村佐孝らの大・中佐が参集して具体的方策を決定した。

　かくて陸軍の支那事変費は、昭和十五年が五十五億円、十六年が四十五億円、十七年が三十五億円、十八年が二十五億円と漸減することに一致した。前記、武藤章が近衛に対して、「蔣介石を相手に和平条件を大議歩する云々」と口をすべらしたのは、この省部連合会議の重大決定を背景としていたものである。

　この自主的撤兵案は、十四年秋から開始された日支和平の裏面交渉すなわち「桐工作」――宋子良と鈴木卓爾支那班長の香港密議――が多大の望みをかけられたが（その頃、軍の中央部はこの話で持ち切りであった）、それが失敗に帰したのちに企画された対策であって、支那から大部分の兵を徹する希望は、そのころから強く軍部首脳の頭を支配していたのである。

4　バスに乗り遅れるな
ドイツの大戦勝から南進に転ず

軍部の対支和平推進および自主的支那撤兵方針は英断であり、もとより米内内閣の大いに歓迎するところであった。ただ汪兆銘工作を終えたばかりで、すぐに蔣介石に手を伸ばすことは、道義的に苦悩を感ずるけれども、おそらくは後段の自主撤兵に落ち着くものとして前路を楽観した。

ところが五月十日からはじまったドイツの大攻勢は疾風迅雷、早くもマジノ線を突破して英軍をダンケルクの海に追い落とし、一転パリを衝いて仏軍主力を痛打し、六月十七日にはフランスの降伏という夢想もしなかった大勝利を収めた。この戦争の急転は、三宅坂に百雷を一下し、眠れる親独感情を揺りさますとともに、軍人の萎みかかった行動欲に火をつけて嚇と燃え上がらせた。

「バスに乗り遅れるな」という言葉が、日常の挨拶語のようにささやかれはじめた。ひとり軍部だけでなく、民間にもこの声が高まりかつひろがって行った。喚びさまされた軍部の唱導するところは、「速やかにドイツとの撚《よ》りをもどし、固く相結び、ドイツが欧州で新秩序を建設するのと併行して、日本が東亜の新秩序を打ち樹てるべきである。いまその絶好の機会が眼前に到来したのだ、この天佑に背向いてはならぬ」というのであった。これを意訳すれば、「オランダは亡び、フランスも亡国同然であり、英国も危ない。とすればそれらの植民地は支配者が変わることになる。日本はそれを奪わなくとも、少なくとも勢力圏内に取り入れる地理的立場にあるではないか。ドイツと盟約して何らかの手を打つと同時に、行動を用意すべきだ。一方に蔣介石との譲歩和平は不要だ。仏印、ビルマからの援蔣ルートを遮断して武力的に蔣を降伏させるにしくはない――」という意味である。かくて、三月三十日の陸軍首脳の事変処理方針（撤兵）は、三ヵ月も経ない間に百八十度の大転換を現出するに至ったのである。

南進論は元来が海軍の一手販売で、陸軍は完全に無関心であった。わずかに、海軍がアメリカと戦争しなければならぬ場合には、その基地防衛の手段として一個旅団程度のルソン島上陸戦は必要であると想定されていた程度に過ぎない。しかるに、ドイツが仏国とオランダを征服し、余勢を駆って英本国に上陸戦をおこなうごとき情況に面するや、陸軍もにわかに「南進論」の門を開き、仏印、蘭印、マレイなどに対する関心を急に深め出した。

六月上旬、参謀本部は、比島はもちろん、仏印、泰、マレイ、ジャバ、スマトラ、ニューギニアの各地に対してぞくぞくと偵察将校を送り（旅装は会社員）、南方要地の兵要地誌を大急ぎで作成することに着手した。同時に第二部に「南方班」を新設し、村上中佐を主任として仕事を進め、海軍が多年苦心して集めた諸材料の提供を受けて遺漏なきを期するという意気組であった。

言うまでもなく、ドイツの大戦勝がなかったなら、陸軍のこうした大転向もなかったわけだ。一にドイツの戦勝に乗じ、それにおんぶして、対支、対南方への積極政策を実施しようとしたことは一目瞭然である。その見識も動機も、旧日本の武士ならばいさぎよしとしなかったところであろう。またこのような他力本願の心がけが、結局においてわが身を亡ぼす天命となることは、後にいたって痛くも思いあたるところであった。

百日足らずの間に、仇敵から盟友へ、和平から武力へ、北進から南進へと、いとも簡単に転針した軍部の足取りに対し、米内光政の内閣はとうてい歩調を合わせることはできないであろう。果然、軍部は米内内閣の優柔不断に対して不満の声を放つようになった。軍部のかかる南進および討蔣論は、ドイツと同盟することを基本的必要事とするのだが、その対独同盟について、米内の英米協調論は邪魔であり、これを排除しなければ陸軍は南方行きのバスに乗れないという実情であった。けだし米内内閣の外交方針は「欧州戦争不介入。英米とくに米国との争因防止。独伊とは同盟に至らざる範囲において国交を緊密にすること」が確立されていたからであった。

六月に入るや、陸軍の反米内運動は、有田外相の声明を契機としてハッキリと展開されはじめた。これよりさき、米内は「東亜自主確立の宣言」――日支事変処理と東亜の安定確保――を定義し、有田は熱心にこれを支持し、閣議をへて六月二十九日にその趣旨を声明することになった。ところが主として陸軍から反対が起こり（同宣言は陸軍の三月三十日決定方針を思想背景としていた）、その結果、谷外務次官官邸において、陸軍からは武藤軍務局長、海軍から阿部軍務局長、外務から須磨情報部長等が集まって論議数刻の後、内容を修正し、六月二十九日に、有田のラジオ放送でケリをつけることになった。放送は「国際情勢と帝国の立場」と題する十五分の演説であったが、それに対して参謀本部方面から轟々たる非難が捲き起こり、やがて険悪なる政治問題と化するにいたった。

すなわち七月上旬、参謀本部は閑院宮総長の名を以て、畑陸相に対し「時局打開に善処せよ」との公文を送致し、七月十六日にいたって畑陸相の単独辞職となり、米内内閣はたちまち崩壊の外なきにいたった。その間、軍は近衛の出馬を促す裏面工作を続け、近衛も第二次組閣の志を動かしていたのであった。

5　近衛文麿の再登場
二時間弱で軍部の南進案を吞む

第二次近衛内閣は、昭和十五年七月二十二日に誕生した。霞ヶ関の惑星松岡洋右が外相となり、統制派の主将と目された東條英機が陸相に就任した。近衛のねらいは、闘将松岡をして、外交を軍部から外務省に取りもどさせることにあったが、狙いをあやまって、大切な国家そのものを引き落とすような悲運を招来した。近衛につきまとった人事悲劇の一顕例であった。それから、他の一つの悲劇は、組閣後わずか四日しかたたない七月二十六日に、南進論の憲章ともいうべき「情勢の推移に伴う時局処理要綱」と題する陸軍案を、新内閣の方針として軽率に決定した一事である。同日、政府大本営連絡会議においてこれを採択した以上は、近衛は（イ）支那戦争の徹底遂行と（ロ）南方進出という二大冒険に赴かざるを得なくなったのである。

そもそもこの「時局処理要綱」は、陸軍がいわゆる「バスに乗り遅れるな」とさけんで政戦両略の大転換を行なったその根拠として作成されたものであった。すなわち参謀本部作戦課は六月二十二日以来、連日会議をひらき、陸軍省からも岩畔、河村、西浦、永井らの大・中佐が参画し、もっぱら南方問題を中心に協議研究し、その議案を七月一日の部長会議にかけて練り直し、七月三日の首脳会議（沢田参謀次長、富永、土橋、神田の各部長、畑陸相、阿南次官、武藤軍務局長など出席）をへてようやく決定し、翌四日これを海軍に提示し、両者の間に修正の交渉をへて、七月十五日、両軍責任者の水交社会議で最後的に成案となったものである。

原文は本稿一節文におよぶほどの長さだから省略するほかはないが（注）、二、三の要点を挙げると、

「仏印（広州湾を含む）に対しては援蔣行為遮断の徹底を期するとともに、速やかにわが軍の補給担任、軍隊通過および飛行場使用等を容認せしめ、かつ帝国の必要とする物資の獲得に努む。情況により武力を行使することにあり」の一項が、まもなく北部仏印進駐という大問題の端緒となったごときである。

（注）原文は終戦時に焼却され、極東裁判に提出されたものよりも一層強く対米英戦争を覚悟した文章であった。

ついで第二条第一項には「とくに速やかに独伊との政治的結合を強化し、対ソ国交の飛躍的調整を計る」と書いてある。結局は、国難の導火線となった「日独同盟」の源を成すものであるが、これについては、意想外の興味ある経緯があった。

それは、東條就任の機会に、省部代表が密議して「爾後、陸軍から日独同盟の提案は一切これを為さざるものとす」と決定したことだ。すなわち、参謀次長沢田茂は、陸軍が日独同

盟を執拗に主張したため、第一次近衛、平沼、米内の三内閣を混乱させた事実を反省し、今後は厳に慎んで沈黙をまもるべきことを提議し、東條もこれに賛成して一大方針となったものだ。だから前記の水交社会議においても、武藤軍務局長は、とくに「独伊との政治的結合の強化とは同盟を意味するやいなや」を討議の題目に供し、結局「これは軍事同盟を意味せず、将来同盟問題が起これば改めて協議す」と決定したのであった。陸軍の思想的一進歩であった。

（注）松岡の三国同盟提案を聞いて、東條陸相が驚いたという内輪話は、右の事情から見て真実であったことが判る。

さて、要綱の第三条は「対南方武力行使」の方針を定めたもので、「支那事変おおむね終了せる場合においては、好機を捕捉して対南方武力解決を期する」旨を明記し、進んで「武力行使にあたりては、戦争相手を極力英国のみに局限するに努む。ただしこの場合においても、対米戦争はこれを避け得ざることもあるべきを以て、これが準備に遺憾なきを期す」と言っている。省部首脳の間には、対米英戦争を真面目に考えるような者はいなかったが、幕僚政治の軍部において、南進に武力を背景とする方針が議定されたことは、物騒極まる国策の転換を意味するものであった。

ようするにこの要綱は、昭和十五年三月に軍部が決定した「自主的逐次撤兵」の方針を「増兵徹底討伐」に塗り替え、かつ「北守すなわち対ソ軍備方針」を「南進すなわち対英米戦備方針」に変更するという、同一人にはほとんど不可能に近い思想転換を語るものであり、また、これが国家の運命に超重大なる影響をおよぼすことも明白であった。近衛内閣は、半歳あるいは一ヵ年を費やしてこれを再検討しても、決して慎重に過ぎることはなかった。優柔不断などという問題ではなく、帝国の生死の問題として超真剣に取り扱わねばならない要綱であった。

いずくんぞ知らん、これを組閣後四日目に、わずか三時間弱の論議で呑んでしまったのである。それは、軽率以上のものであった。思うに近衛以下閣僚は軍部に呑まれていたのである。というよりは、この要綱を各人が検討するいとまもなく、大本営の勢いに押されて鵜呑みにせざるを得なかったのであろうが、それにしてもまことに不甲斐ない挙国内閣のスタートであった。

商相小林一三、逓相村田省蔵らは、この要綱で進めば「米英との関係を悪化して容易ならぬ結果を来たすおそれはないか」という反省論を試みたが、松岡外相は「米国に対しては毅然たる態度を取ることが危機を防ぐ要訣である」と喝破して、外交のことは僕に任せてもらいたいという態度を示し、とにかく三時間足らずで、重大要綱は採択されたのであった。

6 近衛は「新体制」に没頭

軍部を抑制する本心を秘めて

大日本の亡国の運命は、十二年七月七日の蘆溝橋事件を起点とする。組閣後早々に勃発した事件に対し、新人近衛が軍部に引きずられて泥沼に踏み込み、苦闘二ヵ年、解決の自信を失って辞職したことは記述のとおりだ。静養一年の後、再組閣に乗り出したについては、難局収拾の目途を有したことは言うまでもなかろう。

近衛の戦後の手記によれば、それは「新政治体制」を造り、その全国民的組織を背景として、軍部を抑制し、以て支那事変を解決するという狙いであった。六月下旬、枢府議長を辞して新体制運動に乗り出し、七月下旬に内閣を組織した。

すなわち、新政治体制によって軍部抑制、事変解決、というのが近衛の第二次組閣の根本的理由であった。この新体制論は、前々から知られていたので、七月七日に近衛がこれを発表するや、各政党は、解党してもその傘下に加わろうとする勢いを示し、軍部もまた、自分が抑制されるとは露知らず、大歓迎の意を表し、一日も早く近衛内閣の出現することを熱求し、かつ運動したのであった。

軍部を抑制しなければ支那事変は解決しない、というのは近衛の苦い体験であって、新体制を提げて再登場した彼の心底には、手記に書いてあるとおりの念願が横たわっていたこと疑いない。しかしながら事実はどうであったか。

事実は、遺憾ながら近衛がまたもや軍部に抑制されてしまったことを語るのである。近衛の出馬を熱烈に勧誘した陸軍の代表（軍務局長武藤章）は、同時に、陸軍が創案した前掲の「時局処理要綱」の大意をも耳に入れ、公に非ざれば天下これを成す者なし、と切々と訴えることを忘れなかった。

それは昭和十五年七月二十日の朝であった。近衛は「自分もよく考えておくが、事は外交上の重大問題だから、一応松岡の耳にも入れておいてくれ」と注意し、武藤はその夕刻、松岡洋右を訪うて論談に花を咲かせた。外相候補がその席で確約したかどうかは記録に残っていないが、その後の実績に徴すると、逆に三国同盟論を滔々と述べ立てて武藤を煙にまいた場面が想察される。

近衛が「ヨク考えてみる」と答えたのは正直な心であって、これほどの重大問題を軽々しくコンミットする彼ではない。近衛の肚の中は「新体制」で一ぱいであって、他の国策を消化する余裕のあるはずはなかった。組閣の翌日（七月二十三日）に行なった「大命を拝して」と題するラジオ放送においても、「この世界の重大変局に処し、わが国においては必ず国内体制の一新を図らねばならぬと信じ、微力これを成さんとして」出馬した旨を告げ、進んで既成政党を評し、

「既成政党の弊害の一つは、その立党の趣旨において自由主義をとり、民主主義をとり、あるいは社会主義をとって、その根本の世界観および人生観がすでに国体と相容れないものがある点である。これは今日急速に展回し、抜本的に改正しなければならぬところである（中略）。これらの弊害を除去し、大御心を仰いで一億一心、真実の御奉公を期しなければならぬ」

と述べたのである。自由主義や民主主義を否定するのは軍部のイデオロギーであるが、昭和十五年には、国民大衆もそう導かれ、近衛までが威勢よくこれを公言するまでに変わっていた。批判はしばらく擱き、近衛が新政治体制の楯によって時難の克服に進み出た決心は明らかである。

政治理念の方は国内の問題であり、近衛の政治生命に関するだけのことであるから深く問わないが、同じ放送で述べた外交方針に関しては、今日なお驚異の眼を以て見なおす値があ

る。曰く、

「外交においてはあくまで帝国独自の立場に立ち、独自の途を歩むものでなければならぬ。独自の途と申しても、単にこの世界の変局に対応するというだけでなく、自ら世界的変化を指導し、自らの力によって世界の新秩序を作り上げる覚悟がなければならぬ。したがって外交は目前の動きにとらわれず、十年先を考え、二十年先を考え、五十年先を考えて、あくまでも自主的積極的建設に進まねばならぬ云々」

と宣したのであった。気宇はなはだ大、着想はなはだ高遠であると褒めた評論が大多数であったが、心ある者は、これを目して軍部的夜郎自大の言と評し、ひそかにその驕れる心境に不安を感じた。

松岡がそれを言うならば、彼の習性に照らしてあえて怪しまなかったであろうが、上品にして勇気なき近衛が、「世界的変化を指導する」というごとき軍人張りの強がりを叫ぶに至っては、当時の日本そのものが驕り切っていた歴史的背景の所産としてのみ諒解するほかはなかろう。さらに掘り下げて見れば、軍部から内示された「時局処理要綱」の超積極的外交方針に応え、彼らにしばらく満足をあたえてから後図を策しようとした深慮遠謀の言であったかも知れない。

こうした強がりを言うのは、近衛の一つの癖でもあった。それで軍を巧みに抑え導く英国流のいわゆるトラウト・フィッシング（鱒が引く糸を自由に引かせ、疲れを待って釣り上げる）の方式なら拍手を送るところだが、鱒が糸を引いて近衛を水中に連れて行ってしまってはお陀仏である。

7 松岡、突如、日独同盟案を提出
米国を牽制する手段という説明

近衛、松岡、東條、豊田（海相代理）をメンバーとして、初の四相会議が首相官邸で開かれた。昭和十五年九月四日午前十時。この会議から問題の三国同盟の議に入ろうとは、松岡以外の三大臣の全然予期しないところであった。何の打ち合わせもなしに、松岡は突如として本問題を提起し、しかも二十数枚の謄写版に刷られた詳細なる機密原案が三名の手もとに配付された。

近衛も東條も豊田も吃驚した。しかし、驚くことはあるまい。十日前に採択した「時局処理要綱」の第一条には「とくに速やかに独伊との政治的結合を緊密にする施策」が明記されているではないか——というのが松岡の態度であった。

刷り物の表題には「日独伊枢軸強化に関する件」とあり、冒頭に「日独伊三国の提携強化の機運最近すこぶる濃化し、この際三国間に取り急ぎ会談を要する時機に達したりと認めらるるにつき左記基本要綱にもとづき差し詰めドイツ側と折衝いたしたし」と述べ、ついで三つの要綱を掲げ、その説明の中に「いずれの途わが方としては武力行使の決意を為すに非ざれば、独逸側との話し合いは不可能なるべし」と書いてあった。

これはまことに容易ならざる説明であるが、謄写版はさらに進んで交渉方式を述べ、まず第一に「軍事同盟交渉に関する要綱」というのが載っていた。そうして相互援助に関する条項が詳細に述べられ、宛然条約案そのものを見る趣きであった。もちろんその中には「対英対米の武力行使に関し帝国は左の諸項により自主的に決定す」といった諒解事項なども記載されていた。

「英米とはつねに協調せよ」という天皇陛下の御言葉が頭に粘着しており、かつ自らそれを欲していた近衛は、松岡を外相にしたことの疑問を、早くも胸底に感じた。東條と豊田は軍人であるから、武力行使を根底とする条約の問題に興味を感じないはずはない。「とにかく話し合いをはじめるとして、武力援助の問題は慎重にすること」という程度で散会した。

近衛の対米外交観は友好関係の維持という常識の線を脱しなかったが、しかし、満州事変以来一貫したアメリカの反日態度を改めるのは容易なことではない。そこで、もしもいつまでもアメリカが満支問題にこだわって日本に冷たくあたるようなら、日本は余儀なく方向を転じて独伊の側に赴くほかはなく、現にその方向に動きつつあるという態度を示すことが、米国を向き直させる現実の一方便である、と考えていた。近衛の対独外交は、もっぱらこのゼスチュア方式に重点を置いていたのであった。

ところが松岡の方は、近衛の消極的なのに比してはるかに積極的であった。媚を呈するがごときはもとより不可。アメリカに対しては「毅然たる態度」のみが彼を自省させる唯一の途であって、独逸との同盟はすなわちその毅然たる態度を眼の前に見せることであると信じていたのだ。日独同盟はもちろんアメリカの歓ばないところに決まっているが、日本は所信に赴く強国であり、日独の軍事同盟は、万一の場合にはアメリカを大西、太平の両洋から挟撃する大脅威である事実を感ぜしめるのがかえって日米不戦の保証となるのだと主張したのである。

青年期アメリカで苦学し、その劣等者の待遇に反感を内蔵していた松岡が、いまや大海軍と日独同盟とを背景として、悠然と対等の立場で談判しようとする感情的の意気込みも、彼の言動の一半を支配していたかもしれない――。独逸特使スターマーの着京を待って、松岡・スターマー会談が九月九日から開始され、十一日には早くも両者の試案がまとまり、十九日には条約成文が出来上がって御前会議が開催される運びにまで進んだ。四相会議が本問題を聞いてからわずかに半ヵ月にして、この重大なる同盟条約が最後の会議段階に上ろうとは朝野誰人も予想した者はなかった。

同盟条約の条項は、

(一) 日本は独逸および伊太利の欧州における新秩序の建設に関し指導的地位を認め且之を尊重す

(二) 独逸および伊太利は日本の大東亜における新秩序の建設に関し指導的地位を認め且之を尊重す

(三) 三条約国中いずれか一国が、現に欧州戦争または日支紛争に参入し居らざる一国によって攻撃せられたるときは、三国はあらゆる政治的、経済的および軍事的方法により相互に援助すべきことを約す

(四) 本条約実施のため遅滞なく混合委員会を開催すること

(五) 前記諸条項は、三締約国の各々と、ソ連邦との間に現存する政治的状態に影響をおよぼさざることを確認す

（六）有効期間を十ヵ年とす

の六項からなり、明白なる「軍事同盟」であって、陸軍多年の宿願は、偶然にも松岡の野心外交によって達成される機運となった。

陸軍は、東條・沢田の消極自制方針が決まっており、政府が進んで乗り出した日独同盟はもとより双手歓迎するのがあたり前であったが、海軍が、米内・山本以来の反対論をアッサリと放棄したのは不可解であった。それは（四）の条項が含んでいた「参戦は自主的に決定する」という方針を条件としたものであったが、しかし、少数の識者は、海軍が、この「対米戦争の危険を内蔵する条約」に明確に反対すべきであったことを痛感した。

8　三国同盟調印さる
枢密院も一日で議了

御前会議の質疑応答は三時間を費やした後、各自の意見開陳となり、閑院宮は、大本営陸軍部として三国同盟に同意する旨をアッサリと発言、ついで伏見宮も、左記の四つの希望条項も述べて海軍部として同意を表した。希望条項はつぎのとおりであった。

一、本同盟締結せらるるもなし得る限り日米開戦はこれを回避するよう施策の万全を期すること

一、南方発展は極力平和裡にこれを行ない、第三国との間に無用の摩擦を起こさしめざること

一、言論の指導統制を強化し、本同盟締結に関しほしいままなる論議を抑制し、かつ有害なる排米英言論を厳に取り締まること

一、海軍および軍備の強化促進に関しては（中略）その完遂に真剣協力すること

かかる希望は至極平凡なる内容であって誰も反対するはずはない。海軍は対米戦争には参加しない、という条件でもつければ、海軍の光は輝くところであったが、そのときの当事者には、モウそんな真勇の持ち主はおらなかった。そしてその席上で陸相東條英機が、「組閣早々大本営政府の連絡会議において時局処理要綱を定め好機を捕捉して南方問題を解決すべく、蘭印に関してはしばらく外交措置により資源獲得に努むるも、また状況によりては武力を行使することあるべき旨すでに決定しあり」と正直に発言し、同盟に対して間接射撃を試みたのが注目をひいた。

この会議から一週間をおいて九月二十七日に同盟条約はベルリンで調印され、即日効力を発生したが、枢密院にはその前日、すなわち昭和十五年九月二十六日に諮詢され、午前十時から午後十時十五分にわたる未曾有の長時間論議が展開された。とにかく、この大問題の条約案を、一日で片づけてしまおうとする無理押しが生んだ異例の枢密院会議であった。国はすでに非常時の峠に差しかかっていたのである。

非常時の名の下に、すべての反政府言論は封殺されており、ひとり枢密院のみが一つの鬼門として残るのみであったが、それさえもすでに歯を失った老鬼に等しく、声にトゲがあり、いまだ多少の睨みはあっても、もはや政府を嚙み倒すような力はなかった。たとえば顧問官深井英五は、「条約の前文には、万邦をして其所を得せしむ、とあるが、ヒットラーはかつ

て、他の民族に対し弱肉強食は天地の公道なり、と揚言しており、思想観念が相反するではないか」と皮肉を述べ、また石塚顧問官は、「ドイツ国との条約は過去の経験上十全を期し難し。政府はいかにして彼の誠意を期待し得るか」と迫ったが、いずれも警告的質問以上には出でなかった。

外交の大先輩石井菊次郎にしても、「由来ドイツと結んで利益を享けた国はない。かつて宰相ビスマークは、国際同盟には一人の騎馬武者と、幾頭の驢馬とを必要とするが、ドイツはつねに騎士でなければならぬと言い、事実彼の同盟国は驢馬のごとく叱咤されて自らの国運を危うくした。帝政ドイツはナチス・ドイツと代わったが、その元首ヒットラーも危険少なからぬ人物である。わが国と防共協定を結んでおきながら、それと明らかに矛盾する独ソ不可侵協定を結んだごときは眼前の適例であって、ナチスが永く日本の忠誠なる友とは考えることができない云々」と、痛いところを衝きながら、「しかしながら、日独伊三国は国情がいちじるしく近似する観点から相結ぶのが国際関係の自然である」と結んで同盟に賛成したのである。レジスタンスはこの程度以上に出でないで、原案は満場一致可決されたのであった。この原案可決の電報をベルリンで待っていた三国の全権、来栖大使、リッベントロップ独外相、チアノ伊外相はただちに調印を了した。昭和十五年九月二十七日午後一時十五分であった。

この条約には、三国とソ連との関係を親善化するよう努力する諒解が付帯しており（松岡・オット大使間の秘密交換文書）、ドイツは日本のためにこれを斡旋する約束があったので、十一月十三日、ソ連のモロトフ外相と独のリ外相間にベルリン会談が行なわれ、ドイツは四カ国間の利益圏相互尊重の条約案を提出した。

すると、同月十六日、ソ連は条件付でこれを受諾すると回答したその条件中に、（イ）ソ連のボスフォラスおよびダーダネルス基地要求、（ロ）バツームからペルシャ湾にいたる領土要求、（ハ）日本の北樺太油田放棄、（ニ）ドイツのフィンランド撤兵の四項があってたちまち破談となった。

ヒットラーはその直後に対ソ戦争を決意し、十二月十八日に、対ソ戦備を全軍の首脳に秘令した。日本にはもとより秘匿され、その後半歳にわたって一人のこれを探知する者もなく、まったくの蚊帳の外におかれて、石井顧問官の警句どおりの不人情を味わった。それは我慢もできたろうが、三国同盟自体が、この種の不誠実と、さらに軍事協約の細目協定が長く放擲されていたような不確実の内容であったのに反し、その米英仏蘭にあたえた不利益の具体的反応は、取り返しのつかない方向に発達して行った。アメリカを牽制して日本の大東亜政策を認めさせようと企図した松岡の外交は、事志と違い、やがて日米戦争の悲運をあざなう一本の太い縦糸となるのであった。

9　軍事的価値も疑問

海軍は断然反対すべきであった

日独同盟は、皇室、国体、文化、伝統の諸点から疑問に満ちた条約であったが、軍事国防の一点から見ても、本質的に価値に乏しく、得るところは失うところよりもはるかに少ない失血条約であった。本来軍事同盟は、その当事国が国境に接点を有することを必須とし、陸を接しない場合には海路直結することを常識とした。日独同盟はこの両条件を欠いたのみならず、戦力源の供給においてもまったく疎隔する立場にあった。

日本は国防資材の大部分を米英に依存し、ドイツからの供給は極めて少なく、また有事にこれを確保する道もなかった。

だから、純国防の見地からすれば、日独同盟は、かつての日英同盟に較べてはるかに頼りのない条約であった。ただ、当時の国際情勢下にあっては、孤立日本が一大強国を味方につけること、東西呼応して新しい指導勢力を築くこと、これによってアメリカを牽制することなどに価値を託したもので、いわば、純外交的の軍事同盟であった。松岡外相が、軍部に計ることなしに猪進的に交渉をはじめ、わずか一ヵ月足らずで仕上げてしまった事実と相通ずるものである。

松岡が初めて本案を五相会議に提案した九月四日の夜、東條陸相は沢田参謀次長を招き、「陸軍は日独同盟には口を出さないことに決めたが、本日突如、松岡外相から同盟の提案があった。自分は一言も発しないで別れたが、今後はどうしようか」と相談を持ちかけた。陸軍は、伝統的にドイツとの同盟を希求していたのだから「反対」する理由はなく、結局、松岡に賛成するが、ただし、それは海軍と同調することにして、陸軍だけが積極的に動くことは止めよう、という方針に決まった。まず穏当な結論であった。

そこでこの異常外交に止めを刺し得る者は海軍だけであった。英仏を対象に加える同盟案に対してさえ、米内と山本は命懸けで反対すること八ヵ月におよんだ。それはアメリカを敵側に廻す危険が伏在することを恐れたからであった。いまや三国同盟は、主としてそのアメリカを対象とするものであるから、米内・山本（平沼内閣の海相と次官）の思想が海軍の不変の国防観であるならば、その後継者は、前任者と同じように、いな一層明確に反対を闘わねばならなかった。

後継者は大将吉田善吾であった。米内が退任し、山本が艦隊長官に転出したとき、山本は「吉田は俺よりモット強い男だから安心していい」と友人たちに保証して東京を去って行った。米内が内閣を組織して前記の同盟論争を反覆した当時は、首相の陰にあり、かつ有田外相が主役を勤めたのであったが、近衛内閣の海相に留任してたちまち三国同盟が閣議に上るに至ったときは、このときこそ、一代の勇をふるってこれを阻止する大芸当を演ずべき機会であった。

不運にも、この超重大の時機に吉田は神経衰弱の結果心臓を侵されて入院してしまった。米内内閣時代から、吉田に対する内外の圧迫は相当なものがあり、剛気といわれた彼の精神力が蝕まれたことが神経病の原因であったかも知れない。

後任大将及川古志郎は智将ではあったが勇将ではなかった。いわんや松岡の外交論の弁舌には太刀討ちもできず、ただ「最悪の場合にもアメリカとの戦争に引き込まれぬこと」を諒解事項として同盟に賛成してしまった。

海軍の壁が崩れれば、モウ松岡の野心外交の潮を堰き止める者はなかった。議会の名はあったが、政党の実力は底をついており、言論機関はあったが、大多数は御用紙同然であり、近衛は新任したばかりの松岡を制止する意思も力もなく、かくて松岡の独り舞台の上に、日独同盟はサッサとできることになったのだ。

思うに平沼内閣の当時には、同盟主唱者は陸軍であったから、米内と山本の猛反対はすなわち陸海軍の表面からの対立を現出し、したがって非常なる勇気を必要とした。が今度の場合は、東條が傍観的立場にあったのだから、抗争の相手は松岡だけであった。ゆえに海軍は思う存分にその危険を疾呼して、同盟をつぶすべきであった。単なる諒解事項で賛成したのは、海軍の野性欠如が、太平洋戦争を阻止し得なかったいくつかの痛恨事の中の大きい一つであった。

第九章　北部仏印進駐

1　南方の狙いは「石油」

蘭印めぐり商談と威圧

時しも皇紀二千六百年。その大祝典は十月十一日の特別観艦式にはじまり、十一月十一日の宮城前大奉祝会を以て終わる一ヵ月にわたり、大多数国民の膨張意欲をいよいよ旺んならしめる観を呈した。世界一流の軍艦百万トンが横浜港を埋めた盛況は海防不敗の誇りを人心に刻んだが、十月二十一日、代々木の練兵場に繰りひろげられた陸軍特別観兵式もまた、日支戦争の最中、かかる威力の余裕を現存することを示して天下を驚かせた。

これら軍閥、その道を誤らなければ、大日本帝国の前途はまさに万々歳であった。不幸にしてその盛儀の裡に、彼らはその道を誤りつつあった。すなわち「南方」に向かって歩きだしたのである。南方に向かって歩くのはいい。ただ、ピストルとサーベルを携えた軍装の上に、またその心匠の中に、日本自爆の因子が芽生えていたのだ。

大本営が指した「南方」というのは、仏印と泰と蘭印とであった。前二者には「軍事基地」、後者には「石油」が狙いであった。いずれも簡単に得られるものではなかったから、その背後に武力の示威と、已むなくんばその行使とが、ひそかに考案されることは、軍部全盛の時代には避け難い成り行きであったろう。大きい指導力のみがこれを制し得るのであったが、それは近衛程度の勇気ではおぼつかなく、松岡の論争力も相手を心服させるに足りなかった。そこで十月二十五日の閣議において、

「(前略) 共存共栄の大局的立場にもとづき、速やかに蘭印との経済的緊密化を図り、以てその豊富なる資源を開発利用し、皇国を中心とする大東亜経済圏の一環たるの実を挙げしめんことを期す」

という「対蘭印施策要項」を議定した。

これは容易ならぬ国策決定であった。蘭印を大東亜共栄圏の中に抱き込む方針を決めたもので、換言すれば、これは蘭印を日本の勢圏下に収めるもの、すなわち南進の終点を指示したものにほかならない。もちろんその決定要綱中には、まだ武力行使の示唆はなく、もっぱら商議によって石油を取得する決心を決めたものであるが、その究極は武力の行使によらなければ達し得ないこと、智者を待って初めて知るようなものではなかった。

蘭印はすでに敵の側にあった。本国のオランダはドイツに叩かれて、その政府は英国に亡命中であった。その仇敵のドイツと、日本は同盟を結んだではないか。また蘭印の石油業の資本は大部分英米のものではないか。その石油を、普通の商談によって日本が希望するように取得できると考えるのはあまりにお目出度い。のみならず、蘭印を、日本を盟主とする共栄圏の一環に取り込むごときは、常識では絶対不可能であり、唯一の途は武力占領のほかはあるまい。

が、昭和十五年秋の頃は、武力の問題は、まだ実際のプランには上っていなかった。そうしてそのお目出度い商談のために、九月には商工大臣小林一三が派遣されたが、小林の智慧を以てしても、敵意を秘める蘭印との談判は容易に実を結ばなかった。そこで十二月には、手を代え品を代えて、外交界第一の粘り屋で有名な元外相芳沢謙吉を特派したが、芳沢の外交観は武力威圧のほかには目的達成の途無しと判定して、粘り切らずに引き上げてしまった（注）。いかなることがあろうとも、蘭印はすでに米英の陣中から離脱するはずはなかったのだ。

（注）芳沢は十六年一月には、再度、蘭印に赴いて交渉を再興した。

蘭印を米英から引き離して日本の陣営に帰せしめるには、これを強奪するほかに手はないが、蘭印に対して武力を行使することになれば、英国はかならず蘭印の側に参戦してここに日英戦争を惹起するであろう。日英戦争となれば、米国はイギリスの側に立って、ただちに日米戦争にまで発展するであろう。米英不可分か可分かの問題は、久しい間二つの観測があったが、昭和十五年末には「不可分」という海軍側の観測が決定的のものとなっていた。この見解にしたがえば、蘭印に対して武力を行使することは、一動たちまち日米戦争を惹起するに相違なく、この戦争には陸海軍ともに勝利の公算に達せず、またかかる大冒険は犯すべきでないという意見に一致していた。

血気にはやる軍部にも、まだこの程度の常識は活きていた。が、四囲の情勢を達観すれば、日本が何か思い切った譲歩を示して外交転換の手を打たないかぎり、結局は蘭印から石油を強奪しなければ戦力が枯渇して行くような悲境におちいらないとはかぎらない。と言って、出来たばかりの日独伊軍事同盟に背中を向けて米英に寄りそうごとき不貞は許されまい。

十五年七月、ドイツの大戦勝に乗じて一気呵成に作られた「時局処理要綱」——戦争相手は英国に局限し、米国との摩擦は極力これを避く——の威勢も、つぶさに現実の推移を静観すれば、反省の冷気に襲われる傾向を生じ、大本営の内部にも頭をかかえる者が現われてきた。が、すでに南に向かって動きだした巨大なる物体のエナーシアは、細い何本かの腕で引き留めることはできないであろう。

2　援蔣ルート断絶へ

フランスの敗亡に乗じて

昭和十五年に入って、軍部はほとんど支那事変を持てあましてしまった。武力による解決の見通しがつかず、しかして国力の消耗はひしひしと身にこたえてきた。いくつかの和平工作の中、軍が多大の期待をかけた宋子良工作が、鍵穴事件（注）を一期として流産して以来、焦慮は日ごとに募るのみであった。

（注）宋子良と参本支那班長鈴木卓爾とが香港のホテルで会談中、宋子良が本物であるかどうかを確認するために、鍵穴から写真を撮ったのが露顕し、不信問題を起こして決裂す。

かくて十五年三月の自主的逐次撤兵は、悲壮なる決意の下に議決されたのであったが、五月に入るやドイツ軍の西部戦線大攻勢が発起され、十九日には英軍のダンケルク敗戦、六月十七日にはフランスの降伏という意想外の急発展を現出した。わが軍部はにわかに活気を復するにいたった。自主的撤兵の消極的な対策から一転し、なにかこの世界状勢に乗じて積極的に支那問題の解決を計る工夫があるはずだと考え出した。その一つが、北部仏印進駐であった。

すなわち、この機会に、フランス領印度支那（仏印）にたいして一つの協定を強い、仏印を通じて行なわれている援蔣物質を遮断し、武力によって蔣介石を降伏させる方式を着想したのだ。仏印はすでに久しく援蔣ルートの大宗として、支那の戦力を補強していたのであるが、宣戦布告をしていない日本は、仏支間の貿易に対して実力による制限を加えることもできず、また日支戦争中に、他の強国との間にトラブルを起こすことは極力回避せねばならぬという建て前から、半ば泣き寝入りの状態が続いていたのだ。

そこへ昭和十四年九月、第二次大戦が勃発し、フランスは対独戦争に全力をかたむける必要上、極東における植民地の防衛には手がまわらない実情となった。フランスが気づかうのは、もちろん、日本が仏印を狙いはしないかという一点であった。それまでにも、援蔣物資問題で日仏の間には押し問答があり、いくつかの懸案もあったのだから、日本から言い懸かりをつけられて攻撃でも受けては事面倒と思い、フランス側から、諸懸案の解決と親善の増進方について交渉を申し入れてきた。

外相野村吉三郎と、駐日フランス大使アンリーとの間に「仏印経由援蔣行為の停止」に関する交渉が開始された。フランスはいくつかの点で日本の要求を容れたが、仏支貿易による巨大なる利益を放棄するような譲歩をあえてするはずはなかった。だから、いろいろの形で蔣介石の戦力をつちかう物資は、雲南鉄道によって依然として昆明に流れていた。

そこへ、こんどは十五年五月の危機が現われると見る間に、六月には早くもフランスの降伏、ヴィシー政府の誕生となり、ここに日仏の立場はたちまち強弱その地を替えるにいたった。いまこそ仏印援蔣ルート禁絶の好機が、あたかも天佑のごとくに到来したのだ。六月十八日、参謀本部の部課長会議は本問題を議定するために開かれた。席上大多数の主張は「外交交渉はすでに一ヵ年にわたって行なわれたが実効にとぼしい。すなわちこの好機に乗じ、武力を行使してルートの断絶を強行すべし」というのであったが、参謀次長中将沢田茂は、「いまフランスがドイツ軍に征圧されている最中に、日本が兵力を以て介入することは武士の情けが許さぬ」

と断言して一同を抑え、結局外交交渉に委ねることに決定された。沢田の一言は、後々まで伝えられてよい言葉であった。

これよりさき、軍中央部が和平終戦に心を砕いていた反対に、対蔣決戦論を叫ぶ分子も実在し、また、「一撃後の和平」を主張する一派もあった。後の二者が主張したのは、雲南省の昆明を攻略して、蔣介石の軍需源を枯死させることであった。仏印ルートも、ビルマ・ルートも、ともに昆明を中継地として重慶に行くのだから、仏印の貿易制限とか、国境封鎖という外交交渉に無益の時を費やすよりも、一気に現地の拠点を抑えるにしかずと主張するのであった。

いわんや欧州戦争が起こり、ソ連はとうてい満州を狙う余裕のあるはずはなく、したがって関東軍の充実は当分不要に帰する。そこでその兵力と予備師団とを支那に転用すれば、優に六、七個師団の増強が可能であり、昆明の攻略は必ずしも難事ではない。今日まで日支戦争が容易に片づかないのは、日本がつねに兵力を出し惜しみ、要地攻略に長時日を費やしたために敵に補充増強の余裕をあたえた結果にほかならない。上海、南京、台児荘、漢口みなしかり。十分の兵を思い切って派遣していたら、その三分の一の短期間に征定戦をとげて、戦争の大局は変わったものになっていたろう。

その不可能であった第一の理由は対ソ戦備であったのだが、いまそれが不要となった天佑に乗じ、余力師団を動員して昆明を乗ッ取れば、蔣の抗戦力は徹底的に減殺され、和平の曙光はそこから輝くであろうと判断したのだ。そこへフランスの敗亡が起こって局面が再転したのである。

3　進駐で軍部割れる

もつれた仏印現地交渉

昆明作戦説は現地軍および中央の若い将校に支持者が多かったが、首脳部はこの冒険に賛せず、仏印の協力を得て援蔣ルートを遮断するのが賢明であるとして、外交交渉の促進を要望していた。ちょうどその矢さきに、駐日フランス大使館付武官が参本第二部長土橋勇逸を訪ねて「日・仏印共同防衛案」を申し入れてきた。参謀本部としては、早急にこの種の外交問題に乗り出すことを躊躇し、その代案として、印支国境閉鎖の実相を日本当局に監視させる協定に同意させた（六月二十日。日本は仏印不侵略を約す）。正確に行なわれれば、仏印ルートは遮断され、わざわざ至難なる昆明作戦を行なう必要は消滅する。

「物資輸送停止状況監視委員」と呼ぶ長い肩書のついた将校三十名と、外務省員十名が仏印に急行した。委員長はパリ大使館の補佐官をしたことのある西原一策少将であり、六月二十九日、ハノイに到着してただちに管理部を数ヵ所に設置して監査を開始した。

仏印総督カトルー陸軍大将は親日的の将軍で、この際一歩を進めて日・仏印間に対支攻守同盟を結んだらどうかとまで提唱したほどの人であったから、国境閉鎖に関する打ち合わせは順調であった。すると間もなくカトルー将軍は解任されて、海軍中将ドクーが新総督となり、態度を一転して反日的となり、そこへわが軍部の二つの相反する方針が錯綜して、仏印問題をいちじるしく面倒なものに導くのであった。

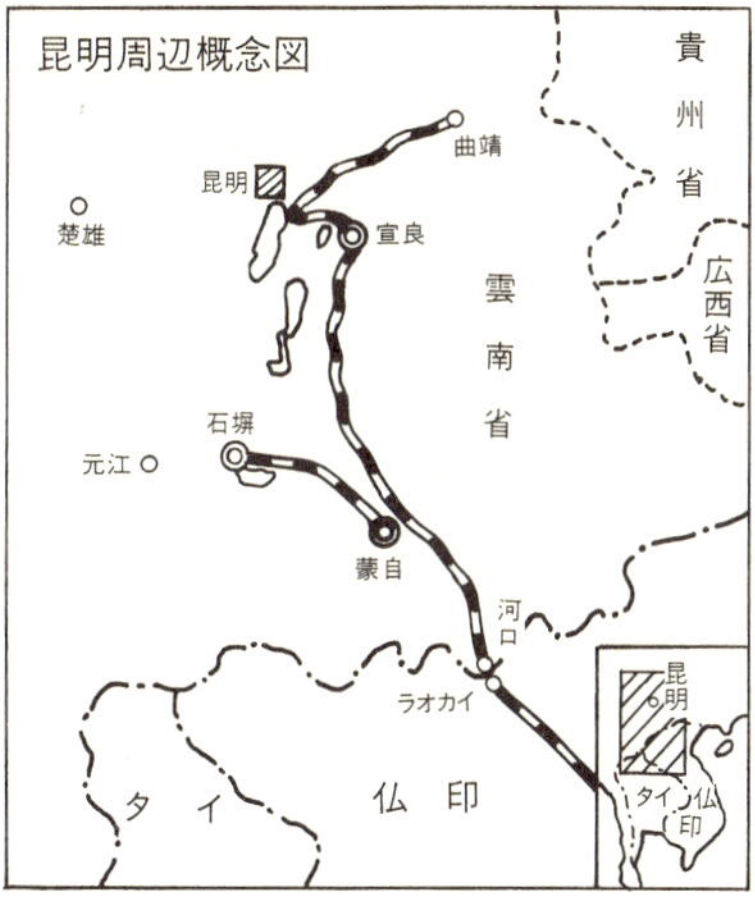

昆明周辺概念図

対仏印政策には二つの流れが争っていた。一は絶対平和交渉の主義、他は武力進駐論であったこと既述のとおりだ。前者は、第三国との間に武力を以て折衝することは、米英仏の諸国と摩擦を生ずる遠因となるもので、支那事変中は断禁の拙策であると主張し、すでに援蔣ルート遮断の監視を約束させた上は、その線上を確乎と歩けば足りると力説した。

後者はこれに反し、仏印を軍事根拠地に利用して昆明攻略戦を行ない、物資遮断と相まって蔣介石の武力屈服を強い、必要とあれば重慶占領戦をも敢行する。もしそれでも蔣介石が降参しない場合は、日本が自発的に事変の終結を宣言して支那から撤兵する。すでに十二分の武威を示した後から誰も敗退と思う者はなく、東亜二大民族相喰むの悲劇をここで打ち切ると宣すれば足りると主張するのであった。そうして昆明作戦は、南寧から百色、蒙自に至り、そこから雲南鉄道に沿うて西進するのであるが、その補給線は長遠にして、悪道路の不利は堪えがたい。そこで補給本線を仏印に求め得るならば昆明の攻略は漢口よりもむしろ容易に達成し得るのだから、支那事変段階の本命として、仏印の軍事的利用、すなわち兵力進駐を実現すべきであると言うのであった。

しかしながら兵力進駐は事はなはだ重大であり、誤ればそこで別の新しい戦争が起こり、その火が拡大して大変な事態に発展するかも知れない。さすがの決戦論者も表面から強く言い張ることはできず、結局、松岡・アンリー交渉において原則協定に努力し、その不調の場合には再考するという方針を定めた。よって松岡外相は、（イ）わが軍の補給担任、（ロ）軍隊の通過および飛行場の使用、（ハ）特殊物資の供給を要求する談判をつづけ、一ヵ月半をへた八月二十五日、原則的承認を取りつけ、具体的細目協定を現地交渉に任すことになった。

アンリー駐日仏大使は技術型の外交官、ドクー総督は反日感情の持ち主、しかして日本の要求は、軍部の議定したものをそのまま提出して譲らないのだから、交渉が困難を極めたのも当然であった。が、協定ができて陸軍は両派ともに愁眉を開いた。しかしながら現地交渉に入ると、すぐに壁に突きあたった。ドクー総督は、本国からの訓令未着を理由として、速急に交渉を開始しない。日本側は一刻も早く具体的取り極めを果たそうと焦っていた。既述のように、その日本側は、内部に同床異夢の二派が対立していた。委員長西原少将は、外交的に話をまとめて平和進駐を願ったが、参謀本部から特派された第一部長富永恭次少将は、遷延は国威を失墜して事変解決に逆効果を来たすおそれあるにより、一両日を期間として兵力進駐を断行すべきを主張し、南支軍に対して「五日以降進駐の準備にあるべし」と命令したほどであった。

一方に、南支方面軍の参謀副長佐藤賢了大佐は同軍を代表してハノイに飛来してきたが、その作戦構想は昆明進攻にあるのだから、西原交渉を緩慢として不満であり、作戦準備の急施を要求する立場にあった。ただ、佐藤が支那事変解決一本槍であったのに対し、富永の胸底には、これを以て南方進出の拠点を造ろうとする謀略が動いていたところに、軍部の仏印対策の混乱があった。

一方に、海軍は武力進駐を不可とし、現地交渉不調の場合には、交渉を中央にもどすべしと主張し、陸海軍の意見一致せず、近衛はやがて陸軍の説に同意したが、海軍はその場合にも出兵の期日を保留して抵抗し、大本営は暗雲低迷裡に日を送った。

4　〝破約日本〟への痛言

米政府、不法越境を怒る

仏印における現地交渉が不調に終わった場合の対策について、陸海軍は一致を欠き、大本営は暗い空気に包まれているとき、九月四日夜（昭和十五年）、西原少将から現地協定の原則が妥結し、六日に細目協定調印の旨が報告され、首脳部は現地当局に祝電を打って歓び合った。その歓びは、しかしながら糠歓びと化した。その待望の日の朝に不法越境事件が突発してしまったのである。すなわち南支方面軍（安藤利吉中将）の下にあった第五師団（中村明人中将）の一部隊が、印支国境の鎮南関付近において仏印領内に進軍し、明らかに国際公法を侵害してしまったのだ。

この第五師団は、南寧攻略後、援蔣ルートの監視を兼ね、万一の武力行使の場合の準備として、七月下旬から仏印国境付近に駐屯していた。そうして武力行使が不要になった場合には、その国境から仏印内地を横切ってハイフォンに出で、そこから乗船して上海に転用される予定になっていた。その部隊の一個大隊が、大隊長の誤断により（長く炎熱下の国境対峙に業を煮やし、精神がいちじるしく昂奮していたという）、越境して仏軍守備隊と衝突したのであった。

大本営の撤退命令を待つまでもなく、中村師団長は至急退却を命じて事件はすぐに治まったが、治まらないのは仏印当局者の憤慨であった。

というよりも、これを切ッ掛けに今日まで圧迫されてきた積もる不満を爆発させたのであって、かかる不法をあえてする軍を対象とする協定は再考を要すと胸を張り、危うく交渉を断わるような態度を示した。結局、日本軍が進駐の日次をハッキリと決定しないかぎり交渉の再開は不可能となった。ところが、その進駐日次にかんして大本営の陸海軍部は意見が一致しない。論争を反覆すること四日を過ぎても決定の見込みなく、海軍側はこの不手際なる仏印対策は中央部にて練り直すべきを主張し、結局、政府大本営連絡会議を開いて出直すことに一決した。

九月十三日、四相会議はようやくまとまり、最後通牒の手交、可及的平和進駐、抵抗あれば武力行使、進駐日次を九月二十三日零時以降とすることに決定して御裁可を得た。進駐日次決定とともに現地交渉が開始されたが、仏印側の態度は遷延的で、進行は牛の歩みであった。十八日にいたり、富永少将から「西村部隊だけでは仏印側の反撃を受けた場合に危険だから、十八日までに仏印の応諾がないときは、第五師団の一部を進駐させる」旨を報告してきた。現地軍民の反日感情が強烈であったことを物語る適例（西村部隊は近衛師団の一支隊で、ハイフォンから上陸して北部仏印に駐屯する部隊であった）。

これにたいし、沢田参謀次長は「いかなる場合にも二十三日以前の進駐を厳禁し」と打電し、可及的平和進駐の方針を守らせた。東條陸相もまた、あくまで平和的進駐を要するがゆえに、進駐が二、三日遅れても差し支えなしという意見を参謀本部に通達し、さらに「西原機関は最後の日までハノイに留まるを要し、そのために引き揚げの機を失して犠牲となるも致し方なし」とまで付言した。

九月十九日、大橋外務次官はアンリー大使にたいして二十三日零時以降の武力進駐を通告し、同時に現地にあった日本居留民は、二十日に全部引き揚げ待機するよう措置された。現地の空気が物騒であったことは、これでも判るが、対外関係においても、この問題は決して平穏ではあり得なかった。駐日米大使グルーは二十日午後松岡外相を訪い、「仏印における日本の行動は、日本が極東における現状維持を約したその約束を破棄するものである」と警告し、日米親善の行路に障碍物を積むことを遺憾とした。

またワシントンにおいては、病気引き籠もり中のハルに代わって次官サムナー・ウェルズは日本大使と会見し、日本政府が従来屢々声明しまたは公約した政策が、日本の軍隊によってつぎつぎと蹂躙されて行く事実を列挙し、それは日本の国内においては軍閥の横暴で通るけれども、世界はこれを日本帝国の破約の罪として不問に付し得ない旨を力説し、とくに今回「仏印の完全占領にも等しい要求を、最後通牒を以て強い、これを容れなければただちに軍隊の侵入を行なうというのは、支那の侵略とともに、フランスの植民地を侵略するものであって、かかる行為がアメリカ政府当局の深刻なる不安と、アメリカ国民の激烈なる反感とを誘発することは避け得ないであろう」と通言した。

アメリカがいかにわが軍の北部仏印進駐を眺めていたかは、この強烈なる警告によって明らかであった。

わが軍部、とくにその強硬派は、アメリカの苦情などは抛っておけという態度であり、これにたいして海軍の方は十二分に神経を使い、アメリカの対日感情をこのうえ悪化させるごとき武力進駐には極力反対し、そのために大本営の混乱をまねいたのであったが、海軍は由来、内閣の倒壊を賭しても持論を争うというところまでは徹底し得ない伝統のために、結局は最後通牒・武力進駐の方針を呑んで、アメリカの対日戦備を急増の方向に進ませることになった。

それなら、北部仏印進駐は、日本の事変対策として成功したと言えるか。いな、好意的に評しても、一を得て二を失うものにほかならなかった。

5 〝大事を誤り〟軍の引責
参本首脳の入れ替えを断行す

北部仏印平和進駐の協定は、十五年九月二十二日の午後二時に成立した。決裂の場合に予定された武力進駐は不要となり、軍中央部は久しぶりで安堵した。ところが、現地指導者の手落ちから国境にあった第五師団は、決裂予定時間であった二十三日午前零時直前から進軍を開始し、随所でフランス兵と戦闘を交えつつ南下し、容易ならぬ事態を惹き起こしてしまった。両国の当局は懸命に連絡して幸いに一時的戦闘だけで終わったが、悪夢は長くのこった。第三国の領土内を、戦闘しながら進軍したことは、仮令一両日の出来事とはいえ、大本営が念慮し、参謀次長から幾度びか通達された平和的進駐の命に違背するものであって、現地軍が往々にして犯した統帥軽視の一例であり、しょせん誰かがその責を問われねばならぬ失態であった。

本来、北部仏印進駐は、一日を争うような緊急なる作戦ではなかったのだ。しかるに現地にあった陸軍の将校たちは、遅延を以て「国家の威信」を損うものとさけんだ。仏印ごときが抵抗するのは生意気千万、国軍の権威にかけて威圧即決すべしと力んでやまなかったのである。

その態度には現地の海軍も激しく反対した。くわうるに、海軍首脳部の方針は、平和的非挑発にあったから、現地の陸海軍は、進駐方法について珍しく不協調不一致を暴露した。その一つの結果として、九月二十六日に強行された西村部隊のハイフォン上陸は、海軍艦艇の掩護なしに丸裸で実行されるような不合理千万の形となった。かかる醜態の起こりは、陸軍側が上陸作戦の形態を実施しようとするのに対し、海軍は平和協定ができたのだから、船を桟橋に横着けにして上陸すべきだと主張した結果だ。両者は相譲らず、陸軍は憤然として強行上陸を発令実施し、海軍はまた憤然として護衛を解いて海南島に帰ってしまったのだ。明らかに喧嘩である。こんなことで海外作戦なぞは成功する道理はない。北部仏印進駐は、はじめからケチがつき通しであり、あたかも神が、わが南方侵略の野望に対して天譴を予告したごとき趣きがあった。

西村部隊（兵二千と戦車十二台）が裸上陸を完了したのは、二十六日の午前四時であった。将兵はまさに敵前上陸の立場に置かれた。その上、海軍の不協力に備えて陸軍が用意した航空隊の一分隊が、ハイフォンに威嚇爆撃を行なうにいたって、平和進駐は完全に落第点を取ってしまった。爆弾四個が市街に落ち、住民の死者十五名、重軽傷十八名を出して、内外の問題となった。

その日の木戸日記には、「大局を弁《わきま》えざる出先の処置は真に遺憾なり。大事を誤るは此の輩なり」と憤っているが、これは北部仏印進駐の全体について言い得ることであった。それらの責任を問うために、南支方面軍司令官安藤利吉中将は解職されて、後宮淳中将が新任され、また、三ヵ月にわたって現地交渉に骨を折った西原一策少将も馘となり、さらに、現地の作戦指導にあたった富永作戦部長（参本第一部長）は、九月二十五日に帰京した即日解職されて東部軍司令部付という閑職に追われ、同時に第一部の中堅であった岡田重一、荒尾興功、高月保の三人も、綱紀粛正の意味で、参謀本部から追放された。

参謀次長沢田茂自身もまた、部下の行動が、陛下への御約束にそむいた責任をとって参本を去り、閑院宮総長の勇退（十月三日付）と相前後して、参謀本部の中心人物は一変してしまった。陛下は、わが軍の仏印進駐を平和的に行なうよう命令され、沢田は命を奉じ、自分もまた信念を以てそう実行しようと努めたのが失敗に終わったので、自ら上海の戦地に転出したのであった。

閑院宮元帥の退任は、たまたま時期を同じくしたので、北部仏印問題の引責辞職と誤認されたが、じつは一年前のノモンハン失敗に関連する人事一新の当時から既定の方針として決定されており、ただその実現を華々しくする意味で対支和平工作の目鼻がついた機会ということに諒解されていたのだ。十五年十月、ちょうど汪兆銘政府の成立も見当がついたので、総長の勇退実現となったのである。それはとにかく、参謀本部は人事一変、大将杉山元が総長の後を継ぎ、参謀次長には中将塚田攻《おさむ》、第一部長には少将田中新一が代わった。

陸軍の総帥として宮殿下が去ったのに対し海軍の方も調子を合わせる方針であったが、急速に交迭の理由が見つからず、翌年になって伏見元帥宮の隠退が実現し、軍令部総長に大将永野修身、次長中将伊藤整一、第一部長少将福留繁という新陣営となった（この六人で太平洋戦争に赴いた）。

かえりみるに、中国からの自主的逐次撤兵方針（十五年三月決定）が、ドイツの大進撃にうながされて南進に急変し（同年七月決定）大急ぎで間に合わせのバスに飛び乗ったそのバスは、悪道路に動揺はなはだしく、やがてハンドルを切りまちがえて千仭の谷に落ちるのであるが、そもそものスタートには、すでに前述のような混乱目を掩う騒ぎがあったことを回顧するのである。

6 サーベル外交推進

タイ・仏印紛争に調停役

大東亜共栄圏の確立は、昭和十五年夏から、日本の国策として天下に宣言された。が、その当初は「大東亜」の範囲も決まっていなかった。広義に解する者は、豪州、ニュージーランド、インドを含め、中間はマレイ、蘭印、比島を含め、最低は、日満支と仏印、タイ、ビルマを領域と定めた。しかしながら現実はその最低を確保するのが容易ではなかったのだ。

仏印に対しては、威圧を加えながら、味方に抱き込む諸協定をとげたが、日本に親愛と信頼を寄せるにはほど遠く、不承不承その武威に屈していたに過ぎない。タイ国との間にも、十五年六月に友好和親条約を結んだけれども、国民投票を求めれば、親英が八割、親日は二割という程度であったろう。わずかに首相ピブンが新興日本に憧憬を有して日泰親善を説いていたが、裏面の大勢は反日であったと称してまちがいではなかった。駐在武官大佐田村浩は、この真相を陸軍省に正直に報告して東條以下を唖然たらしめたこともあった。

ところが、その仏印とタイとの間に、十五年十一月から国境紛争が勃発し、両軍は国境に集結して一触即発の形状を呈するにいたった。この機逸すべからず、日本が親分としてこの争いを収めれば、大東亜盟主の顔が立ち、役者が一枚上がるところである。日本は進んで

「調停」を両国に申し入れた。

しかるに十二月二十日、ついに双方から「お断わり」の返事がきた。自ら顔を潰したものである。思うに日本のやり口は、北部仏印進駐で散々見せつけられている。いわゆる、後が怖いので、敬遠にしくはないと考えた結果に相違ない。

軍部はもとより憤った。十二月二十五日、大本営陸海軍部はタイ・仏印の紛争を解決して国交を調整するために所要の威圧を加え、速やかにこれを強行する国策案を決定した。彼らに顔を潰されて隠忍自重するような弱腰の軍部であるはずがなかった。陸軍の主張は強行調停をとげ、その勢いを推進して、日仏共同防衛および日泰軍事同盟を期成すべしというのであった。あきらかにサーベル外交である。これに立ち塞がって制止したのが外相松岡洋右であった。松岡は軍人が外交に容喙し、往々にして指導的立場をさえ執ることをつとに憤っており、自分が外相となったら、断然これを制すると同時に、彼らを振り回してやると豪語していた。

前段はまことによかったが、後段には意外なる危険性をともなった。彼は持ち前の高飛車に出て得意の雄弁を以て相手を沈黙させる手法を常用したが、その具体的政策について、往往にして軍人を辟易させるような強烈な議論を吹ッかけた。たとえば十二月二十七日の大本営政府連絡懇談会の席上で、松岡は軍部の首脳に向かい、

「陸海軍は一体シンガポールを攻略する決意を持っているのか。肚の中にこの決意があるならば諸君の国策要請も筋が通っているが、この決意もないのに、日泰軍事同盟などは話にならんではないか」

と大上段にかまえ、杉山・塚田・永野・近藤の軍部代表はたがいに顔を見合わせて苦笑を交換するのみであった。シンガポール攻略というごとき対英米戦争の観念は、当時の軍部には完全になかった。軍はそれを無謀狂気の沙汰とさえ考えていた。その肚を知りながら、逆手をとって嵩に懸かるのは、松岡の得意の芸であったが、かかるハッタリも、浪人の政客が用いるなら笑い草であるが、外務大臣が用いると痛弊を後日にのこす場合が多い。

現に二週間前の十二月十二日の大本営政府連絡会議の席上でも、松岡は軍人たちをかえりみて、「諸君は北部仏印進駐で一応満足しているようだが、仏印の政情ははなはだ面白くないのだ。この際に南部仏印まで兵力を派する方がいいと信ずるかどうか。これが所要の威圧というものだろう」と述べて一同を煙にまいた。杉山や永野は、松岡の慣用弁舌として聞き流しても、それが中佐・少佐級に伝われば、自ら一つの勢いを成し、下剋上の府において、南方への急進論と化して行くのは必然であったろう。

いわんや大本営出向の若い将校たちには相当に頭の鋭いのがおり、今日の情勢で推移すれば、南部仏印の進駐も、タイ国内軍事基地の設定や駐兵も単に時日の問題でしかなかろう。そのときになって、サア明日から、と言われても間に合わない。すべからく準備は十分に進めておくがよい――という立場から急歩南進の計画を進めたのは事実であった。懸命に計画準備する間に、自らそれに陶酔し、その計画を活かして使って見たい気持になるのは人間の本能傾向である。

昭和十六年夏を迎えたころ、陸海軍の中堅層以下に、主戦論が滔々としてひろがって行ったのは、かかる戦略準備の先行が影響したという見方は十分に成立するのである。もとより松岡の弁論のみが禍したのでは決してない。根底には、独軍の春季大攻勢がいよいよ英国を征服する場合に処するため（攻勢がソ連に向かうとは露ほども知らなかった）、南方に軍事基地を準備しようとする軍部の要請が実在したことは言うまでもなかった。かくて一月三十日の南進具体案の策定となるのであった。

7　軍が自ら南進を限定
益なき日米戦争を避けるため

昭和十六年一月初旬、日本の軍艦がタイ国の沖合に姿を現わした。親善訪問は名のみであって、示威運動がその目的であった。一方に二見公使と田村武官とは、タイが日本の調停を快諾するのが「お為」であることを、相手に力説した。仏印に対しても同じ勧告が、凄味を帯びて反覆された。両国はついに日本の仲介を容れ、洋上の日本軍艦の上でまず停戦協定が成立し（一月三十一日）、進んで二月七日から東京において調停会議が開かれ、難航の後に三月十一日に至って協定が成立した。

それは「強制調停」であって、日本の真の目的は、両国をわが南進の拠点として膝下に押さえることであった。一月三十一日に決定された「対仏印及泰国施策要綱」なるものは、「大東亜共栄圏建設の途上において、帝国に当面する仏印および泰に対する施策の目的は、帝国の自存自衛のため、両者に対し軍事的に政治的に経済的に緊密不離の結合を設定するに在り」

と断じ、所要の威圧を加えて速やかに目的を達する旨を決定している。そうしてその地方に航空および艦船の基地設定と、軍隊の駐屯および行動上の便宜供与を要求する旨を明記し、両国をしていかなる場合にも米英に倚らしめることなく、完全に日本の指導下におく決意を述べている(万一の場合は武力を行使する準備をともなう)。そうして二月一日、近衛首相と杉山参謀総長と伏見軍令部総長宮とは列立して上奏し、右国策要綱に対する天皇陛下の御裁可を仰いだ。万一の場合には武力を行使しても、仏印とタイとをわが勢圏内に確保するという重大決意は、御允裁を経なければ決定し得ないものであった。

前記のように、松岡外相はシンガポールを口にしていたけれども、軍部はまだそこまでの野望を抱いてはいなかった。思うに、昭和十六年一月の現情においては、仏印とタイとに軍事拠点を持つと同時に、この両国から米、錫、ゴム、マンガンなどの重要物資を獲得することを以て「南進」の一応の段階とする心構えであった。その先に進んで、米英と摩擦を生ずることを回避するのが、陸海軍首脳部の一致した方針であった。

もちろん、陸軍の中堅層中には徹底南進論者が多く、仏印・タイで足踏みすることを、中途半端の拙策であると認め、軍部の大方針としては、マレイおよび蘭印にたいしても好機を捕えて武力を行使し、以て南方問題を根本的に解決するのが当然であると主張し、ひそかに「南方施策要綱」なるものを作成して懐ろにしていた。彼らは、わが国防力の血液である石油は、蘭印との外交交渉によっては確保する見込みなしと前提し、早晩武力威圧を以て強奪するほかに途なしとの見解に立って、武力南進の決意と準備とを促進すべしと主張してやまなかったのである。

軍務局長武藤章はそれを知って制止し、対英対蘭の武力行使は海軍を主体とするものである。陸軍は従たるものに過ぎない。その従たる陸軍が、主役者たる海軍に向かって武力南進計画を指示するごときは出過ぎた沙汰であると戒しめたのであった。が、熱を高くしていた大・中佐級の主戦派は、平静に退き下がるには時間がかかった。参謀本部の作戦指導班長有末大佐は、それを私案として海軍の仲間に提示し、主役者たる海軍の内意を質した。海軍の答えは簡単明瞭であった。それはただちに、「日米戦争である」というのであった。陸軍強硬論者の行く先はここで停まった。日米戦争は、彼らの手のつけられない遠隔広大なる戦場だからであった。

そこで陸軍は、戦備課を中心として、(イ)米英と戦争する場合と(ロ)絶対に戦争を回避する場合とにおける日本の物的国力の成り行きを研究し、三月二十五日に精細なる比較表をまとめ上げた。その結論は重要であった。曰く、

「日本は速やかに蘭印との交渉を促進して大東亜共栄圏の確立に努むると同時に、無益なる米英刺戟を避け、極力米英ブロックの資源により国力を培養しつつ、あらゆる事態に即応し得るよう準備を整うること肝要なり」

というものであった。

これ、アメリカとの戦争を回避すべしという重大なる示唆であって、大本営陸軍部も、この算数的基礎に拠って判断された合理的結論を承認し、「南方進出は米英との戦争に至らない限度において企図する」という方針に転向した。陸軍、人なきに非ず、海軍もまた、日米戦争は回避すべしとする定論であったから、ここに、陸海軍が屢々対立拮抗してきた暗い闘

争の影は一拭され、大本営は明るく「限定南進」の歩調に一致することとなった。まことにめでたい陽春の軍の歩趨であった。

陸軍は、前年七月、ドイツの西欧征服の機会に「バスに乗り遅れるな」と称して策定した南進計画――情勢の推移にともなう時局処理要綱――にしばし別れを告げ、その本来の使命たる北辺の守護すなわち対ソ軍備の拡充と、それから眼前の戦争目標すなわち日支事変の解決へと転向することになった。近衛内閣はもとよりそれに異議のあるはずはなく、軍部の転針に心の重荷を下ろし、時しも到来した「日米会談」の緒を、十本の指でつかむことになるのであった。このままで進めば、日米戦争のごときは起こそうと思っても起きなかったはずである。

第十章　日米交渉開始さる

1　民間人の橋渡し

井川・ドラウト・岩畔会談

日本の興廃を決定する日米交渉は、軍部とも政府とも関係なく、まったく民間の有志によって緒が作られた。それは昭和十五年十一月であって、日本の関係者は産業組合中央金庫の理事井川忠雄（元大蔵省の官吏で、長く米国に駐在した）、アメリカ側はカソリック教の伝道本山メリノール教会の総長ウォルシュおよび事務局長神父ドラウトの二人であった。メリノール教会は世界的規模のもので、米国ではもちろん最有力の宗教本山であり、両師の社会的地位は、大統領とも国務長官とも、友人として話のできる高さであり、とくに郵政長官ウォーカーとは親友の間柄であった。フランク・ウォーカーはルーズベルト大統領の選挙事務長であって、政界でも隠然たる勢力を有し、そして日米親善主義者であったから、両師の訪日に際し、日米の不和を氷解させる瀬踏みを示唆したことは（個人の資格において）、ほとんど確実である。井川も近衛首相とは親交があったから、この民間人の話し合いは、本来が有力なるチャンネルであったのだ。

ウォルシュ、ドラウト両師は、約一ヵ月の滞日中、松岡外相や武藤軍務局長、民間では池田成彬などの有力筋を訪問して、世界平和と人道の立場から日米は和解せねばならぬ所以を説き、日本の朝野に異論がなければ、帰国のうえ犬馬の労を惜しまないと告げた。この種和平の橋渡しについては、日本は中国でいくたびか流産を経験していたので、たいした期待をかけなかった。武藤章少将も、それを同僚の話題には供したが、陸軍として真面目に考えるまでには到らなかった。メリノールの名も初耳だし、僧侶の勢力を日本流に考えれば、それに国交上の基本的大問題を托するなぞは空想に近いと見たのも無理ではなかった。

ただ近衛首相は、この種のことに耳を傾ける性格を持ち、かつ井川を相当に信用していたので、他の人々よりは期待をかけ、なかんずく、下話ができたらルーズベルトと洋上会談を試みて一挙に支那問題をも解決する、という井川・ウォルシュ構想に心を惹かれたのであった。が、半分は疑問を持っていたので親しい同僚にもいっさい打ち明けずに成り行きを注視していた。井川にたいしては極力奔走を依頼し、諒解ができたら自分がハワイ（最初の予定地）に出かけて大統領と会見することを確約したが、そのことを、外交担当の松岡には片言も漏らさずに極秘に付し去った。

昭和十六年一月、駐米大使を引き受けて大任に赴く野村吉三郎に対しても右の裏面工作の件についてはいっさい打ち明けていない。ただ日米関係によりをもどして、日支事変の解決を急ぐための親善外交を要望したに過ぎない。野村は、ルーズベルトが海軍次官であったときに大使館付武官として駐米して知己があり、かつ人柄も立派であったから内外ともに適任と考えられた。野村は出発にあたり、東條陸相を訪うて、陸軍から支那事変に明るい人物を補佐官として欲しい旨を述べたので、東條は大いに賛成し、軍事課長の要職にあった岩畔《いわくろ》豪《ひで》雄《お》を割愛することにした。陸軍がアメリカとの親善を欲していた一つの証拠といって差し支えなかった。

野村は若杉公使らのブレーン・トラストをつれて、二月十一日の吉日にワシントンに着いた。スタッフとしては井口参事官（後に駐米大使）、奥村書記官（後に外務次官）などの錚々たる連中がいたが、ここまで悪化した日米関係を旧にもどすには、少なくとも一ヵ年の不断の努力を要するという見当をつけ、野村とともに大車輪の活動を誓い合う状態で、裏面に、井川・ウォルシュ・岩畔が直線コースを走る計画は知らなかった。岩畔大佐自身も、任命されて後に、井川から内情を聞いて勇躍これに赴いたのであった。

三月末日、井川は岩畔をともなってニューヨーク郊外にウォルシュ、ドラウトの両牧師を訪い、長い時間にわたって彼我の注文を語り合った。四月二日、岩畔・ドラウト・井川の三人は、華府のワードマン・パーク・ホテルに会合して終日、交渉原案を練り、ドラウトはこれをウォーカー郵政長官に手交してル大統領の手もとに提出してもらい、岩畔・井川はこれを大使館に持参して野村以下の検討に供した。野村は、若杉公使、磯田陸軍武官、横山海軍武官を招いて詳細に検討を加え、日本側として修正を要望するいくつかの個所を発見した。

アメリカ側においても、ルーズベルト、ハルの両巨頭がいくつかの注文個所をウォーカーに伝え、同氏からドラウトに移牒されて、新たに修正会談が三人の間で進められた（岩畔・ドラウト・井川）。それは相当に面倒なものであったが、互譲成立し、四月十五日に至って、有名なる「日米諒解案」なるものができあがったのである。

四月十六日、野村・ハルの裏梯子会見（野村がカールトン・ホテルのハルの部屋を、裏階段から上って秘密会見を行なったこと）が行なわれ、ハルはこれを民間私人間の話し合いから取り上げて、長官と大使の非公式階段に移して可なる旨を告げ、この外交上の大問題は意外に早くその緒についたのであった。

2　日米諒解案の骨子

太平洋に平和を保つ工夫

「日米諒解案」の全文は、本稿の二節分を要するほど浩瀚なもので省略のほかはないが、要点だけは摘記しておかねばならない。長い前文についで、諒解案は七ツの項目を掲げ、その各項について大体の諒解が成立したならば、ホノルル（ハワイ）において近衛・ルーズベルト会談を行ない、一挙に日米関係を親善の伝統に復帰しようとするものであった。七ツの項目とは、

一、両国の国際観念および国家観念
二、欧州戦争に対する両国政府の態度
三、支那事変に対する両国政府の関係
四、太平洋における海軍および航空兵力ならびに海運関係
五、両国の通商および金融関係
六、南西太平洋における両国の経済的活動

七、太平洋の政治安定に関する両国政府の方針

であって、その各項について両国の抱懐する政策方針を明記したものである。その中で最も重要なものは（二）、（三）、（七）の三項であった。（二）はおそらくは根本的に重要かつデリケートな条項で、諒解案作成者が最も苦心したこと歴然たるものがあり、そうして背後には両国政府のタブーとする国策が「触れざる地帯」として横たえられてあった。これは全文を掲げて説明する必要があろう。

「日本政府は、枢軸同盟の目的は防御的にして、現に欧州戦争に参入しおらざる国家に軍事的連衡関係の拡大することを防止するに在るものなることを闡明す。日本国政府はその現在の条約上の義務をまぬかれんとするごとき意思を有せず、もっとも枢軸同盟にもとづく軍事上の義務は、該同盟締約国独逸が、現に欧州戦争に参入しおらざる国により、積極的に攻撃せられたる場合にのみ発動するものなることを声明す。米国政府の欧州戦争に対する態度は、現在および将来において、一方の国を援助して他方を攻撃せんとするがごとき攻撃的同盟により支配せられざるべきことを闡明す。したがって（中略）その態度は、もっぱら自国の福祉と安全とを防御するの考慮によりてのみ決せられるべきものなることを声明す」

というものであった。文面ははなはだ微妙であり、捏ね廻せば壊れてしまうほど、極めて尖鋭なる神経を以てまとめ上げたことが判る。

米国の一番の狙いは、日本を三国同盟から離脱させることであり、日本の狙いは、アメリカを対独戦争に参加させないことにあった。ともに不可能を強ゆるに近い。といって、日本が自動的無条件に軍事同盟の義務に赴き、アメリカが英国を救うために参戦する場合、日本

がアメリカをただちに攻撃して「日米戦争」を惹起するごときは、日本にとって堪え得ないところであると同時に、アメリカにとっても容易ならぬ打撃である。ともに謀って極力避けようとするのは、政治家の当然の義務である。

ここにおいてか諒解案の（二）を作り上げて、日米の正面衝突を防止する道を発見しようとしたのだ。日独同盟ができてからアメリカ国民の対日感情はにわかに悪化し、政府もまたその政策を反日の方向に移しはじめ、蔣介石に対する援助は日毎に強化されて行った。「毅然たる態度のみが米国を制肘し得る」と反覆した松岡の判断は的をはずれたようである。わが国内には米国恐るるに足らずと傲語するいわゆる強硬論者もあったけれども、識者はことごとく日米関係の破綻を深憂した。岩畔大佐は、渡米前の一ヵ月に多くの有力者と意見を交換したが、その全部が日米の親交復活を希求してやまなかった旨をその手記に誌している。アメリカは、日本が何とかして三国同盟を空文に終わらせるような措置に出ずることを要望したが、日本がかかる不信を締約半歳を出でずして犯行することの不可能なるを諒解し、しからば同盟が防御的のものであり、ドイツが他から「積極的」に攻撃された場合以外は、自動的に参戦しないという意味を声明して一応のケリをつけようとした。そうして今後の交渉では、これ以上「三国同盟には触れない」ことを、関係者の間に諒解したのであった。

一方に、日本は、「日米協同して英独戦争を中止させること」を交渉の一大眼目として出発したが、アメリカはこれを絶対不可能事としてハッキリと拒否した。詳述のいとまはないが、要はヒットラーの侵略主義は世界平和と人道のために征伐すべきものであり、仲裁によって彼を断念させることは、ミュンヘン会議の二の舞であり、またかりに可能であるとしても、米国の意思および国策と一致しないと断ずるのであった。また、アメリカはいつなんどき、自衛権を行使するために起ち上がらざるを得ないかも知れないことを予想し（これは英国武力援助を意味する）、その行動の自由を束縛されるようないかなる協定をも事前に取り極めることはできぬという建て前を、暗々裡に、しかも力強く、表示していたのだ。

そこで、欧州戦争に対するアメリカの態度は、「自国の福祉と安全とを防衛するの考慮によってのみ決せられる」と声明して、積極的参戦の意図を有しない旨を明らかにすることでケリをつけた。一方は三国軍事同盟、他方は英国救援という超重大なる国策背景を有する両国として、このあたりで一応の諒解に達したとすれば、戦略外交上の一つの成功と評して差し支えないものであった。

3　陸軍は進んで受諾す

支那事変解決の好機到る

日本にとって、欧州戦争問題よりもはるかに重要な問題は、日支事変の早期解決の件であって、その諒解条項の（三）はつぎのとおりであった。

「米国大統領が左記条件を容認し、かつ日本政府がこれを保障したるときは、米国大統領はこれにより蔣政権に対して和平の勧告をなすべし。

（イ）支那の独立

（ロ）日支間に成立すべき協定にもとづく日本軍隊の支那領土からの撤退

（ハ）支那領土の非併合
（ニ）非賠償
（ホ）門戸開放方針の復活。ただしこれが解釈および適用に関しては将来日米間において協議す
（ヘ）蔣政権との汪政府との合流
（ト）支那領土への日本の大量または集団的移民の自制
（チ）満州国の承認

蔣政権において米国大統領の勧告に応じたるときは、日本政府は新たに統一樹立せらるべき支那政府または該政府を構成すべき分子と速やかに直接に和平交渉を開始す。日本国政府は、前記条件の範囲において、かつ善隣友好、防共合同防衛および経済提携の原則にもとづき具体的和平条件を直接支那側に提示すべし」

という明文であった。支那の主権および行政保全、非併合、非賠償、門戸開放、近衛三原則等々は、日本が過去および現在においてすでに声明ずみのものであり、実現は別に難しとする理由なく、支那領土からの撤兵は、共産党に対する共同防衛の建て前から問題にはなろうが、絶対障壁ではなく、そうして満州国の承認が確定し、そこで日支事変が終末を告げることになれば、日本は完全に救われると言っても言い過ぎではなかったろう。

さらに諒解案の（七）すなわち太平洋の政治的安定に関する両国の方針は三つの項目に分かたれてつぎのとおりの内容であった。

（イ）日米両国政府は、欧州諸国が、将来東亜および南西太平洋において、領土の割譲を

受け、または現在国家の併合等をなすことを容認せざるべし
（ロ）両国政府は、比島の独立を共同に保障し、これが挑発なくして第三国の攻撃を受くる場合の救援方法につき考慮するものとす
（ハ）米国および南西太平洋に対する日本移民は、友好的に考慮せられ、他国民と同等無差別の待遇を与えらるべし

一見あたかも日米両国が、東亜と南方との平和維持を目的として準同盟を結ぶような形であり、その機会に多年の懸案であった移民問題をも解決するというのだから、文句をつける点は一つもなかった。

以上、（二）（三）（七）の三項はいずれも「日米諒解案」の価値を示すに充分のものであるが、その他に、三ヵ月後にクローズアップされた（六）も紹介しておく必要があろう。この項は後に「南仏印進駐と対日資産凍結」の悲劇を誘発する条項とも言われるもので原文はつぎのとおりであった。

「日本の南西太平洋における発展は、武力に訴うることなく、平和的手段によるものなることの保障せられたるに鑑み、日本の欲する同方面における資源、たとえば石油・錫・ゴム・ニッケル等の物資の生産および獲得に関し、米国側の協力と支持とを得るものとす」

と明記されてある。これらの重要物資が、アメリカとの協力および支持によって獲得されるなら、日本は南方に一兵をも動かす必要はなかったはずである。

昭和十六年四月十八日、この案が日本政府および大本営に通報されたときは、全員例外なく、その事態の急進展に驚愕し、かつ歓びあった。人の歓ぶとき、変に冷淡を示す「つむじ

曲がり」は、この報を手にした政府および大本営の中には一人もいなかった。その夜ただちに連絡懇談会が首相官邸で催され、近衛から従来の経過を初めて打ち明け、それから自由討議が夜の更けるまで続けられた。多少の疑いはあるにしても、これは大成功であるからただちに受諾して外交交渉を開始すべしというのが全員の意見であった。この際一番問題になるのは、陸軍であったこと言うまでもない。支那からの全面撤兵や南方武力不行使の条項は、従来陸軍が歩んで来た道にストップを命ずるものだからであった。

が、陸軍は進んで「原則的受諾」を決定した。すなわち四月二十一日午前九時から、陸軍省と参謀本部の首脳者連合会議を開き、この機会に全問題を一挙に解決する大乗的方針で進むことを決議した。そうして同日午後、陸海軍の部局長合同会議を開き、(イ)三国同盟の精神に背馳しないこと、(ロ)支那事変処理に資すること、(ハ)わが総合国力の拡充に資すること等々の趣旨を含んで、積極的に交渉を進めることに意見が完全に一致した。幸運好機一時に到る。軍部も挙げてこれに同調した。が、不幸にも暗い一片の影は、松岡外相が、独伊訪問の帰途で不在であったことから投じられた。

4　千載の悔いは松岡の冷淡

対米回答を遅らせて機を逸す

前述のように陸軍と海軍の首脳合同会議は、日米諒解案の基礎において時局を収拾することに一決した。それは昭和十六年における最も明るい瞬間であったろう。言うまでもなく、軍部はすでに政治の根幹を成していたのだから、それが本案に乗って和平の道にもどろうとしたことは、日本を救う結果となるはずであった。

ここにおいて近衛内閣は、同日――四月二十一日――ただちに政府大本営連絡会議を開いて公式に態度を決定した。その結論は「日米諒解案の成立は、三国同盟の関係を多少冷却するの感あるも、これを忍んで交渉を進め、速やかに妥結を図るべし」というのであった。善はいそげ、ただちに野村大使に訓電して交渉を開かせるがいいという議論が大多数であったが、近衛は、留守中の松岡に遠慮し、一両日待てば外相も帰国し得るのだから、対米回答はその上のことにしたいと提議して異議なく散会した。

そのために、対米回答が三週間も遅れて、絶好の機会を逸する第一の原因となろうとは、当日何人も予見し得る者はなかった。

松岡は四月二十日大連に到着した。近衛は彼を国際電話に呼び出し、アメリカから国交調整に関する重要なる提案が来たから大至急帰京するようにと要望した。電話を切った松岡は側近に向かって、「俺がモスクワで工作した反応が早くも現われたのであろう」と得意満面で語った。モスクワ工作というのは、駐ソ米大使スタインハルトに対し、「ルーズベルト大統領は蔣介石に対し、正義にもとづく日支和平を結ぶよう勧告する一大外交を演出してもらいたい。貴官から取り次ぎを頼む」旨を、往復両回にわたって切言したことを指すのだ。

軍の特別機が仕立てられて、松岡は四月二十二日に立川飛行場に着いた。出迎えた近衛は松岡の機嫌を損じないように日米諒解案を耳に入れることを焦慮したが、勇気を欠いて機会を得ず、大橋外務次官をして帰途の自動車の中で説明させることにした。近衛は、前年十二月から始められたこの裏面工作を松岡に内証にして片言をも漏らしていなかった。他の閣僚にはとにかく、外交担当の松岡に秘し、それが現在大きな果実となって目の前に現われたのを、突然説明するのには、一寸した勇気と工夫とが要る。松岡は、そうしたことを絶対に歓ばない男だからである。

果たせるかな、車中大橋次官の説明が、本案の起因は、井川・岩畔・ドラウトの線にあったことにおよぶと、松岡は面容を一変してあきらかに不快不満の態度を現わし、それまでの熱心な質問を打ち切って、話を他に転じてしまった。誰でも、自分の大切な仕事を無断で他人に運営されて歓ぶ者はないが、それは程度の問題であって、事が成功であるならば、まず堪忍してその線を完成に導くのが大臣の度量であろう。松岡の性格感情はそれを許さなかった。果然その夜の政府大本営連絡会議は、大荒れに荒れてしまった。松岡が大任を果たして帰ったことは疑うべからざる事実であった。その任務の関する限り、彼は大成功をとげて、凱旋将軍を東にして部門に入るの趣きがあった。その出発の日(三月十二日)、東京駅頭を埋めつくした稀有の大歓迎に十二分に応え得るものであった。日ソ間に、五ヵ年期間の中立条約を結び得た一事でも、彼の訪欧は、外交家の勲功第一級と讃えて過賞ではなかったであろう。

ただ彼の胸中の痛恨事は、日米諒解案が、自分のモスクワにおけるスタインハルト工作に発したものではなく、岩畔や井川というようなズブの素人が作り上げたものであることをその凱旋の日に耳にしたことだ。彼は煮湯を飲まされたように感じて激怒した。それでなくとも、松岡は、日米国交調整に関して一つの夢を描いていた。アメリカをして日本の大東亜盟主の地位を承認させる外交は、単独日本では弱すぎる、ドイツと結んで力を二倍にしてあたる必要がある。いまその基礎が確立され、ソ連との国交も調整されたうえは、こんどは日米問題だ。一呼吸した後、自分からアメリカに渡り、日米親善と日支事変解決を一挙に期成し、進んで欧州戦争仲裁の大業をとげてみようと志していたのだ。

屢々外界の同僚に対し、「わが輩は今や世界の外交を改造しつつある」と豪語していたのはそのころの松岡の心境であったのだ。理想は高きを以て良しとすれば、それは彼の非凡を語るものであったろう。問題は、已れと日本との実力がそれを許したかどうかの一点であった。

が、とにかくもかかる抱負をもって帰朝したその日に、自分から見れば外交の小学生にも等しい連中の作った案を、交渉の基礎にしようと言われては（たとえそれが米国の提案であるにしても）腹の虫が治まらないのは当然であったかも知れない。ただ、治まらぬだけでなしに、暴れてしまったのは、日本のために残念至極なことであった。

5　松岡修正案ようやく成る
日米諒解案の原案を壊す

その夜の連絡会議は、近衛、平沼、松岡、東條、及川の諸大臣と陸軍から杉山、塚田、武藤、海軍から永野、近藤、岡と、全部顔をそろえ、松岡のために杯をあげて報告を聞いた後、日米諒解案を基礎として商議を開始する訓令を、松岡外相の名で野村宛に発電する計画であった。

ところが松岡の報告は滔々としていつ果つべしとも思われなかった。人はことごとく、日米問題を心に抱いて、しびれを切らしてしまった。東條と及川がこもごも遮って、ときに日米諒解案に対する外相の所見いかん、と道をつけた。

すると松岡は、「諸君は非常に気乗りがしているようだが、専門家の眼から見れば、本案はちょっと見たところでも、アメリカの悪意七分、善意三分からできているようだ。想い起こす第一次大戦当時、アメリカは石井・ランシング協定を結んで太平洋方面を安定させた上で欧州に参戦し、戦争が終わるとこの協定を破棄したという前科を持っている。今回も眉に唾して仔細に検討せねばならぬ。少なくとも二週間、できれば二ヵ月の研究期間が欲しい。加うるに、日米条約を結ぶにあたっては、ドイツの諒解を経るのが国際信義の常道であって、そう簡単に交渉に乗り出すわけにはまいらぬ。まあ今夜は疲れているから一足お先に失礼」――といってサッサと帰ってしまった。

一同は呆ッ気にとられて、しばし無言で顔を見合わせた。時間はすでに十一時を過ぎていた。平沼内相まず口を開き、外相の意見にかかわらず、本交渉は速やかに開始する必要がある旨を述べ、全員がそれに賛成した。とくに及川海相は、日本の運命に関する重大交渉について、ドイツの諒解を取りつける必要はなかろうと発言し、各員またそれを承認し、とにかく、外相に至急交渉方を促すことに満場一致した。

松岡はちょうど十対一であったが、その一が梃子でも動かぬという頑強さを示した。陸海軍の首脳中には反松岡の空気がしだいに高まり、外相更迭論が一部で唱えられたが、松岡は病気静養と称して自宅に引き籠もり、軍部を焦慮させた。陸軍は、前にも述べたように、一日も早く支那事変を打ち切り、南進もイイ加減に切り上げて北辺の守護という本然の姿に帰ろうとする正道復帰の途上にあり、海軍は日米戦争回避が大眼目であったから、両者歩調をあわせて日米国交改善の方向に直進しようとしたのだ。対内的にも、それは日本の慶事であった。

軍務局長武藤章は松岡の自宅を四回も訪れた。海軍軍務局長岡敬純もほとんど同じくらい訪問している。話題として、日米諒解案に対する軍の修正希望個所を説明したが、主たる目的は、松岡の心を和らげて、速やかにアメリカに返事を出すことを要望するにあった。

饒舌《しゃべ》り出した松岡の口を制することは奔馬を止めるよりも難しいとされていた。本多熊太郎（中華民国駐在大使）と松岡洋右が出会ったら、先に口を切った方が一日中饒舌る、と定評されていた一対の雄弁家に対しては、武藤も歯が立たなかった。

ある日、岡と武藤が同道で訪ねると松岡は昂然として、「君たちはどうして南部仏印に進駐しないのか。あのマラッカ半島の懸橋を占めずに南進なぞを論ずるのは滑稽である。意気地を出して早くやり給え」と言い放った。日米国交改善を頼みに入った軍部代表に、このような逆襲爆弾を投ずる松岡外相であった——。

南部仏印進駐が日米戦争の最大原因であったことは後に明らかとなるが、武藤や岡はかかる「勢い」の赴くのをおそれて、速やかに南進を打ち切ろうとしていたのだ。北部仏印進駐は対重慶作戦の一環としての軍事的理由があったにかかわらず、あくまでも平和進駐を意図して人事の大異動を見たほどに混乱したのだ。南部仏印進駐は軍部の常識派が大禁物としたところであるのを、松岡は平然としてハッパをかけたのである。その意図は、軍部は日米外交なぞを心配せずに俺に一任し、シンガポール攻略の下準備の方を心配する方が役柄ではないかと、逆手を取ったものである。

松岡が自分の修正案を持って現われたのは五月三日であった。それは第二項において、日支和平条件の公表を差し控えること、第三項において、三国同盟の義務をハッキリさせること、および日米共同して英独戦争を調停する条項を加えること、第六項において、日本は武力南進せぬという確言を削除すること、結論において、日米首脳会談に関する取り極めを削除すること等々で、原案よりもはるかに非協調的なものであった。

連絡会議ではこれを強すぎると主張するものがあったが、結局外相一任となり、とにかく即刻これを米国に通達すべしという全員の意見に対しても、松岡は、その前に試みに「日米中立条約」の提案をなすことを主張して譲らず、かつ修正案の前に中間回答として、外相からハル長官宛のオーラル・ステートメント（口頭声明）を発することを提言し、「万事わが輩の外交手腕を信頼して見ていてもらいたい」と一同を煙に巻いて散会した。

6　外相更迭を御示唆
天皇は松岡の奏上に驚かる

松岡外相のハル長官宛の口頭声明と中立条約に関する訓電が、野村大使のもとに届いたのは五月七日であった。日本が日米諒解案を受け取ってから二十一日目である。野村は即刻ハルをその私邸に訪ねて、松岡のオーラル・ステートメントを読み上げかつ中立条約についての私見を述べた。

その松岡声明には、(イ) 独伊の首脳者は勝敗の大勢すでに定まったとして自信満々であること、(ロ) 米国の参戦は、戦争の長期化と文明の没落をもたらすこと、(ハ) 日本はつねに独伊との軍事同盟に忠実であることなどを強調したもので、アメリカから見れば一種の脅かしに聞こえる松岡流の陳述であった。中立条約は、野村の即席の思いつきとして簡単明瞭な骨組みを提示せよという指令であった。

日米諒解案に対する日本政府の回答を一日千秋の思いで待っていたハル長官は、中立条約案や、松岡のステートメントにはほとんど興味を感じないようであったが、ただ「ヒットラーが七ツの海を征服するようになっては文明の没落である。米国は自国の権益を自衛するためには、十年でも二十年でも抵抗して退かない決心である」と一言して、軽く松岡の陳述に応酬した後、

「米国はいまや速やかなる行動を必要とするのであって、手遅れになってはならない。私の同僚はそろって私に敏速なる交渉の進行を勧告している。ツー・レートにならない間に早く交渉を開始したいものである」

と言い、ツー・レートの話を繰り返し力強く述べた。

後にだんだん判ったことだが、米国は独ソ戦争の切迫していることを確実にキャッチしており、その以前でなければ日米交渉は魅力を半減することを憂えていたのである。ハルは戦後の両院合同調査会で、日米交渉は十に一つの見込みもなかったようだが、太平洋平和のた

めに藁をもつかみたい心に駆られたのと、軍部が時を稼ぎたかったために、交渉を進めたのであったと陳述している。戦後の陳述はどこまで割り引いてしかるべきか、人によっていちじるしく異なるけれども、ハルの人柄は大してウソは言わないであろう。ただ、重点の置き場所は時代とともに変わるであろうし、少なくとも、昭和十六年四月下旬から六月中旬にかけて、彼が真剣熱烈に日米国交の調整交渉を希求していたことは、その当時の陳述にも、また交渉にあたった野村の印象記にも、ハッキリと記録されている。

この期間はいわゆる外交上のサイコロジカル・モーメントであった。アメリカもある程度の譲歩をしても、太平洋平和の基本条約に期待をかけ、少々の無理をしても日米国交の調整に応じたはずであった。その重要なる期間を、松岡はタイム・アップにしてしまったのである。

もう一つの問題は、この交渉について独伊の諒解を求めるかどうかであったが、五月三日の連絡会議において、及川海相は、その必要なしと再説し、東條陸相も、適当の時期に通告するだけで十分であると主張し、杉山も永野もそれに賛成したが、松岡は、「そういうことは外相の手腕に信頼せよ」と喝破して会を閉じた。翌四日、松岡は伊勢神宮に帰朝奉告というので関西に旅立ち、その留守に、坂本欧亜局長に命じて、日米諒解案、中間回答、修正案、中立条約提案の全部を独伊の駐日大使に「絶対機密」として通告させ、さらに六日には独大使オットを招いてリッベントロップ外相に意見があったら承りたい旨を述べている。

これによって見れば、松岡は、政府大本営首脳の全員を相手として一人で反抗しているのだ。独大使オットが、リ外相にあてた五月六日発の報告中には、「松岡は、その期間を利用して、この種の政策を断然排撃するであろう陸海軍の青年将校たちをめざして働きかけた云伝」という驚くべき一項がある。「その期間」というのは、松岡が十日余り自宅に静養していた期間であって、彼が「日米諒解案」を御破算にしようと企図した一面を語るように見える。

さらに松岡は五月八日、天皇陛下に拝謁して、当面の外交問題に関する所信を奏上し、日米国交親善にはあまり期待をかけられぬ次第を言外に表現した。その説明中にはつぎの諸項があった。

（イ）米国が参戦すれば日本はシンガポールを攻略せねばならない。

（ロ）もし独ソ戦争となれば日本は独逸側に立って戦い、イルクツク辺りまで進撃せねばならない。

（ハ）米国問題に専念して独伊に対する信義にもとるようなことは絶対にできない。米国の参戦と同時に、日米国交は破れるものと覚悟せねばならない。

天皇陛下はこれを聞かれて痛く軫念され、すぐに木戸内府を召して、右松岡の諸説を近衛首相に通じて善処するよう申し伝えることを命じられ、この際「外務大臣を取り替えてはどうか」とまで仰せられた。日米国交の調整に多大の希望をかけられていた陛下が、松岡の奏上にいかに衝撃を感じられたかが判る。

その夜、近衛は東條と及川を荻窪の私邸に招いて、対松岡策を密議した。軍部代表は松岡を罷免して「気の狂っていない外相を求めたい」とまで極言したが、近衛は断を下すに至らなかった。

7　米は独ソ開戦を予見
行き詰まりの野村・ハル会談

東條陸相が松岡を気違いあつかいに非難するのには理由があった。五月八日の会議においても、東條は松岡に対して、なにゆえに外相は修正案を野村大使に訓電せずに保留しているのか、交渉開始の一刻も速やかなることをわれわれ全部が熱望しているのに、すでに五昼夜も遅延しているではないか、と質したのに対し、松岡は「リッベントロップから修正意見が来ればまた修正せねばならン。もう少し落ちついて待ち給え。きのうも外務次官から催促があったが、外交の太刀討ちについては御前らは黙っておれ、と言うておいた。第一、アメリカの哨戒や護送はまさに参戦に等しく、ヒットラーはあるいは起つかも知れん。そうなれば日米諒解なぞは一日で吹ッ飛んでしまうではないか」という返事だ。さらに語を継いで、「そうなっても困るから、アメリカをして参戦せしめず、またアメリカをして支那から手を引かせるというのが、目下わが輩が考案中の外交なのだ。マア急がずに見ておってくれ」と、ハンケチを出して口をふいた。これには東條も手のつけようがない。その朝、東條は陸軍大臣あての岩畔大佐のワシントン報告を見て来たばかりだが、その一項に「ルーズベルトもハルも、松岡外相を全く信用していない」と書いてあるのを想い出して、さもあらんと心の底で苦笑するほかはなかった。

まもなく、ルーズベルトが五月十四日に炉辺閑談を行なうので、修正案はその前に送り届ける必要を感じたので、十二日にようやく野村大使に訓電された。日米諒解案がワシントンから発電されてから実に三週間以上を経過していた。ハル長官はこれを見て、最も関心を払っている日支和平に関する第二項と、日本の南方発展に関する第六項とが硬化されていることにまず失望した。第二項では「和平条件を列記公表しないこと」に改まり、第六項では「武力に訴えることなく」の約定が削除されていた。

ハルは、「南進に関する保障はなにもないようなものだ」と独語しながら一応目を通した後、ゆっくり検討しようと言って野村と別れた。こんどはアメリカの方が再修正案を提示しないで日本が焦慮する番にまわった。

一方に日本では、野村に訓電した直後に（五月十二日夜）、ドイツから注文の電報が来た。それには、アメリカが哨戒および護送のごとき参戦行為を続ければ日本は参戦のほかなきに至る旨を通告し、それを中止した後に日米交渉に応ずる意思を表明されたいと書いてあった。随分勝手な注文のようだが、意見を承りたいと聞かれればそう答えるのが普通だろう。そこで松岡は、翌十三日、独断でハルにメッセージを送り、「日本が日米会談に応ずるのは、米国が参戦しないことおよび蔣介石に対日和平開始を勧告することの二条件を前提とする」旨を通告した。アメリカが、松岡を親独反英米の巨魁と認め、これを相手に親善外交を進めることに多大の疑念を持ったことは当然であったろう。

五月二十三日にも、松岡は近衛をとくに訪問して日本軍部の弱腰を責め、軍部が独伊に不義理をしても日米諒解を成立させたいと考えていることを非難した。そうして、その成立に盲目のように進んでいる野村大使を攻撃し、さんざんに近衛をてこずらせた。それは、ドイツ政府から「当方に相談せずに日米会談を始めたのは遺憾である」という電報を受け取ってから間もなくであった。どうも松岡の言動は、日本の外務大臣としての常識外に逸脱し、天才が頭脳の一部を侵された場合の症状を呈していた。

その後、野村・ハル会談は何回も繰り返されたが、各項目について意見の交換が行なわれるだけで、逐条的に話をまとめて行く方向には進まなかった。たとえばハルが、「援英は米国の自衛手段である」と提議すれば、野村はそれが自衛の領域を超えていると反駁し、その議論だけで何回も会談を消費するといった具合であった。

五月二十七日にいたって、アメリカは「無制限国家非常時宣言」を発表して援英の態度をいよいよ明瞭にし、かつナチスの侵略が世界の各方面に波及する場合に処するアメリカ国民の自覚と決意とを促した。米国の船団は英国向けの武器弾薬を満載し、米国の軍艦はこれを護送し、ドイツ潜水艦の攻撃を受けた場合にはただちに応戦撃沈する態度にでた。ドイツよ来たれ、いつでも御相手仕らん、という態度であって、国際法の定説を超越して宣戦を準備するに等しい行動にでた。が、ヒットラーは唇を噛んで我慢した。第一次世界大戦は、もしもアメリカの参戦がなかったら、ドイツは勝てないまでも、ドローン・ゲームには漕ぎつけ得たであろう。

アメリカの参戦が、その物量を以てドイツを圧倒し去ったのである。この苦い経験を忘れてはならぬ。アメリカが打ち出すまで我慢することに固く決心して、その前に英の屈服と、ソ連の打倒とを急いだのであった。

五月に入って、ドイツ軍の独ソ国境集中はいよいよ完了に近く、ソ連軍もまた対勢を整えつつあって、開戦は旬日に迫っていることを、アメリカは確実に判断した。独ソ戦争はアメリカの立場をいちじるしく有利にする。日本に対する関心は二の次にならざるを得ない。日米交渉を、今までのように焦慮する必要は消えて行くのが自然であった。それが、ハルの警告した「ツー・レート」であった。

8　ハル長官の松岡攻撃

松岡独り憤るも閣僚は冷淡

アメリカの修正案が来たのは六月二十一日であった。松岡が返答を遅らせて先方を焦慮させた復讐の意味ではなかったろうが、とにかく、日本の第一次修正案受領後三十六日を過ぎていた（もっとも中間回答は五月三十一日にあったが）。

それは、日米諒解案の原案よりも、日本に要求するところが多く、自ら譲る方が少なく、いわゆる硬化したものであったが、もとより相談にならぬような乱暴なものではなく、商議の基礎には利用し得ることもちろんであった。ただこれに付随したハル長官のオーラル・ステートメントは、松岡をして怒髪冠を衝かしめるに十分なるものであった。

ハルのステートメントの内容は、「野村大使ならびにその同僚（注、岩畔と井川を指す）の真摯熱誠なる態度には十分の敬意を表し、この種の人物とともに、太平洋平和の確立を議することはアメリカ当局者のつねに欣快とするところであるが、しかるに日本の国策を指導しつつある代表者の中には、独伊に対してあまりにも深くコンミットして動きの取れぬ者があり、あるいは太平洋平和の崇高なる目的を達しようとする日米会談が失敗に帰することを願っているのではないかと推定されるごときは遺憾至極である。かかる状態においては、アメリカは、日本が平和的進路を希求する証拠として、現在までになされたるところよりも一層明白なる何らかの指示を期待せざるを得ない云々」というのであった。

これ暗に、外相松岡洋右の退陣を要望するものである。松岡が外政を主宰する限り、日米会談の成立する見込みはないではないか、という意味がハッキリと出ている。松岡が嚇怒するのは当然であるが、その度合いは、それを宥めようと試みた何人にも手の施しようのない強烈なものであった。

松岡はこれを目して、一国が他の独立国の内政に干渉する最悪の例であり、日本は二千年の歴史において初めてかかる侮辱を受けたと叫び、閣僚や軍首脳に対して対米敵愾心を振い起こさせようと努めた。が、近衛以下陸海両相も、大本営幹部も、つとに松岡に愛想をつかしていたので、肚の中では当然視してあえて同調しなかった。そうして、オーラル・ステートメントはとにかく、修正案に対しては、日本として速やかに第二次修正案を決定返答し、野村・ハル会談を進行させようというのが全員の意見であった。

七月四日、近衛首相は、病気引き籠もり中の松岡外相に書翰を送り、日米交渉速行の要をつぎのように述べた。これは東條陸相と及川海相との三者密議による条件であった。すなわち、

一、北方問題が解決するまでは南方武力行使を差し控えて日米国交調整に専念す

一、米ソを同時に敵とすることは不可能なり。ゆえに仏印進駐のごときもできればこれを

中止するを可とす
一、米国と国交調整の結果はドイツを満足せしめ得ず、したがって日独の感情に一時は暗流を生ずるを保し難きも、それは已むを得ざるものとす
一、日米国交を調整して海外物資を獲得し、米ソ接近を遮断し、日支和平を促進するは第一の急務なり
一、本国策は輔弼の重責を荷う者の最高の義務なり。多少の譲歩をなすとも、交渉の成立を期せざるを得ず

と訴えたのであった。

が、松岡の三国同盟一本槍と対米反感とは、この首相の常識的主張や懇請を素直に受けつけることができなかった。

七月十日になって、ようやくハル提案を審議する政府大本営連絡会議が開催された。松岡は、とくに本案を詳細に検討した顧問斎藤良衛を帯同して、アメリカ案の不可なる所以を逐次説明させた後、自らハルのステートメントに言及し、「これは乱暴も極まるもので、対等の外交を行なう場合には未曾有のことである。野村大使がかかる無礼千万のものをそのままで取り次ぐごときも不届き千万である。ましてステートメントには『大使および同僚等の努力にかかわらず云々』とあるが、同僚とは誰か。国家の外交機密は外相から大使、大使から国務長官へと直結さるべきに、他の複数人物が関係しているのは不届きであると野村に詰問した。大体米国は日本を属国視している。こちらが弱いからつけ上がるのだ。諸君シッカリせよ」と卓を叩き、さらに語を続け、

「元来、外国のお世話になって講和をしたいと考えること自体が不愉快である。俗に言えば、支那事変を持てあまし、自分の理想を忘れ、花より団子という考えを抱くのは大間違いで誠に不快千万である」

と、軍人の方を見まわして啖呵を切った。松岡の勇気は尊敬に値したが、国策上の智慧はドイツに偏向して全員の容るるところとならなかった。十二日の会議もまた同じように流れようとした。

その席では、東條陸相が、交渉続行論を反覆し、及川海相がこれを支持し、杉山参謀総長もまた、米国との交渉打ち切りのごときは、軍として不賛成である旨を力説し、松岡の再考を促したが、松岡は、一つ一つこれを反駁して雄弁容易に屈しなかった。

9　松岡を追い出す総辞職

みなこれ日米交渉を成立させたい一念

軍部が支那事変を持てあましてしまったことは、松岡の皮肉を聞くまでもなく明白疑う余地はなかった。徹底的撃砕とか、戦意覆滅とか、勇ましく繰り返された何十回の声明は、ことごとく大言壮語の羅列に過ぎないことが立証され、十六個師団の大軍は支那大陸の泥沼の中に空しく立ち往生の姿となっていた。そこへ未曾有の世界変局が殺到し、日本は支那から足を洗わないかぎり適切な対策を進めることができなくなった。

足を洗うには総退却が一番ハッキリしているが、これは国の名誉と軍の面目が許さない。

そこで唯一の途は、支那の最大のパトロンである米国をして仲介の役を買わしめるほかはない。ルーズベルトの勧告があれば、蔣介石はしたがうに決まっているのだ。いまや権威ばかりを言っている時ではない。

頬冠りをしても、ル大統領の斡旋をまたねばならない。すなわち多少の譲歩をしても、日米会談を成立させねばならない。東條陸相と武藤軍務局長が、大車輪になって日米交渉の促進に奔走した所以である。

九月十二日の政府大本営連絡会議は松岡外相の暴風のしずまるのを待って続行され、軍部代表は（イ）欧州戦争に対しては条約上の義務と自衛の見地から態度を決めること、（ロ）米大統領は日支和平を斡旋するも、和平条件は提示しないこと、（ハ）太平洋領域において必要已むを得ない場合には武力を行使する場合があることの三条件を留保し、他は最終的アメリカ案にて差し支えないという意見を提示した。そこで武藤、岡の陸海軍両局長、外務省の高崎アメリカ局長、斎藤顧問が協議の末、日本の最終案なるものをまとめ上げた。問題は松岡がそれを容れるかどうかであった。

ところが松岡はその夜から病気で引き籠もり、この最終案は治ってから検討するということになった。陸軍代表は強い疑惑と焦慮とを以て松岡の病気を監視した。しかるにその間に松岡は二回までもオット独大使を引見して長時間談合したことが判ったので、軍部の激昂は爆発点に達した。十四日に松岡はようやく同案に目を通して修正を加え、ここに日本としての最終案が確定された。

それが確定した上は即刻ワシントンに訓電されるものと思いきや、松岡は、まず自分のオーラル・ステートメントを訓電し、それから二、三日おいて最終案を送ることを主張し、近衛との間に一論争を惹き起こしたが、論争となれば松岡の勝ちに決まっているから、結局オーラル・ステートメントだけが、十四日、夜十一時に発電された。それは、「ハル長官のステートメントは非礼かつ不都合なる文書であるから、米国政府がこれを撤回しない限り、日本政府は日米諒解案の審議を進めることはできない」という極めて挑戦的な文書であった。

近衛および軍部代表は、この松岡ステートメントだけを送ることは、交渉の打ち切りを示唆するに等しく、いたずらに感情を害して爾後の交渉を悪化するのみだから、少なくとも、最終案を同時に送って商議を進めるよう力説したのであったが、松岡は断乎として服せず、その挑戦状だけを訓電してしまった。政府大本営会議の構成員はことごとく失望し、あるいは憤慨した。ところが、それだけではない、翌十五日朝、松岡は日本の最終案を、アメリカに送る前に、ドイツに内報（坂本局長をしてドイツ大使に手交させた）してしまったのである。

ここに至っては万事もはや終わりである。軍部と抗争する松岡の勇気を買って我慢を重ねてきた近衛もついにサジを投げてしまった。

平沼、東條、及川の三相を招いて謀ったところ、三者一斉に外相の罷免を主張し、ただし松岡だけを罷めさせることは、恐るべき反響を惹起する危険があるので、総辞職をして外相の入れ替えを策する方針に一決し、七月十六日午後六時、緊急閣議を開いて辞表を取りまとめた。けだし、松岡一人の罷免は、ハルのステートメントが松岡を葬ったという宣伝に利用され、アメリカの内政干渉と喧伝されて国内を騒がせ、また国交をさらに悪化するのおそれが十二分に想像されたからであった。

松岡は病気で総辞職決行の閣議には欠席していたので、富田書記官長が辞表を受け取りに行った。松岡は事の意外なるに驚き、大いに不満の意を表したが致し方なく、角の生えた麒麟児は、多難なる外交界を後にして快々として去って行った。松岡はたしかに一個の人材であった。彼は、全盛を極めつつあった軍部を向こうにまわして一歩も退かなかった勇気の点においても、当時の日本政界には無類の存在であった。不幸にして自信過剰、演出過多、そして親独に偏向して日米諒解の好機を葬ったところに、日本を敗国に導く一大失政を残した。松岡だけの責任ではもちろんないが、彼がその大きい一半を荷ったことは争われないようである。

近衛の第三次内閣は、七月十八日に成立した。問題の外務大臣には、海軍大将豊田貞次郎が就任した。が、外相が変わっただけで、日米間に深まりつつあった溝の架橋はできるであろうか。

第十一章　噫々南部仏印進駐

1　日米戦争の最大原因

南部仏印進駐は軽率な武断

日米諒解を希求しつつあった軍部は、それと完全に矛盾する政策を、南方においておかした。南部仏印進駐がそれであって、国策の分裂これよりはなはだしきはなかった。

南部仏印進駐は、日米戦争の最大の原因であって、その進駐の二日後に、アメリカは断然これに抗議し、日本の在米資産を凍結し（七月二十六日）、さらに八月一日には、日本への石油の輸出禁止を強行した。七月二十六日には英国もオランダも米国と一律に対日資産凍結を実施したので、ここにA・B・C・D包囲陣なるものは、現実に完成されることになったのである。石油を得られないならば、日本の大海軍は、絵に描いた海軍と化するであろうし、大陸軍もまた、裸の兵隊に堕ちるであろう。武力を以て蘭印の石油を奪わない限り、わが国防は立ち往生となり、相手の言うがままに屈するのほかはない。死中に活を求める一戦が日米戦争となったのである。

それほどの重大なる南部仏印進駐を、日本は何故にあえてしたのであろうか。いな、進駐せざるを得ない理由が何処にあったのか。そもそも日米諒解案の原文（四月十八日）には、「南方発展は武力に訴うることなく云々」の文句が明記されており、軍部も別に疑義をはさまずにそれを応諾したではないか。修正案において、松岡はこれを不要として削除し、たんに「平和的に推進する決意なるにかんがみ云々」と訂正したが、ようするに、日米諒解ができれば、南方の石油、ゴム、錫などの重要物資確保に、米国の協力が約束されていたのだ。軍はこれで結構と考えて、日米諒解案に非常なる熱意を示していたのであった。もちろん、支那事変解決が重点ではあったが、南方から資源の供給を受ける保証も、日米会談の重要なる一項として渇望していたのだ。

（注）A・B・C・D包囲陣のAはアメリカ、Bは英国、Cは支那、Dはオランダの国名頭文字で、日本国民の敵愾心をそそる警句であった。

しかるにその希望を自ら抹殺する武力南進を実行したのは、思想の不統一、頭脳の混乱ということでは説明ができない。一に、軍閥の赴く政策が、自分の得意芸である「武力」の方向に自動的に傾いていく自然現象が、ほかの原因に刺戟されて反省なしに発動された結果と見るほかはなかろう。

「他の原因」は、確かにそこにあった。仏印やオランダの非協力的態度がそれであった。仏印は五月に結ばれた経済協定によって、一ヵ月十万トンの米を日本に輸出することになっていたのを、六月には五万トンに減量を申し出で、日本がそれを諾すると、七、八両月分の輸出量をも半減を交渉してきた。ほかの貿易品においても非協力的態度は同様であり、とくに錫とマンガンの戦略物資について、五割ないし三割の減量を申し出てきた。

蘭印における経済交渉もまた停頓半歳におよんでなお光明を見なかった。前述のとおり十五年十二月にいったん引き揚げた芳沢特使は、昭和十六年一月二日から再度蘭印にわたって粘着外交のお家芸を揮ったが、蘭印は石油、ゴム、錫などの戦略物資に関する日本の所要量輸出に応ぜず、それらをできるだけ少量に査定する心組みで談判をつづけ、さすがの芳沢も精根つきる状態となった。ここにおいて松岡外相は、五月二十二日の連絡会議において芳沢特使の引き上げを提議し、軍部代表が心配するのを受け付けず、六月十一日にいたってこれを決行した。このように、日本の自衛自存のための南方輸入路線は、目に見えて細りゆく実情であった。

南方の事情がかくのごとく悪化の方向に傾いていったので、軍部は、いったん決定して棚上げしておいた「対南方施策要綱」を引き出して、国策としての廟議決定を急ぎはじめた。昭和十六年六月の交においては、軍部は米英と一戦を交えるまでの決意はもちろん持っていなかった。だから、蘭印の不誠を責めるために強硬に出て、その結果米英を起たせるごとき大事を招くことを警戒し、松岡外相から弱腰呼ばわりをされてもあえて我慢をして、南方武力進出を口にしなかった。ただ事態が前記のとおりであったから、少なくとも仏印との間に軍事的結合を強化して将来に備えておくだけは絶対に必要であるという決心に到達した。軍事的結合の強化とは、日仏共同防衛の条約を整え、南部仏印に軍事基地を設定するとともに、一部の兵力を進駐させることを意味するのであった。六月十一日、陸海軍合同首脳会議は「南方施策促進に関する件」をつぎのごとく決定して連絡会議に提案した。

一、(前略) 速やかに仏印に対し東亜の安定防衛を目的とする軍事的結合関係を設定す

二、右のため所要の外交交渉を行ないつつ進駐を準備す。仏印応ぜざるも進駐し、抵抗せば武力を行使す
三、英米蘭の妨害により（中略）、日本として自存自衛上忍び得ざるに至りたる場合には、対米英戦争を賭するも辞せず
というのであった。対米英戦争を賭するも辞せず、という表現は、対米戦争を辞せずとは余程の距離がある。これは、じつは、松岡外相が「シンガポール攻略をやる決意なしに南方進出はおかしいではないか」というたびたびの揶揄に応酬したもので、本当の決意表明ではなかったのである。

2　甘い対米見通し

「先制」を急いだ軍の冒険

石油は初めから比較にならないが、第二の戦争資材である鋼鉄についても、アメリカの生産量は日本の十倍であり、造艦造機の能力また四倍を上廻っていた。長期戦になったら日本が勝てる道理はない。ゆえに海軍は対米戦回避の方針を一貫してきたが、陸軍においても、昭和十六年五月の陸軍省調査班の精査結論として、アメリカと衝突するがごとき危険は極力回避すべきむねを明らかにし、参謀本部もそれを諒承していたことは前述のとおりである。

だから、六月から七月にかけての南部仏印進駐事件に際しても、対米戦の回避は、決して忘却されていたわけではない。前稿の「対米英戦を賭するも辞せず」の一句は、単に内政策

上の強がりであって、本物の決意ではなく、しかもその「強がり」の言葉の中にさえ、「賭するも」というごとき用心深い辞句を挿入したほどであった。しかも、南部仏印に進駐するような大冒険をあえてしたのはなぜかと言えば、軍部は、それがアメリカを、さほどまで刺戟するとは思わなかったからであった。

アメリカが多少硬化するかも知れぬ、という程度のことは無論考えたが、彼らがただちに「全面禁輸」を以て酬い、あえて「対日戦争を辞せず」というほどの決意を以て向かって来るとは夢想もしなかったのだ。判断の甘さというほかはない。また、武力に対する感覚の磨滅とも見ることができる。軍はすでに四年近くも武力を支那に行使して戦争生活をつづけており、したがって、武力に対する神経が鈍っていた。兵隊の動くことは日常のビジネスに近く、すでに北部仏印に駐兵しているのを、一歩南に進めても、多少の文句は起こるにしても大事には至らないであろうと軽く考えたのである。

しかるに、この進駐に直面する国々から見れば、それはピストルを胸に突きつけられたほどの衝撃事である。南部仏印進駐は、飛行場の設置、艦隊の根拠地設定、軍隊の駐屯を含む作戦司令部の前進である。しかしてその武力の指向する方面はタイであり、インドであり、マレイであり、蘭印であり、フィリッピンさえ無関心ではあり得ないのだ。

前年九月の北部仏印進駐は、まがりなりにも日支戦争に直結する作戦上の理由があった。昆明攻略戦という対蔣介石戦争上の定石を打つための兵要地誌的理由は、誰にも説明のできるものである。軍部はこの枢要なる援蔣路遮断作戦をスッポカしてしまったが、いずれにしても、北部仏印進駐と支那事変とは、ある程度の因縁がつけられるものであった。南部仏印に至ってはしからず、目標は一に南方にあり、そこにシンガポールと、ジャバ、スマトラが横たわっているのだ。

マレイと蘭印とに進撃する準備である以外に、南部仏印進駐の理由は説明することができない。北部仏印は遠く北方に偏して、対南方作戦にはあまり役に立たない。そこの基地から飛び立つ航空機はマレイ半島へは往復し得ない。当時の航空機の航続距離からすれば、ぜひとも南部仏印に駐屯せねばならない。海軍の根拠地もまた、海南島では遠きに過ぎ、カムラン湾とサイゴンとに基地を得れば、作戦能力を激増することになる。

南部仏印とその周辺

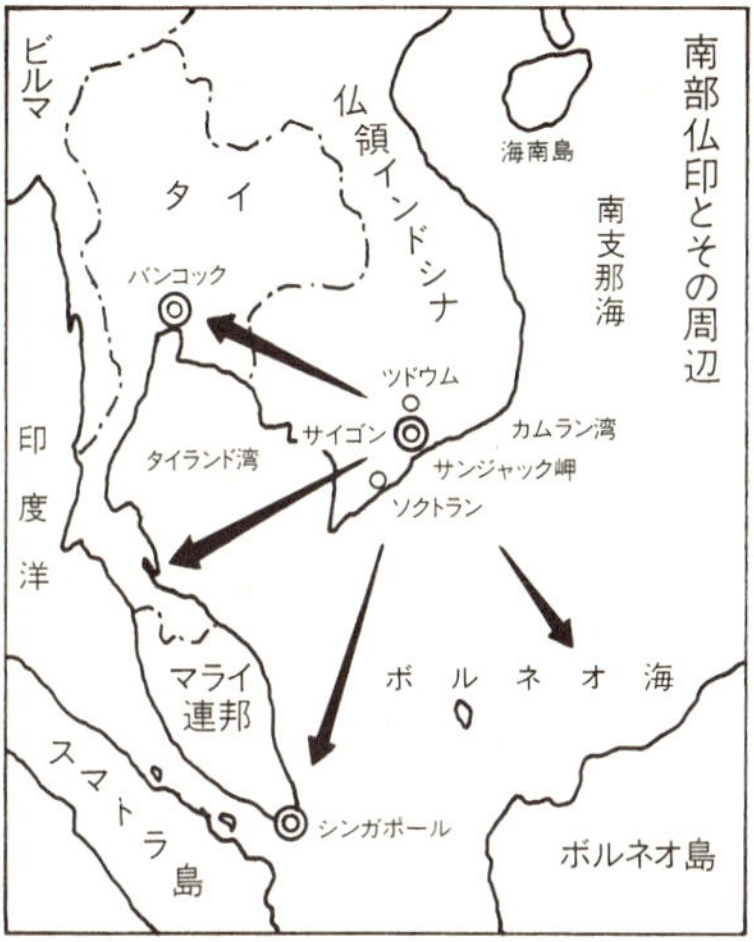

攻められる危険を痛感する国々から見れば、状態はまさに喫緊事、いな危機に類するものであって、黙視し得ないのは当然であった。が、わが軍部から見れば、イザという場合の準備だけは一応整えておかねばならないという考慮に促されたのだ。とにかくも日本は四面楚歌の声を聞く状態で、ドイツの応援歌は遠方で達しない。さらにまた、日本が座視していたら、この肝腎要の南部仏印が、米英蘭の軍事基地になってしまわないという保証はどこにもない。軍の一部には、この猜疑論も相当有力に行なわれて、これを反駁する確固

たる理論も成立しない実情であった。

アメリカやイギリスが、かかる対日挑戦を軍事的に冒険するような短見なる政治に支配されるはずはなかったが、日本軍人の主観からすれば、それは極めてあり得ることと思われた。とすれば、そこに戦略第一号の「先制」なるものが働かざるを得ない。すなわち、万一に備えて、南部仏印の基地は、相手に取られない前に取っておかねばならぬ、と考えるのは、それ自体は非常識ではないのである。問題は、それを取ることが、大局上にいかなる影響をあたえるかにかかるのであったが、鹿を追う猟師は山を見なかった。

イギリスからは抗議が来るであろう。オランダ政府はロンドンに亡命中であって、英と蘭とは不可分であるから、英の抗議は蘭の抗議でもあろう。アメリカも、その日米諒解案の第六項に、日本の武力南進を否定する意味を明示しており、したがってハル長官からの一文句はまぬかれないであろう。

が、その種の抗議や非難を気にするには、南部進駐はあまりにも現実に緊要なる自衛準備であると、軍部はアッサリ判断を下したのであった。というよりも、その外交的大影響を、あまり気にしなかった、というのが、六月十一日の実相であった。それなら近衛や松岡は、この大問題をいったいどう考えたのか。

3 〃英雄〃は北進に転向

松岡は進駐に反対をつづけた

南部仏印進駐問題を議する数次の連絡会議において（六月十一日以降）、もっとも多量に発言し、つねに議論の中心に占位したのは、依然として松岡外相であった。日米諒解案を議題とした会議において、松岡が誤った方向に突進した経緯はすでに述べたとおりであるが、この仏印問題に関しては彼の主張は正しく、軍部を抑えること二週間の長きにおよび、孤軍奮闘、杉山や永野といくたびか激論して退かなかった。もし近衛の支持を得られたなら、少なくとも進駐を相当期間延期させることに成功したであろう。

近衛は、この種の重大会議では沈黙を原則とし、松岡対軍部の勝負を無言で見守っている風であった。とくにその当時は、日米交渉に関連して、松岡との間に深い感情の溝を生じていたから、いよいよ以て外相を支持するような発言をするわけはなかった。

松岡は、南部仏印進駐を日本の不信行為であると断じた。昭和十五年八月三十日の松岡・アンリー協定に反し、かつ北部仏印進駐に際して結んだ取り極めを破棄するもので、道義立国の建て前から賛成不可能であると疾呼した。

さらに進んで、「日本は最近において信義を疑われるごとき行動を犯したが、少なくとも外務大臣一人は、信義を守ることを天下に示さねばならぬ」と頑張って、軍部の提案を峻拒し、かつ、これを強行すれば、米英を相手として大事に至る危険があるが、統帥部はその覚悟を以て提案しているのかと反撃した。

松岡が「不信行為は上奏できぬ」と頑張るので、軍は持てあました。ついに武藤、岡の両軍務局長が、軍部原案を多少修正して松岡を再三訪問懇請した結果、六月二十二日、すなわち独ソ開戦の重大ニュースの入った日に、松岡の同意を取りつけることができた。そこで六月二十五日に連絡会議を開き、対米英戦云々のごとき文句を削除して、日仏印軍事結合案の交渉開始を決定した。

同案は、交渉不成立の場合における実力行使と、そのための軍隊派遣準備を含むもので、同日、近衛、杉山、永野の三名は列立して上奏し、軍隊の派遣について御裁可を得た。その間、独ソ開戦という大事件が発生して、軍部の構想にも、国策の動向にも重要なる影響を受けたのは当然であった。南進か北進かが最大の課題となった。果然、六月三十日の連絡会議において、松岡外相は、「南進をしばらく中止して北に向かうべし。南部仏印進駐を六ヵ月延期してはいかが」と提議して満座を驚かせた。今やソ連を討って北辺の護りを固める無二の機会が来たのに、それを放擲して、危険なる武力南進を強行するのは、智者の取らざるところ、六ヵ月で北辺の形勢を見た上で、南進の合理的推進を策すべきであるというのであった。

これに真ッ先に賛成したのは海相及川古志郎であった。及川はもちろん、南部仏印進駐に賛成した一人であるが、一歩を誤れば対米戦争にもなりかねない危険を反省し、六ヵ月延期によって形勢を見定める方が安全であると考え直したのであった。軍令部次長近藤信竹中将も、及川の賛成論に同調し、隣席の参謀次長塚田攻中将に私語して、六ヵ月延期案を考えようと申し入れた。ところが塚田の一本槍の性格と戦略観とは変更を不可とし、椅子を離れて杉山参謀総長と打ち合わせ、松岡の延期提案を否決するよう熱説した。

塚田は松岡嫌いの急先鋒でもあり、松岡のドイツ一辺倒をつねに非難していた。ドイツは日本が日米交渉を進めるについて事前に諒解を要求しておきながら、独ソ戦の重大事について一言も事前に報告せず、さらに遡っては、昭和十四年八月の独ソ不可侵条約の裏切りもあり、その信義はとうてい頼るべからざるものであるにかかわらず、松岡が一にも二にもドイツへの信義を説き、今回もソ連を討ってドイツを歓ばせようとする肚であることを想察して不満やる方なく、その意味においても、彼の「北伐・南進延期論」を撃砕してやろうと起ち上がったわけだ。

元さんと愛称されていた好人物杉山元総長は、塚田を抑えることは無論できない。加うるに当人も南部仏印に軍事基地を持ちたい希望をもっていたので、塚田にしたがって永野軍令部総長と原案推進方を打ち合わせた。永野は年齢とともに頑固さを増していた。前にも「仏印・泰に軍事基地を造ることは絶対に必要であり、これを妨害する者は断乎として叩いてよろしい」と発言して（六月十一日の連絡会議）、同僚を驚かせたことがあり、海軍部内でも、ときどき「叩くべきは叩け」と言って若い連中を辟易させたこともあったくらいだから、ただちに杉山に賛し、統帥部は断乎進駐を要望する旨を表明した（杉山が代表して発言）。

近衛は、統帥部がその決心ならばやろうと賛成し、松岡もその上抗弁しなかった。ここに進駐は最終的に決定された。そのとき松岡は一言ゆるして欲しいと起ち上がって、「南に手をつければ大事に至ることを我輩は予言する。我輩の予言は的中せぬ例はない。統帥部代表は大丈夫か。英雄は頭を転向する。かつて南進に賛したが、いまや北進に転向した。南進の結果を深憂するに至ったからである」と雄弁を振った。

満座しばらく声を呑んだ。英雄云々は余計だが、松岡の予言が的中したことは、彼の閲歴中の最大のヒットであった。

4 破局を招く進駐の断行

親米派の外相入れ替えも手遅れ

仏印共同防衛――南部仏印進駐――に関する日仏交渉は、昭和十六年七月十四日、在仏加藤外松大使のダルラン外相宛書翰によって開かれたが、はじめから強要の意を明示し、回答の期限を七月二十三日とする一種の最後通牒に等しいものであった。「不成立の場合には好ましからざる事態に立ち到るであろう」という文字の下に、武力進駐の決意が示されてあった。

その十日前に、軍は進駐目的のために新たに第二十五軍を編成し、海南島の三亜に集結を開始した。中将飯田祥二郎を司令官とする、近衛師団と混成第二十一旅団とからなる新兵団であった。フランスは二十一日に応諾し、サイゴン、ソクトラン以下八ヵ所の飛行基地、カムラン湾、サイゴンの海軍基地の使用、ならびにこれら地域における軍隊の駐屯を承認した。第二十五軍の先鋒は七月二十八日にナトランへ、その主力は二十九日にサンジャックへ極めて平穏裡に上陸を開始した。地上部隊の配備は八月中に完了し、十一月には各航空基地の整備も成り、シンガポール往復可能の爆撃機隊は内地から移駐を終わった。

昭和十六年十二月十二日、有名な英国の新鋭戦艦プリンス・オブ・ウェールズ号およびレパルス号を爆撃沈没させたわが海軍航空機の編隊は、この協定によって設定したサイゴン、ツドウム、ソクトランの三基地から飛び立ったのであった。また、シンガポール攻略の一翼を荷った近衛師団は、同じく仏印カンボジアの古都セムリアップから出発し、泰国を横切ってマレイに進撃したのであった。だから、十六年七月の南部仏印進駐がなかったならば、マレイ半島攻略、ついで蘭印征定を、あのように短時日で成就することは不可能であったに違いない。ゆえに、作戦という一面だけから見れば、軍部の準備は適当であった。

しかしながら局面は他に広く深く横たわっていた。米英蘭の三国が、日本のこの行動を見て、南方侵略の野心疑いなしと認め、にわかに防御兵備を増強するとともに、資産凍結、全面禁輸の非常手段を取って日本の戦力減殺に乗り出したことは、大局面における恐るべき変革であった。松岡が「南に手をつけると大事に至る」と言って「南進六ヵ月延期論」を提唱し（六月三十日）、及川海相と近藤軍令部次長とがこれを支持した連絡会議において、杉山、永野の両統帥部長が冷静に反省していたならば、その後の局面がいかに変化していたかは、まことに興味深い追想でなければならない。

少なくとも、日米関係は、破局の方向に一転することなく、なお交渉がつづけられたことは間違いない。交渉の結果がどうなったかは、神のみが知るであろうが、日本の側からこれを断絶することはあり得なかった。現に、日米会談を成功させる目的のために、松岡外相を馘にしたほどであり、また天皇陛下はこの国交調整を最も熱心に期待され、前述のごとく、御自分の口から「外相は取り替えられぬものか」と木戸内府に漏らされたほどであって、輔弼の重責にある者は、この聖意を軽視することは許されなかった。

しかも南部仏印進駐を決定したのは、そのことが対米関係を一挙に悪化するものとは判断しなかった軽率の所産であって、これを決行しておきながら、近衛内閣はいよいよ本腰を入れて日米諒解案の成就に邁進しようと考えていたのだ。外相に新任された親米派の海軍大将豊田貞次郎も、自分の努力でこの大事業を成しとげようと、その一事を期して登場したのであった。

ところがアメリカの空気は、一転して暴風雨を予告するように悪化した。七月二十一日、国務省次官サムナー・ウェルズは若杉公使に向かい、「日本は南部仏印をも占領するらしい情報であるが、かくては今日までの日米会談は基礎を失って続行不能となるであろう」と警告し、さらに二十三日、ウェルズは往訪の野村大使に対しても、「アメリカは日本の行動を南洋地域に対する進出および征服政策の実証なりと認めるのほかはない」と断言し、野村が苦心して弁明するところを逐一反駁し、病中のハル長官も百日の交渉が水泡に帰したと嘆じている旨を述べ、さらに、日本の行動はシンガポール、蘭印に対する進撃の第一歩であるというのがアメリカ軍部の一致した観測であること、ならびに「日本はドイツに対し、日米交渉は南進準備完了まで時間を稼ぐための謀略である旨を通告した情報もある」と付言し、野村をして、国交断絶の一歩手前に差し迫ったことを感じさせた。

当時、日本外務省の暗号電報は、アメリカによってことごとく解読されていたから、松岡と野村の応酬その他は筒抜けに先方に知られていたが、松岡とオット独大使間の交渉が探知されていたかどうかは明瞭でない。松岡が自己を弁明するために何をドイツ側と語ったかは知るよしもないが、日本政府の対米交渉が、ウェルズの言うような謀略に出たものでなかったことは確実である。野村の電報を受けた豊田外相は驚き、大至急ルーズベルト大統領に会見して南部仏印進駐の限定目的を説明し、これ以上の進出は絶対に企てないことを保証して諒解を取りつけるよう訓電した。七月二十四日のことであった。

5　資産凍結と禁油令
米、待ったなし〝対日報復〟

昭和十六年七月二十四日、野村大使は、スターク海軍大将（軍令部長）の斡旋で、極秘裡にルーズベルト大統領に会見し、日本の南部仏印進駐の経緯を説明し、第三次近衛内閣が、日米国交調整に依然熱心になるについては、貴大統領においても政治的大局眼を以て局面の打開に尽力されたい旨を縷々として陳情した。そのとき、大統領の返答には、野村にショックをあたえる二つの感想と提案があった。曰く、

「御承知のように、国論は日本に対して石油を禁輸せよと前々からやかましく主張しているが、自分は日本に石油をあたえることは、太平洋平和のために必要だと答えて今まで頑張ってきたのだ。ところが今回の仏印進駐を見るに至っては、太平洋を平和的に使用するという私の論拠は覆されてしまった。せっかく苦心して石油の対日輸出を持続していたことが、意味をなさなくなった。まことに困ったことになったものだ」

野村は愕然とした。アメリカから石油がこなくなったら日本海軍はどうなるだろうと、提督の大使はすぐに強く頭に響いた。大統領は言葉をついで、「日本が南部仏印から撤兵すれば、自分は同国を中立化し、そこの物資を公平に入手できるような組織を作ることに全力をつくそう。日本の物資入手の必要について常に同情を持っているつもりだ」と語った。これ

は「仏印撤兵」の提案であって、野村の返答し得る限りではなかったし、またそれが不可能であることも察知されたので、野村は悄然と大使館にもどった。大統領の提案は、日本が南部仏印から撤兵すれば、「米国大統領はその全力を尽くして、米英蘭支の各政府から、仏印をスイスのごとき中立地帯とする厳粛かつ拘束力のある宣言を取りつけ、日本の不安を除去する用意がある」という趣旨であった。

そのとき、飯田中将の率いる第二十五軍の将兵三万を乗せた船団は、すでに海南島の三亜を出航して仏印に近づきつつあり、かつ一ヵ月余り論議をつくし、御裁可をへて決定した国策を、米国の一言によって中止するごときは、南進の意気に燃えていた軍部が承諾するはずもなかった。豊田外相は、グルー米国大使から非公式の示唆を受けたとき（七月二十五日）、その席で撤兵が相談にならないことをハッキリと打ち明け、ただ「進駐はまったく日本防衛上の用心に過ぎず、それより以南には絶対に進出する意図を有しない」ことを保証し、せっかく日米国交調整のため就任した自分のために真の友人として交渉の成立を支援されることを懇請し、グルーもまたそれを諒として努力を約した。

しかしながら、七月二十四日、米国国務省は、新聞通信社に対してすでにつぎのとおりの意見を発表し、日本の進駐の目的を「征服行動」と断定した。すなわち長官代理ウェルズ次官の名において、「米英蘭の政府が仏印に領土的野心を持ったり、あるいは日本を脅威するごときいかなる行動にも出たことは寸分もない。ゆえに、日本の行動は、その地域における某々地点が、その隣接地域に対する征服行動をさらに進展せしむる目的のために敢行されたものと断定するほかはない」と公表し、日本の政府大本営連絡会議が予想したよりも数倍強硬なる態度と猜疑の感覚とを以てこれを睨んだ。しかもなお、南部仏印進駐の一事のみを以て、経済断交の激越なる措置に出ることはなかろうというのが、軍部および近衛内閣の観測であり、ル大統領の野村にもらした石油禁輸云々も、大部分脅かしの意味であろうと楽観していた。

なんぞ図らん、七月二十六日、アメリカ政府は、合衆国内における日本の資産を凍結する命令を発してしまった。それより、日本の利害関係が含まれる一切の財政措置および輸出入を、アメリカ政府の管理に移し、これを犯す者を犯罪として処置することになった。しかして五日をへた八月一日、ついに最後の呼吸を止めるごとく、日本に対する石油の禁輸令が発表されるに至ったのである。

アメリカの外交が、ドル外交または力の外交といわれ、イギリスに比べて一段も二段も下手であることは、世界の定評するところであり（日本ももちろんそれを批判する資格はなかったが——）、日米諒解案の交渉においても、重箱の隅を楊枝で突ッつくような法律論に時を空費してきたが、こんどの場合でも、石油の禁輸を即行しないで、仏印中立案その他「日本の南進防止の外交」をつづけたならば、成功の見込みは決して絶無ではなかったろうに、一挙に最後手段に近い手を打ってしまっては、事は順調には落着するはずがないのだ。ここで外交の巧拙を論じても死児の齢を数うるに過ぎないが、日米ともにそろって下手な外交を突き合わせていたのだから、昭和十六年八月以来、事態が急角度を以て悪化の一路を辿ったのも不思議ではないかも知れない。

事既にここに至る。日本の取るべき途は二つしかなかった。対米一戦を決意して南進を断行するか。多くの譲歩をなして日米国交の調整をとげるか。軍閥が日本の政治外交を支配しているかぎり、大山、桂、児玉がいないかぎり、日本の進路は、第一案に猪突することを避け得なかったであろう。

6　海軍、禁油に沸き立つ

独ソ開戦は陸軍を刺激

資産凍結、石油禁輸の形勢明白となった七月三十一日、軍令部総長永野修身は、日米関係について天皇陛下の御下問に奉答した。そのなかで永野は、「油の供給源を失うことになれば、海軍の石油貯蔵量は二ヵ年分で、戦争になれば一年ないし一年半で空になってしまうから、むしろこの際打って出ずるほかはないと信じます」と奉答して陛下を驚かせた。

陛下は「しからばアメリカと戦って勝算があるのか？　日本海海戦のごとき大勝利は困難ではないか？」と御下問になったのに対し、永野は、「日本海海戦のごとき勝利は問題外でありまして、勝てるかどうかもじつは覚つかない次第でありますが、そのほかに活きる道はないように思われます」と奉答した。すると陛下は、「それでは俗にいう捨て鉢の戦いに非ずや」と応酬され、永野は恐懼して退出した。陛下はすぐに木戸内府を召され、海軍の考え方は憂慮にたえない、至急、近衛にこの旨をつたえて慎重に対策するように注意せよと力説された。

永野が年齢を超越して昂奮していたことは争われない。対米戦を回避する常識は心底にのこってはいたろうが、油を断たれて百万トンの精鋭が立ち腐れになることを思えば、むしろ戦って後に亡びるのが武人の誉れであるという兵隊心理に駆られるのは、極めてプロバブルのことである。現に、従来、対米戦回避の空気に満ちていた海軍部内には、この石油問題以来、俄然「対米一戦論」を主張する一派が勢力を加えてきた。軍令部第二課長石川信吾大佐のごとき旗幟鮮明なる討米論者は別として、他の優秀なる課長級の間にも、「対米戦は運命であろう。戦えば案外勝って国運が拓けるかも知れぬ。無為にして干上がるよりは優る」という意見が抬頭し始めた。海軍の堤防が決潰すれば、大戦争の濁流はたちまち太平洋に奔騰し、全日本を海底に押し流すであろう。

陸軍の方は、対米戦争にはワキ役である。が、主張は対等、いなそれ以上であった。何処の国でも、陸軍と海軍が兄弟のように仲の良い例は聞いたことがない。国防海軍の優先を例外なしに認めていたイギリスにおいてさえ、多少政治的考慮を要する問題では、陸軍の方が優先的に口を出して海軍を困らせた例は山ほどある。いわんや日本においては、昭和軍閥の形成と共に、政治を支配したのは、八割以上陸軍であったと言って間違いはない。

その陸軍は、昭和十六年六月頃から、軍務課長大佐佐藤賢了を中心とする強烈なる南進論が急速に勢いを制しつつあった。この南進論は、必然的対米戦争の終点に乗り入れざるを得ないが、佐藤たちの見解では、それは副次的の成り行きであって、日本の目的は、A・B・C・D包囲陣の中で枯死することを避ける自衛の聖業であって、副次的結果は、それを防止するに全力を傾けるとして、それが成功しない場合でも、主目的なる自存自衛の道を後退するいわれはないと断じたのである。ゆえに「対米英戦争を辞せず」という文句は、つとにこれらの南進論者によって唱えられ、二ヵ月後には、正式に国策表現上の成語となったのであった。

昔から、陸軍は北進、海軍は南進と相場は決まっていた。その海軍の南進というのは、もっぱら経済的発展の表現であって、武力を用いる意味ではなかった。国富を南方において造る国民に、精神的支柱を供するのが軍艦であるという建て前を主張するものであった。ところが陸軍が、昭和十五年七月に創唱し、十六年六月頃に真面目に唱えるようになった南進論は、陸軍作戦式であり、兵隊が南方の土を踏むことによって成立するものだ。すなわち占領であり、侵略である。相手は公海ではなくして、第三国の土地だ。抗争は必至と言わねばならない。それなら、陸軍の南進論者は、北の方は放棄するというのか。中央では支那の泥沼に足を突き込んでおりながら、南も北も同時にやるというのは、いかに冗漫なる兵力計数を以てしても弾き出すことはできない。

時しも六月二十二日、独ソ戦争が始まった。天与の好機が来たのではなかろうか。そもそも第三国の動向を見て戦争の去就を決するのは、いわゆる他人の褌で相撲を取るものであって、かかる他力本願は、やがてわが身の破滅を導くこと、内外に多くの教訓があり、太平洋戦争の悲劇もその歴史的教訓を自ら作り出したものにほかならないのであるが、昭和十六年六月の独ソ開戦は、軍閥の戦略になんらかの大影響をあたえるのが当然であった。

陸軍は、懸案中の北進か南進かを決定する無二の機会を迎えたものである。この両論は、陸軍省内にあっても、参謀本部内にあっても、対立していたのである。佐藤賢了の南進論は勢力を得つつあったが、なお参謀本部の戦争指導班長有末次《やどる》大佐を説得するに至らないといった風であった。

そこへ独ソ戦が始まったのだ。分銅はどちらに動くか。

7　三面作戦への布石

御前で〝打倒ソ連〟を力説

陸軍が独ソ戦争の機会をとらえて北進（対ソ戦）を断行する上には、モウ少し戦局の推移を見定めねばならなかった。支那の広い戦場から兵を退くわけには行かないから、日本が北辺に使用し得る兵力は限定されている。ソ連が早期に敗退崩壊するものと見込みが確定すれば、比較的少数の兵力を以て北進を開始することもできようが、その見込みは果たしてどうか。

ヒットラーは、長くて六ヵ月、大体は三、四ヵ月で、冬季前にモスクワ城下の誓いを獲得すると豪語し、在独大島大使の観測報告にも同様の短期決勝が述べられていた。しかし、ソ連の潜在戦力を知っていた将校中には、それをドイツの誤算と断じ、独ソ戦は長期化すると観測する者が少なくなかった。この参謀本部第五課（ソ連情報）の観測は、陸軍の行動を慎重ならしめるのに役立った。六月二十三日、武藤、岡の両軍務局長、田中、福留の両作戦部長らは、長時間にわたって、独ソ戦争に対する新国策を討議した。結局、この新事態に対してはただちに行動に出ずることなく、準備を整えながら形勢を観望し、熟柿が木から落ちそうになった時に起ち上がることとし、いまは既定の南進コースをそのまま進んで行く方針にまとまった。しかしながら、独ソ戦争という勇ましい大事実が、戦争を任務とする軍人の威勢を刺戟し、軍部の輿論を勇ましい方向に導いて行くことは、心理学の原理が教えるところであった。

大本営が六月二十四日に策定した「情勢に伴う帝国国策要綱」には、ハッキリとその勢いがにじみ出ている。曰く（第一項略）、

二、帝国は依然支那事変処理に邁進し、かつ自存自衛の基礎を確立するため南方進出の歩を進め、なお情勢の推移に応じ北方問題を解決す

三、帝国は右目的達成のためいかなる障害をもこれを排除す

と方針を明記したのである。

しかしてその要領の部において具体的説明を述べ（全部で七項から成る）、

二、帝国は自存自衛上、南方要域に対する各般の施策を促進す。これがため対米英戦の準備を整え（中略）、仏印および泰に対する諸方策を完遂して南方進出の態勢を強化す。

帝国は本号目的達成のために対米英戦争を辞せず

三の乙、独ソ戦の推移が帝国のため極めて有利に進展せば、武力を行使して北方問題を解決し以て北辺の安定を期す

と確信したのであった。

これはすなわち三面作戦とも称すべきものである。両面作戦さえ避けるのが戦略のイロハであるところから見れば、支那事変ですでに国力を消耗している日本が、支那の泥沼のほかに、南方に米英戦を辞せず、北辺に対ソ戦を準備するというのは、明らかに身のほどを知ら

ない構想と評せざるを得なかった。もっともその底辺を探れば、軍の首脳部はいまだ対米英戦争を本気に決意していたわけではなく、対ソ戦についても、ツイ二ヵ月前にソ連と締結した中立条約を、早くも一片の反古として攻撃に赴くことが、日本の信義として果たして許されるものであるかどうかに関する考察を加えたことも聞かない。

ただ、その条約を結んできた松岡外相自身が、六月二十七日の連絡会議において、対ソ即時開戦論を主張して満座を煙にまいた大本営記録は残っている。しかしてこれに対し、外相が六月十六日の会議において国際信義を守るべきを疾呼したその舌の根の乾かないときに、こんどは日ソ中立条約を平気で破棄しようとする不信を責める者が一人も現われなかったのは不思議であった。かかる批判はしばらく擱き、大体において、軍部が対ソ戦争を真剣に考えなかった一つの証左と見ておいてよかろう。

しかしながら、勢いが一段と激しくなって行ったことは、争う余地がない。真の決意なしとはいえ、「対米英戦争を辞せず」と明記すれば、これを見る中堅以下の血の多い将校には身慄いを感じさせるであろうし、その反応が首脳部自身の上に跳ね返ってくることも必至であろう。また、対ソ熟柿主義とは言いながら、少なくとも柿を拾い取るには関東軍の現勢力では半分にも足らないのであるから、少なくとも数個師団は準備として増強しておかねばならぬであろう。くわうるに、タイと仏印とに軍事基地を推進する南方政策は、六月三十日の決定を遅滞なく実施（まず南部仏印進駐）するのであるから、軍部の動きは、まず御前会議を開いて国策として確立する必要があった。

その御前会議は、七月二日宮中で開催された。首相、内相、陸海外三相、両統帥部長および次長、河田蔵相、鈴木企画院総裁が列席し、近衛、杉山、永野の三氏から所管の方策に関する説明が行なわれた。杉山参謀総長は、「北辺の安全を成就するために作戦準備を隠密裡に整え、自主的に対処する態勢を確立する」旨を述べ、永野軍令部総長は、「米英等があくまで妨害して帝国として打開し得ない場合には、米英戦争に立ち到ることを予期する」しだいを陳述した。

なおこの会議では、原議長までが、速やかに共産国ソ連を打倒するのが現下の急務でありかつ好機会であることを力説するなど、明らかに戦争気分が宮中深く渦まくの観があった。かくて、南部仏印行の新軍編成が発令され、ほとんど同時に、有名なる「関特演」——関東軍特別大演習——なるものが実施されるに至ったのである。

8　戦時最大の火遊び

「関特演」に米大統領驚く

南部仏印進駐の経緯は前述したが、「関特演」についても、軍閥の歴史は一頁を染めねばならない。それは、昭和十六年八月の重大時期におけるまったくの「火遊び」であった。陸軍史上この上もない「無駄使い」であり、外国の猜疑心を招く以外になんらの効果もなく消え去った有史以来の大規模なる演習であった。あたかも金の棄て場に困って、満州の野で大豪遊を極めたとでも評すべきものであった。

御前会議で北方問題解決のために隠密裡に武力準備を企図することは、御裁可を得たには相違ない。問題は、時局多難のおり、いかに経済的に、いかに真剣に、いかに機密裡に実施するかの諸点に懸かっていた。一体、陸軍は本気でソ連を攻撃する決意を持っていたのか？独ソ戦がはじまった以上、ソ連の方から満州に打って出る危険は全然ない。ゆえに北辺防御の見地からいえば、関東軍を減じて支那および南方に精鋭の一部を転用して少しも不安のない好条件下にあった。

これに反し、独ソ戦の形勢いかんを見て、ソ連に攻め入り、沿海州全面を征定する確固たる決意があるならば、関東軍の兵力は不足であって、至急に大増強を実施せねばならぬ。昭和十六年八月当時におけるソ連極東軍の兵力は、約三十個師団、戦車二千三百、飛行機千七百であって、これにたいする関東軍の兵力は、師団十二個、機甲師団一個、飛行集団二個であったから、作戦と精神力の優秀を計算に入れても、わが方から攻勢を取るのは無謀であった。ゆえに、万一の場合に攻勢を取るとして、いくら程の兵力を増強するのが適当かというのが、陸軍部内において意見の対立した要点であった。

杉山参謀総長、塚田次長、田中作戦部長が連帯して主張したところは、関東軍を二十三個師団、馬匹十八万、飛行機一千数百機に増強準備し、好機到らば電撃作戦を敢行し得るよう急遽整備すべしというのであった。これに反し、東條、阿南、武藤の陸軍省幹部は、これを過大に失するものと認めて諾せず、関東軍の戦備は、真に熟柿が落ちる寸前に進攻するに足るだけの兵力に止め、それ以上の兵力を要するごとき環境においては対ソ作戦を行使してはならぬ、という建て前のものであった。

結局、陸軍省の主張に落着し、関東軍十二個師、朝鮮軍二個師の戦時定員を充足するのともに、内地にあった第五十一、第五十七の両師団、および軍直属部隊約二百隊を動員して関東軍を増強し、さらに満州の国内防衛のために独立守備隊五個を編成し、関東防衛軍を設けて準備することになった。

召集および動員は、七月上旬から中旬にわたって発令され、応召の部隊、馬匹、機材は輸送力の最大限を動員して実施され、支那事変への出征よりもはるかに大規模のものとなった。そこに蓄積された戦争資材は山を成し、その後、南方や内地にいくたびか逆輸送されたにかかわらず、終戦時になお五割以上が残っていたというほどの分量であった。それよりも、同年九月における関東軍の総兵力は将兵じつに七十万に達し、馬匹約十四万、飛行機六百余機という数字であった。もしも、参謀本部要求の兵力を送ったとしたら、まさに百万以上の大軍が、戦争のない地帯に集結したという結果になるはずであった。いずれにしても、この動員は、日ソ戦争が間もなく勃発するのではないかという空気を四方に感ぜしめた。

日本はもとより之を秘匿し、その名称も関東軍特別演習——関特演——と呼んで、それが戦争準備とは別個の一訓練に過ぎないことを説明しようとした。が、そんなことで天下の目をふさぐことはできない。情報は、七月二日の御前会議の直後から欧米に伝わっており、軍部の「隠密裡に」などという言語は、「公々然」と改める方がスッキリするくらいのものであった。たとえばルーズベルト大統領は、七月四日に早くもつぎの特別書翰を近衛首相に送っている。

その要旨は、「あらゆる情報は、日本政府が対ソ戦争に赴く意図であることを告げている。かくては過去数ヵ月にわたり野村大使および責任ある日本官公吏によって告げられた日本政府の意図は空虚と化するものである。太平洋水域の平和は日米両国が等しく希念して已まないという崇高なる前提の下に進められた交渉が、今日も虚偽のものでないという保証を総理大臣閣下によってあたえられるならば幸甚これに過ぎない」というのであった。

近衛はハタと当惑した。北方問題解決の廟議が、いま待望の日米会談の上に、このような影響をおよぼそうとは、政府も大本営もまったく予想しなかった（迂濶千万）。といって、近衛の一存で日ソ戦争の意思の絶無を保証することはできない。結局、近衛はル大統領の親書を握りつぶして返事を出さず、日本の慣例は首相が直接に外国の代表と書面の往復をしないことになっていると理屈をつけて、頬冠りのまま、つぎの南部仏印事件まで沈黙をつづけてしまった（注）。

一方に、独ソ戦は膠着し、関東軍の動く機会はついに到来せず、八月九日に至って、昭和十六年度中における北方問題解決の企図を放棄することに決まった。かくて関特演は大山鳴動して鼠一匹も現われず、軍部の決めた国策の浮動性を示す一例を残して終わりを告げた。

（注）一ヵ月後の八月四日、日本はル大統領書翰に対する回答という意味で、南部仏印問題を含んだ提案を試み、中絶していた日米会談の再興を計った。

第十二章　近衛の熱誠通ぜず

1　近衛渡米を決意す

破局回避への最後の切り札として

石油を断たれるのは、日本が首を締められるのと同じことであった。昭和十六年八月の統計によれば、日本は毎日一万二千トンの石油を消費しつつあった。年額四百三十余万トンである。日本の生産量は、いかに馬力をかけてもその一割を充たすことも難しく、すなわち九十パーセント以上を輸入に俟っていた。それが遮断されることになったのだから、一年を待たずして大日本は呼吸困難におちいること明白であった。

海軍が、大正七年以来、二十余年にわたって営々として備蓄した石油六百万トンは、平時なら三年分、戦争になって激しく動けば一ヵ年も怪しい。陸軍は九ヵ月で、戦車も飛行機も動かない状態になる。だから、昭和十六年夏の国際状態——日本が米英蘭から経済的包囲を受けている状態——が、あと一ヵ年続いた後に戦争になったら、結果は説明を要しない。いな、戦争にならない前に日本は跪伏降参のほかはない。

この根拠明白なる推定を目前にして、軍閥の進む道は何か？　「早い間に戦争」という結論ではないか？　石油の遮断は、軍人にとっては戦争よりもつらい。それは敗北が明々白々だからである。ところが、戦争ならばあるいは勝てるかも知れぬ。または無勝負の和局ということも考えられぬことはない。負けると判っている石油難の下に屛息するよりは、勝つかも知れぬ戦争を選ぶ方が、確率としては正しい。国民全体として、いずれが苦痛であるかは別個の問題である。その方面よりも、軍事国防的にいずれが苦痛であるかを判断し、それにしたがって突進するのが軍閥の政治である。

明治二十八年の「臥薪嘗膽十年」は、政治家が決定して、軍閥がそれにしたがった。昭和十六年の国策は、軍閥が起案して政治家がそれにしたがっていた。近衛文麿には伊藤博文の真似はできない。東條英機には山県有朋の統制力を期待することは不可能であった。

前にも触れたように、一ヵ年後には軍艦が動けなくなることを知って、従来は戦争回避論で一貫してきた海軍部内にも動揺があらわれてきた。艦隊の方面には目立つ変化はなかったが、海軍省や軍令部には、大佐、中佐級で対米一戦論を唱える者がふえはじめて、首脳部が警戒するような空気になって来た。海軍にして然りとすれば、陸軍は問題なく起ち上がるであろう。陸軍の専門は南方に進軍してマレイと蘭印とを占領することだが、海軍が対米戦争を決意しないかぎり、手の出しようがない。主役たる海軍が、太平洋の守りを引き受けるなら、南方遠征は、待っていました、というのが陸軍の心境であった。

形勢は、刻一刻と、この方向に動きつつあった。ひとり軍閥の間にその叫びを聞くだけではなく、国論を代表する言論機関の多数も、討米懲英の勇ましい筆陣に自ら陶酔するの観を呈した。今日では進歩主義、中立主義を説いて涼しい顔をしている多くの論客が、その同じ鋭い筆鋒を以て、死中に活を求むる流の国策を鼓吹していた。

この勢いで推移すれば、両三ヵ月を待たずして、日米戦争の大悲劇がはじまるであろう。近衛は真剣にこれを憂慮した。最後の鋲の一本が不足しているといわれた近衛首相が、その鋲を締めて起ち上がったのはこのときである。彼はその第一次内閣総理の頃に比べてはるかに成長していた。八月四日、連絡会議が日米会談再興の提案を決定した夜、近衛は東條と及川とを自邸に招いて重大決意を打ち明けた。

それは、近衛が自ら米国に赴いてルーズベルト大統領と直接に話し合いを試みるという最後手段であった。近衛は陸海両相を前にして諄々として為政者の義務と自己の決意とを説いた。

「いままでの会談には、双方の誤解もあり、感情の行き違いもあって真意が徹底しない恨みがある。このまま推移して日米戦争となっては、陛下に対し奉っても、また国民に対しても、為政者として誠に申し訳けがない。尽くすだけを尽くして後に戦争となるなら致し方がないが、尽くし得る一寸の道でも残して破局になっては、輔弼の大任にある者の怠慢を責められねばならない。時局は危機一髪に迫っている。ゆえにこの際、自分が出てル大統領と直接会見し、大胆率直に帝国の真意を披瀝して諒解を取りつけることに最後の努力を試みたい。それで諒解を得る見込み絶望と判ったら、席を蹴って帰り、ただちに日米戦争の本準備につくほかはなかろう。思うに、最初の日米諒解案には、ハワイにおいて会見するという一項もあったし、米国も九ヵ国条約の合理的改訂には相談に応ずる意思を表明したこともあり、また日本も、大東亜共栄圏の理想を全部一挙に実現するには国力の足らぬ実情であるから、双方が大乗的立場から話し合えば、会談をはじめから絶望視する必要はない云々」という大意であった。東條と及川は、近衛の憂国の熱意に打たれたが、その場で賛否を即答せず、帰省審議のうえ返事する旨を約して別れた。近衛の頬は薄紅に昂奮していた。

2　米大統領も乗り気

〝ジュノー（アラスカ）で会いたい〟

近衛がルーズベルトとの直接会談の決意を陸海相に打ち明けた七月四日の夜、海軍側はすぐに議をまとめて「全面的に賛成。決断に敬意を表し、成功を切に期待する」旨の返事を寄せた。ところが、陸軍にあっては、その夜遅くまでつづいた首脳会議において議論百出し、「首相は逃げるのではないか」「結局、米国に大譲歩をするのではないか」「あまりにドイツを無視することにならぬか」等々の懐疑論が現われて容易に決しなかったが、結局、武藤章の「これは政治家の大任である。軍は注文はしても、これを阻止する権能はない」という主張に一致し、翌五日、回答を文書に認めて近衛に提出した。全文はつぎのとおりであった。

「総理自ら米国大統領と会見せらるるは、三国同盟を基調とする帝国現在の外交を必然的に弱化する結果となり、かつ国内的にも相当の波紋を生ずることを予想せらるるを以て、適当ならざるものと思考す。しかれども現下の急迫せる時局下において、総理自ら挺身して難局打開を試みんとする決意に対しては、真に敬意を表する次第にして、もしN工作に対する帝国修正案の根本を堅持して最後の努力を払い、しかも依然米国大統領が帝国の真意を解せざる場合には、断平対米一戦の決意を以てこれに臨まるるにおいては、陸軍としてもあえて異存を唱うるものではない。

付記　一、あらかじめ先方の内意を探り、大統領以外のハル以下との会見ならば同意せず

二、会見の結果不成功の理由を以て辞職せられざること。いなむしろ対米戦争の陣頭に立つの決意を固められること

要するに条件付の賛成ではあったが、総理の非常なる決意を全面的に支持する海軍側とはハッキリと違っていた。その間、陸軍の思想を現わしているのが読み取れる。

ルーズベルトは当時、大西洋上にあった。英首相チャーチルと軍艦の上で会見し、戦争目的に関する米英両国の見解を議定していたのである（大西洋憲章として知られたもの）。八月十七日に、ルーズベルトは華府に帰ったが、すぐにハル長官と協議した後、他の何人よりも先に野村大使を引見し、二人は親しく会談した。ル大統領は、「こんなことは言いたくないが、ハッキリしておく方がよいから」と前提して、「もしも日本が隣接諸国に対して武力を行使し、あるいは武力の威嚇による支配の政策をつづけるなら、米国はあらゆる手段を以て抵抗せざるを得なくなるだろう」と率直に述べた後、「日本が膨張政策活動を中止し、太平洋の平和維持を真に欲する証拠を示すなら、意見交換のために、適当なる時と処を定めることを欣快とする」と結んだステートメントを野村に手交した（これはハル長官があらかじめ用意しておいたもの）。

そうして雑談の間に、「ホノルルに行くのは地理的に困難である、といって日本の総理がサンフランシスコやシアトルに来ることも困難であろうから、ちょうど東京と華府の中間に

あたるアラスカのジュノーはどうだろう。日本からジュノーまで何日くらいかかるだろうか」と問うた。野村が「約十日と見ればよかろう」と答えたのを継いで、「気候としては十月中旬頃がいいかも知れぬ」と言い、野村の受けた印象では、ルーズベルトは、近衛との会見を歓迎しているようであった。大西洋憲章のすぐ後で太平洋憲章を作り得れば、政治家の本懐これに過ぎるものはなかろう。

ル大統領に日米首脳会談の意思のあることが明らかとなったので、日本は八月二十六日の政府大本営連絡会議において、対米回答と同時に「近衛メッセージ」を議定した。八月二十七日午前、野村大使は大統領に会見して近衛メッセージを手交した。それを読んで、ルーズベルトはつぎのように語った。

「日本政府の企図には賛成である。が、ホノルル行は、目下飛行機旅行を医者から止められている自分としては、時間が許さない。というのは、目下議会を通過しつつある多くの法案は、大統領が十日以内に裁可を要する憲法上の規約があって、副大統領の代行を認めていないからだ。ジュノーなら、シアトルまで三日、それから二日で到着し、そこで近衛首相と四日間話し合うとして、往復十四日ですむ。その程度なら可能だ。近衛公とは少なくとも三日間は会議したい」

すなわちル大統領は乗り気であったことが明らかであり、進んで「近衛公は英語が話せるか」と問うたので、野村は「話せる」と答えたところ、ルーズベルトは微笑して“That's fine〃（それは好都合だ）と言った。

野村は半歳ぶりで晴天を仰いだ。ところがその夜、ハル長官を訪ねて話し合うと、星は雲間に隠れてふたたび暗い空気の漂うのを感じた。ハル長官の主張は、「両首脳の会談が物別れになったら取り返しがつかない。ゆえに、あらかじめ大体の話をまとめたうえで、両国首脳の会談はそれをラチファイ(批准)するような形式にしたい。これから下話をまとめねばならない」というのであった。それではふたたび逆もどりではないか。

3　日米首脳会談の随員決定

ハル長官は事前諒解を固執す

政治家的に、大所高所から原則的諒解を築き上げ、実施要項は専門家に議せしめるという近衛方式に対し、ルーズベルトは共鳴したが、ハルは、その反対に、専門家を使って基礎を築き上げ、その上に両首脳が安定した平和の殿堂を建てるべきだと主張する。先を急ぐ日本は、後者の遅々たるを待つことはできない。油は一日に一万二千トンずつ減って行くのだ。即刻、大局上の諒解をとげて貿易を復し、事態の平常化を図らねばならない。

大統領の方針と、国務長官の主張と、いずれが米国の現実外交を動かすであろうか。八月三十日の政府大本営連絡会議は、これを中心として長時間談話がつづけられた。人は、希望的観測の中にとらわれる活き物である。近衛と豊田とは、ル大統領が、ハル長官の法理論外交を抑えて、首脳会談の方向に導くであろうことを期待し、及川海相もいくぶん楽観的に傾いていたが、東條陸相は、成算が乏しいという観測を繰り返し、安心は尚早であると警告した。

しかしながら大勢は、ジュノー会談が可能であると信じ、会議の全権や随員を極秘裡に選定して、内々で準備を進めることになった。その結果、陸軍はいち早く土肥原賢二中将を全権の一人に予定し、随員として、武藤軍務局長、有末戦争指導班長が決定し、海軍は吉田前海相、岡軍務局長らを内定した。

間もなく（九月十二日）、郵船会社の優秀船新田丸が乗用船に徴発されて横須賀に回航され、無線の新装置以下所要の改装が施され、その後、機密保持のために、横浜港内の一般船舶に混じって繋留された（新田丸は一令ただちに出航し得る態勢を整えて十二月八日までそこにあった）。

巨頭会談に対する近衛の熱意は燃えており、その会談で一挙に条約に調印する決意は確固不動であった。彼は本当に命懸けであった。軍部もまた真面目に近衛の計画を支持していた。とにかく、昭和十六年八月には、海軍はもちろん、陸軍も本気で対米戦争をやろうとは考えていないのだ。米英討つべし、と叫んでいたのは、軍部内の若い主戦派の一味と、右翼系の連中と、軽躁なる一部の言論とに過ぎなかった。石油禁輸以来、言論界が挙げて反米的に燃え、その口穢いののしりの筆法が、アメリカを刺激していたことは事実であったが、それらも正気で日米戦争を欲したわけではなかった。

一方、ワシントンにおいては、九月三日、ル大統領は野村大使を招致して、近衛メッセージに対する返答と、米国政府の覚書とを手交した。前者において大統領は、「（前略）日本のある方面において、閣下と余が為さんとする協調の成功を妨げようとする傾向のあることを見逃せない。ゆえに、われらの会談を成功させるため、至急われらが協定しようとする根本的にして重要なる問題の予備会談を開始することを切望する」と述べた。すなわち前記の反米国論を指したもので、大統領がハル長官の慎重主義を採用していることは明白となった。そうして第二の覚書において、四月十六日の会談第一日にハル長官から提示された国際平和の四原則、すなわち、

一、あらゆる国の領土保全、主権尊重
二、内政不干渉
三、機会均等
四、太平洋地域の現状維持

を掲げ、さらに、七月に会談が中断されて意見が不一致のまま残されている諸点につき、至急決定的に討議解決を望む旨を力説した。

日米会談を書くのが本文の目的ではないから、右に関する要点だけを略記すると、会談は七月頃には、大体三つの点に絞られていた。(イ)は三国同盟に関連する義務と自衛権の問題、(ロ)は支那からの撤兵問題、(ハ)は通商機会均等の問題であった。(A)松岡外相の回避的態度と、(B)ハル長官の法律論的外交と、(C)南部仏印進駐とが、本来ならばすでにまとまったであろう日米会談を無用に遷延せしめ、その間、内外の時局変動に影響されて、予想外にこじれてしまったのは事実であるが、しかし(イ)の難題はすでに暗黙の間に諒解が成り、(ハ)の機会均等は微細なる条件(公正なる基礎において行なわるるかぎり)の下に許容され、残るところは、(ロ)の支那からの撤兵問題だけになっていた。

日本軍の支那撤兵は、アメリカの最大関心事として残った。親日の閣僚フランク・ウォー

カーは野村大使に対して、「日本は日米会談においてはアッサリと全面撤兵を約束し、特殊小地域の駐兵は、後になって日支間の話し合いで協定するという便法をとったらどうか」と二回ほど忠告したことがあった。それは六月十八日と二十三日のことであったが、日本は、この野村からの報告に対して返事も出さないくらい無視してしまった。松岡時代のことでもあり、軍部もこれを相手としなかったかも知れないが、惜しい一つの逸機であった。九月の会談再興にあたっては、撤兵問題はいよいよ深刻なものとなってきた。

4　予備交渉中の難問題

米は「防共駐兵」をも認めない

前記ル大統領が、近衛とのジュノー会談を示唆した八月二十八日の夜、ハル長官が野村に諸問題の原則的一致を必要とする旨を語った一節に、「米国は単に日支会談の橋渡しをするというだけでは困る。米国は日米間の親和を求むると同様に米支間の親和を欲している。米国政府の行動の結果、支那が崩壊するようなことになっては大変である。したがって、米国は、日支交渉の原則を知悉し、支那を納得させる必要がある。これによって日支間に和平を築き、英蘭ソの各国をも同調させる必要を信ずるもので、それだけ米国にとっては大仕事でありかつ重要なる問題である云々」という主張があった。

ところが、八月四日から再興を企てた日本の対米提案における支那関係の項は、「米国は日支直接交渉の橋渡しを為し、和平条件等には介入せざることとする」旨が明記されている。

ハルが野村に対し、最近の日本の提案は範囲を“narrow down”していると不満の意を表明したのは、一つはこの点を諷したものであった。

従来の日本案は、対支和平条件を原則的に列挙し、米国が仲介の労をとる前提を諒解させるようにできていたが、八月以降の各修正案においては、和平条件は日本の自主的に決めるべきものであるという線に沿って、これを削除してしまったのである。もとより非賠償、非併合等の原則は、従来声明したとおりであり、機会均等や門戸開放についても諒解を取りつけることは可能であったが、「撤兵」の一事に至っては、日本はアメリカや支那が要求するように簡単には応諾のできない事情があった。

支那事変のために動員された大軍は、事変解決の後は速やかに撤兵することは、約諾して差し支えないが、北支および内蒙のいくつかの地点に、いくばくかの兵力を駐屯させることは、軍部の生命線として断じて譲り得ない国策の要点と考えられていた。日本はこれを「防共駐兵」と名づけて、アメリカの諒解を得ようと努めてきたが、米国が煮え切らず、荏苒《じんぜん》日を経るにつれて、アメリカは硬化し、日本も石油禁輸後は抵抗心を反発し、かかる点までアメリカの指図を受けるにはおよばぬ、という見地から、「日支和平は直接に商議する」方針を樹立したしだいであった。

しかるにアメリカは、撤兵を最後の重大事項として取り上げ、しかも撤兵は全面的なることを欲し、「防共駐兵」も認めない方針であることが段々と明らかになってきた。そこで九月十二日には、

「日支両国の安全を脅かし、かつ支那における平和と秩序とを危くする共産主義、およびそ

の他の破壊的活動を阻止する目的を以て、日支間に共同防衛を協定する意思を有し、その履行には、両国の合意に従い、一定期間日本軍の駐屯を含む」

という説明を行なったが、ハルは賛否の言を避けて何らコンミットするところはなかった。そうして野村が受けた印象では、日本がこの一点を譲歩しないかぎり、近衛・ルーズベルト会見の見込みはなく、事態はいよいよ悪化するであろうというのであった（豊田外相宛九月十六日の報告）。

しかしながら外交は一つの妥協である。一方の主張が百パーセント通らなければならぬというのは「交渉」ではない。それはもはや戦争の一種である。一言に撤兵といっても、時期や、方法や、地域や、数量や、その他の条件について話し合いの余地はあるはずだし、双方がまとめようとする意思があるならば、曲がりなりにも話はつくであろう。近衛や豊田は、そのように考えていたし、ルーズベルトも、予備会談が大体まとまったら、自分が出馬して早く事態を明朗化したい希望を、ウォーカー郵政長官に打ち明けていた（九月十七日）。両国の輿論は昂奮し、とくに日本の軍部では、激昂は日ごとに加わりつつあったが、日米首脳会談は、未だ「絶望」という断定を下すには早過ぎた。

軍部が、九月に入ってから戦備の焦慮にかられ、和戦の帰趨が混乱を極めた内情は次節に述べるが、外交はなお撤兵問題をめぐって連日のように、東京・ワシントンの間、および外務省・米国大使館の間に繁く続けられた。九月二十二日、日本は防共駐兵についてつぎのとおりの意思を米国に説明した。「日支両国の安全と、支那の公共秩序を脅かす共産主義的および他の破壊的活動を防ぐため、日本は現存する取り極めと慣習に従い、必要の期間その陸海軍兵力を支那領土のある地区に駐屯させること」というのであった。日本の本意は、内蒙および北支のある地点に陸軍を、上海付近あるいは海南島に海軍を駐兵することであった。これに対してアメリカは「現在の取り極めと慣習」という説明に満足せず、応酬を反覆して貴重なる時間を消費して行くのであった。

結局、日本は、思い切って譲歩するか、固執して一戦を決意するか、二者いずれを択ぶかという険しい峠の一本道に差しかかった。譲歩して山を下るか、万丈の懸崖を突破するか、進退を決する御前会議が、九月六日に宮中で開かれた。

5 対米戦の決意表明
近衛外交へ軍部からの横槍

日米交渉の遅々たる進行を、軍部は指をくわえて見ている訳にはゆかなかった。交渉がさらに半歳も一年もかかり、ついに油が一滴もなくなってしまったら、もはや外交も国防もあったものではない。丸腰になってアメリカにはもちろん、蔣介石にたいしても平身叩頭して和を乞わねばなるまい。そんな和平は、日本国民の承服し得ない国辱に決まっている。まして、五十個師団の大陸軍と百万トンの軍艦を備えていた軍部が無為に降参できるはずのないことも自明の理であった。

だから、米英蘭の禁輸によって、日本の自存自衛が脅かされ、外交によって打開の道がない場合には、敢然打って出るという方針は、八月に入って日を経るたびに固まって行った。

軍人の国防観からすれば、それは当然のことであった。しかしながら、八月末に至っても、海軍の方は対米一戦の冒険をあえてしようとは考えなかった。戦争の決意をしないで、単に戦争の準備を進めつつあった。陸軍と違って、海軍は戦術単位が軍艦であり、それ自体が自在なる運動性を持っているから、戦争の準備は比較的簡単に遂行し得る。ところが、陸軍の方はとうていそんな簡単な方式では戦争準備ができない。

陸軍の準備には第一に大兵力の動員が必要であり、その動員兵力を予想戦場の付近に輸送して展開しなければならぬ。それはただちに国民の権利義務に影響することであるから、まず政府が国家意思として戦争を決定し、その政策決定にしたがって戦争準備に着手しなければならない。すなわち陸軍と海軍とは、その用兵の本質的な相違から、戦争準備の根底に相違が存するのだ。

八月下旬、海軍は対米一戦の決意なしに、対米戦の準備に着手し、遅くも十月下旬には完了するところまで捗っていた。これに反し、陸軍の方は、南部仏印進駐（一個師団と混成旅団）のほかは、対米英戦争の準備にはほとんど手がついていなかった。これ陸軍が、対米戦の国家意思の決定を催促し、海軍との間に、数次にわたる論争を繰り返した所以であった。

八月中旬、大本営の陸海両軍局部長会議において、陸軍側は、この際に対米英戦争を決意し、その決意の下に戦争準備と外交とを併進せしめ、外交が失敗したら開戦するという国策方針を提議した。ところが海軍の岡軍務局長は、ハッキリと「戦争決意」に反対し、仮令日米会談が一旦不調の場合にも、開戦は諸種の事情を勘案して決定さるべきであることを力説して止まず、八月二十八日の会議に至って、ようやく「戦争を辞せざる決意の下に」準備を進めることに妥結した。「戦争決意の下に」という陸軍の原案とは、かなりの距離である。

九月三日、「帝国国策遂行要領」と題する陸海軍の共同提案を議する連絡会議が開かれた。提案は真に重大なるもので、おそらくはかつて見ない超重大の議題と称して差し支えないものであった。提案の内容はつぎのとおりであった。

一、帝国は自存自衛を全うするため、対米（英蘭）戦争を辞せざる決意の下に、おおむね十月下旬を目途として戦争準備を完整す

二、帝国は右に並行して、米英に対し外交の手段を尽くして帝国の要求貫徹に努む

三、前号外交交渉により、十月上旬頃に至るもなおわが要求を貫徹する目途なき場合においては、ただちに対米（英蘭）開戦を決意す

（要求事項は外務省案と大差なし）

対米開戦の決意をふくむ最初の提案であって、油を失わんとする軍の焦慮はさることながら、日米交渉に全精力を打ち込みつつあった近衛内閣にとっては、凄いサーベルの響きであった。外交に期間を付するのも超非常時の要請ではあったとしても、その期間が一ヵ月半というのでは、従来の日米交渉の経験から見て難事中の難事たることは明らかであった。

しかし、南方作戦は、季節風の関係から十二月上旬を限度とし、それを見送れば、来年の四月頃までは海上進軍と上陸作戦の機会のないことを気象兵学は教えていた。ゆえに戦争準備を十月中に完整して、そこで「開戦」の決意を主張するのは、軍としては当然のことであった。ただ、根本問題は対米交渉に「譲歩」をするかいなかにあり、この一点に和戦の機は懸かっていたこと後述のとおりであるが、九月三日の政府大本営会議においては、要求は一

定不動のものとして、断乎として、国策決定に突入したのであった。

提案の理由説明にあたった統帥部代表永野修身（軍令部総長）は、意外に強硬であった。「時を経れば日本は足腰が立たなくなる。外交手段により忍べる限りは忍ぶが、適当の時機に見切りをつけなければならぬ。要するに軍としては、極度の窮境におちいらぬ先に立つこと、および開戦時機をわが方の先制によって決し、これによって邁進するほかに手がない」と言った。政府からの構成員、近衛、東條、及川、豊田、田辺（平沼に代わった内相）の五名は、この超重大なる大本営提案に対していかなる態度をしめしたか。

6　岩畔は帰朝後たちまち追放さる
討米論渦巻く参謀本部

「十月上旬に至るもわが要求貫徹の目途なき場合は対米開戦を決意す」という国策の決定は、まさにアメリカとの戦争に突入することを予告するものである。軍部が政治を支配しつつあった時代における前記の文章は、対米一戦を冒険する意図を強く含んでいた。いな、連絡会議に提案された原文は「要求を貫徹し得ざる場合」となっていたのを、七時間の論議の後に「要求を貫徹する目途なき場合」と修正して意味を弱め、判断の余裕を得せしめることに改めたのであった。
十月上旬に至っても要求を「貫徹し得ざる場合」と言えば、そこで判然と期日および現実をつかむことができる。そこでただちに開戦決定となる。ところが「貫徹の目途なき場合」

と言えば、その期になってもなお「目途」について論議の余地あり、開戦の決意を延期する可能性が生ずるわけだ。これは及川海相が極力主張して修正した重大事項であって、統帥部の猛反対を押し切った及川の勇気はいまだ立派に活きていた。これによって――目途の判定論議によって――開戦の決意を一ヵ月や二ヵ月は遅延させることも可能であるとすれば、あるいは南方地域の気象状況から考えて、開戦期を翌年の三月以後に延ばすことになるかも知れない。そうすれば、多少の譲歩による和平をまがりなりにも築き得る見込みは残るのである。

会議に参加していた陸軍軍務局長武藤章と海軍の軍務局長岡敬純は、他の同僚よりも先見しかつ大局を見る常識を持っていたので、熱心に及川海相の修正を支持し、とにかくも「開戦決定期日」に余裕をあたえるだけの修正に落着したのであった。

陸軍はその頃すでに対米一戦論に五十度以上傾いていた。元来が邁進一徹主義のさかんな軍人の間では、われをさんざん苦しめているアメリカに謝るような譲歩は、爪の垢ほどでも不快とする感情を抱く者が多数を制していた。誰が何を主張したとか、誰が討米論を演説したとか、それらをひとつひとつ取り上げる必要はない。日米交渉の補佐に全力を尽くして帰朝した岩畔大佐が、陸海軍省、参謀本部、宮内省、連絡会議と、連日にわたって交渉の実態報告と意見具申を重ねている間に、たちまち南部仏印駐屯の近衛第五連隊長に追放されてしまった一事を以て、陸軍の対米政策がすでに戦争に固まりつつあったことを確知し得るのであった。

岩畔はアメリカを見て帰って来た。彼のカバンの中には、新庄主計大佐がニューヨークで調べ上げたアメリカの物的戦力表が入ってきた。日米の比率は、鋼鉄が一対二十、石炭が一対十、電力が一対六、アルミが一対六、飛行機生産力一対五、工業労働力一対五、石油一対五百、自動車生産一対四百五十等々の数字で示されてあった。これでは、日米戦が長期化したら勝算は全然ない。感情はいかにあろうとも、負けると決まっている戦争をやる馬鹿はあるまい。すなわちある程度の譲歩（撤兵）をしても、この際は日米国交調整に赴くべしというのが結論であった。

岩畔が帰ったのは八月十五日であった。翌日から彼は大車輪で日米復交論を始めた。彼は率直に勇敢に論じた。論じている中に、南部仏印行の辞令が渡されたのは、八月二十四日であった。岩畔は歯嚙みをして口惜しがったが、軍紀はいかんとも為し難く、「これはいよいよ戦争だナ」と痛感しながら、淋しく東京を去って行ったのである。岩畔は帰朝したその足で東條陸相の部屋に挨拶に行くと、東條が第一に発した言葉は、「野村はアメリカに丸められているのではないかネ」というのであった。五ヵ月前、岩畔をアメリカに送ったときの交渉激励の言辞や態度とは、打って変わった冷たさを感じた。案に相違の応対を早々に切り上げてもどると、親友の真田軍事課長が耳打ちして、「昨今省内は反米論が渦巻いている。親米的の言葉は使わぬようにしたまえヨ」と忠告した。

が、岩畔は日米国交回復の熱意に燃えていたのであえて退嬰におちいらず、各方面で妥協説を口演している間に、十日目に南方に駆逐されてしまったのだ。それは東條一人の変調の結果ではなく、陸軍の空気がそうさせたものと見て間違いない。とくに参謀本部においては、岩畔の報告会後の座談において、ある部長から「されど日米開戦は避け難し」との発言があり、岩畔は「しかしながら勝算ありや」と反問したところ、「今や勝負は問題ではない。戦争は不可避の宿命となっている」と力説されて引き退がるほかはなかった。

勝敗を計算外においてアメリカと戦争をするというごとき暴論が、参本の有力なる部課長から叫ばれるようになっては、軍はもはや常識の軌道には乗っていない。海軍省での講演後においてさえ、「ABCDの包囲陣が今日のごとく強化されてしまっては、一戦以外に打開の方法なきに非ずや」という質問が一少将から発しられたほどだ。非戦論の多い海軍部内にさえ主戦派が抬頭していた。近衛はいかにして彼らを外交的解決の線上に統制し得るであろうか。

7 陛下、杉山を御問責

〝太平洋は大陸より広し〟

驚いたことは、この期限付交渉と対米開戦決意の軍部案が、わずか一日で連絡会議を通過してしまったことだ。九月三日午前十一時から午後六時という七時間は、長い時間にはちがいないが一日であることに変わりはない。従来いくつかの重大国策案が連絡会議に掛かったが、いずれも数回の会議を重ねて慎重に議定された。南部仏印進駐のごときは、一ヵ月にわたり数回の長い論議を反覆して決まった。対米戦争を決意する国策案がただの一回の会議でOKとは軽すぎて御話にならないようだ。

その主たる理由は、事態が差し迫っていたことにあり、軍部の眼が血走っていたことにもよるが、モウ一つの理由は、近衛が日米首脳会談の一事に心を奪われて、議案自体がふくんでいる重大なる内容に真剣なる関心をはらわなかった点にある。近衛は、ルーズベルト会談一本槍という心境であって、かりに軍部が戦争の準備をしようが、決意をしようが、それと併進する外交において話をまとめてしまえば、戦争準備も決意も自然と御流れになるのだから、国策要綱の決定はいかにあろうとも、今は全力を外交に集中するときであり、それについてなお六割以上の期待を持っていたのだ。

もちろん、この国策要綱の超重大性を感じない訳はなかったのだから、慎重審議に数日を重ねるのが当然であったが、彼は議長としての手綱の締め方を誤り、一日で軍部の要求をパスさせてしまった。思うに日米首脳会談は、できそうに見えてなかなか実現せず、その裡には何らかの越え難い難礁が横たわっているかも知れないのだから、外交の期間を一ヵ月半という短時日に限定する提案の危険性を、近衛としてはモット深刻に考慮する必要があった。

果たせるかな、九月五日、同案を内奏した近衛に対し、天皇陛下は深大なる憂慮を以て御下問を続けられ、「本案は戦争を主として外交を従とするように感じられる。この点について明日の会議で統帥部の両総長に質問したい」と仰せられた。近衛は「政府は外交を主とし、その遂にまとまらぬ場合に戦争の準備を始める趣旨である」ことを御答えし、なお、「統帥部長への御質問は、御前会議では場所柄いかがかと存じますので、今すぐに御呼び出しになられては」と申し上げたところ、「ただちに呼べ。総理も陪席せよ」との御言葉であった。

陛下が統帥部長に下された質疑と批判（または問責）は、鋭刀一閃骨髄を斬るものであった。杉山参謀総長はまさに首級を上げられて床に伏した形となった。

会話の大要はつぎのとおりであった。

陛下「日米戦争が起こったら、陸軍は幾何の期間にて片づける確信があるか」

杉山「南洋方面だけは三ヵ月で片づけるつもりであります」

陛下「杉山は支那事変勃発当時、陸軍大臣として、事変は一ヵ月くらいにて片づくと申したが、四ヵ年の長きにおよんで未だに片づかないではないか」

杉山「支那は奥地が広く、ツイ予定どおりに片づかないのは恐懼の至りで御座います」

陛下「支那の奥地が広いことは初めから判っている。広いがゆえに四ヵ年もかかるというなら、太平洋は一層広いではないか。いかなる根拠を以て三ヵ月と申すか、それを説明せよ」

陛下は声をはげまされて追撃され、杉山は完全に参ってしまった。それはまさしく不信任の同義語であった。普通の神経を持っていたら、杉山は当然に辞表を捧呈すべきであった。永野軍令部総長が助け船を出した。永野は、日本の現状を「手術をするかしないかの瀬戸際にある病人」にたとえ、「手術をせずにこのまま行けば衰弱して斃れてしまいますが、手術をすれば危険であるが助かるかも知れぬという状態であります。それゆえに統帥部としてはあくまで外交交渉の成立を希望致しますが、不成立の場合は思い切って手術をしなければならぬと存ずるのであります」と説明申し上げて沈黙叩頭の杉山を代弁した。陛下は「しからば統帥部は今日のところ外交に重点をおくものと解してよいか」と念を押され、両大将、声をそろえて「そのとおりで御座います」と奉答して退下した。

陛下がいかに真剣に軍部の動向を警戒され、ひたすら日米交渉の成立によって太平洋の平和を御祈念になっていたかは一目瞭然であった。もしも想像を逞しくすることを許されるならば、陛下は、近衛に対しても、「しっかりせよ」と、その弱そうな腰に一鞭をあたえられたのかも知れぬ。

顧みるに、杉山参謀総長にあたえられた鞭は、決して普通の鞭ではなかった。杉山がもしも辞表を捧呈したら、即座に御嘉納になる不信任の鞭であった。杉山も辞めたかったであろう。ただ、時局はなはだ重大の折柄、陸軍統帥の主将が突如として馘になっては、士気の上におよぼす影響憂うべきものがあるので、我慢をして留任したものと解するのが、敗戦で腹を切った人に対する情義の筆であろう。

8　汝知るや大帝の御歌
御前会議における陛下の抵抗

歴史的御前会議は、九月六日午前十時から宮中東一の間で開かれた。外交交渉に期間をつけ、その期間にまとまらなければ、アメリカと戦争を始めるという超重大なる国策を決定する会議であった。

事の重大なるにかんがみ、政府からは近衛、東條、及川、豊田のほかに内相田辺治通、蔵相小倉正恒、鈴木企画院総裁、富田書記官長、武藤および岡の両軍務局長が出席し、統帥部からは、杉山、永野、塚田、伊藤の両総長および次長、それに陛下の御心を体して質疑する立場から、枢密院議長原嘉道が列し、総員十五名が御前に端座した。

対米英戦争を辞せざるの決意を以て云々といった前回の討議とは異なり、「十月上旬に至るもなおわが要求を貫徹し得る目途なき場合においてはただちに対米開戦を決意す」という国策要綱を議定するのだ。十月上旬と言えば、九月六日からではモウ一ヵ月しかない。その期間に外交が成立しなかったら戦争をはじめるのだ。これは、見方によっては、軍部から政府に送る最後通牒である。しかも日米交渉の五ヵ月の経過と論争の現状から見て、一ヵ月の短時日でまとまるという見通しははなはだ覚つかなく、この国策遂行要綱の文字どおりに進行するならば、十中の八、九は日米戦争ではないか。

しかも日米戦争には勝算があるのか。いな、勝算を確信した者は一人も無かったのだ。日米戦争はもっぱら海軍の戦闘であるが、その戦闘の最高指揮官山本五十六大将は、「半歳か一年なら大いに暴れて見せるが、その後は保障ができない」とハッキリ言い切っていた（対近衛会談）。保障ができないという意味は、長期戦になったら勝算覚つかなし、つまり敗けるだろうという意味であった。これは山本だけの判断ではない。アメリカを知らない血気の将校たちは別として、首脳部では、長期戦の勝算に自信を有する者はほとんどいなかった。

戦争はもちろん算盤だけで弾くものではない。国家の死活的利益を護るために一戦を賭する場合が発生するけれども、その場合でも、最低の算盤はある。必ず負けると思ったら、他の方法を選んで我慢をすることだ。明治二十八年のわが政治家はこれを選び（譲歩。臥薪嘗膽）、そうして軍閥はそれに従ったのである。伊藤博文と陸奥宗光が国策を指導して、山県有朋や川上操六や大山巌の将星がそれにしたがったのだ。

昭和十六年九月六日の御前会議は、杉山、永野、東條たちが主動して、近衛や豊田はそれに追従する姿であった。しかして勝算の乏しい対米戦争を、一ヵ月の外交期間の後に決定しようとするのだ。危険言語に絶す。近衛は単に開会の辞を簡単に述べただけで、永野と杉山とが統帥部の見解を詳しく説明した。永野は、第一期作戦に勝つためには、われより先制すること、および作戦地域の気象を考慮する必要から、開戦決意の時機を決定した旨を述べ、結論において、「現在の難局を平和的に解決するために、あくまで努力すべきはもちろんでありますが、同時にまた、大阪冬の陣のごとき平和を得て、翌年の夏には手も足も出ない状態の下で戦争せねばならぬようなことは、皇国百年の大計のために執るべきに非ずと存じます」と言い切った。聞いている者は、戦争が主で、外交が従である印象を受けた。

ついで立った杉山参謀総長の陳述は、永野に劣らぬ主戦的語調を帯びていた。すなわち、「荏苒《じんぜん》時を移し、米英の術策に陥り、帝国の国防弾発力は漸次減耗する反面、米英の軍備増強されて、わが作戦はますます困難となり、ついに米英よりする障碍を排除するの機を失うのおそれ大なるを以て、対米英戦争遂行の自信ある間に戦争を発起するため（中略）戦備完整の時機を十月下旬と致しました云々」と言って期限付国策遂行の理由を詳述した。その頃、参謀本部内に渦巻いていた米英術策論が杉山の陳述中にも反映していた。ついで鈴木企画院総裁が資源関係の説明を終わった後、原枢府議長が質問に起ち、「本案は一見戦争を主として外交を従とするやに見えるが、真意はあくまで外交による打開に努むるものと解してよろしいか」と質したのに対し、及川海相が立ってこれを肯定した。

そのとき、天皇陛下はとつじょ御発言になり、「原議長の質問に対して統帥部が何ら答えないのははなはだ遺憾である」と仰せられ、そうして懐中から紙片を取り出されて声高く御読み上げになった。それは「四方の海」と題する明治天皇の御詠で、「四方《よも》の海みな同胞《はらから》と思う世になど波風の立ちさわぐらむ」という有名なる和歌であった。陛下は言葉を継がれて、「余は常にこの御製を拝誦して、故大帝の平和愛好の御精神を紹述せんと努めているものである」

と厳粛に宣せられた。満座水を打ったごとく、しばらくは人声を聞かなかった。やがて永野が起って、及川海相の言は政府と大本営を代表するものと信じて黙していた旨を述べた。陛下が御前会議で発言されたのはこれが初めてであった。君臨非統治の西園寺方式を守ってこられた陛下にとっては、これが軍部に対する最大の抵抗であった。陛下は「否認」の最高権能を封ぜられていた。悲しんで余りある泰平時代の慣行であった。かくて超重大の御前会議は終わった。

9　遅過ぎた近衛の奮起

グルー大使も胸打たるる真剣味

九月六日の御前会議が終わると、夕刻、近衛は米国大使グルーと極密裡に会見した。グルーは通訳にドウマン参事官を従え、近衛は牛場秘書を陪席させた。会見は、陸海外三相に諒解ずみの上で行なわれたもので、要はルーズベルト・近衛会談を大至急に実現できるよう、グルー大使の協力を求める目的であった。

当時、アメリカ政府が抱いていた日本観は、日本の政治外交が好戦的軍閥および右翼団体の掌中にあり、近衛がかりにアメリカとの間に平和的協定を結ぶことに成功したら、彼は間もなく政界から消されてしまうであろう弱体の首脳に過ぎず、大統領がわざわざ出かけて取り極めを結んでも、それは流産類似のものに終わるのではないか、と見ていた。また歴代の外相が真摯らしく保証したことが、一再ならず軍の行動によって蹂躙されており、グルーにしたがえば、信用のできるのは Acts and Facts（行動と事実）のみであって、日本政府の保証ではない、という状況であった。

満州事変当時、スチムソン長官がわが出淵大使を「日本の嘘ッつき」と呼んでいたのと同じような不信が、支那事変を通して、日本の外交証言に対して抱かれていたのだ。日本が用いる「平和」という言葉を、アメリカは侵略の代名詞のように解していた。それは、口穢く論ずる反米言論の急増や、日米交渉無用論や、海南島の占領や、北部仏印駐兵や、関東軍大増強や、南部仏印進駐等々の事実によって、アメリカ官民の疑惑を深めるのみであったからだ。日本の外交文書は何時廃紙になるか判らぬ、アクツ・エンド・ファクツのみが保障であるというのは、独りグルー大使のみの感想ではなく、米国人一般の抱く観念であった。

近衛は極めて熱心に誤解を説こうと努めた。日米首脳会談は、陸海軍の幹部から強力なる支持を受けているものであり、陸海軍とも現役の大将および政策の中心に座する軍務局長を随伴させて一挙に成功を収めることを期待している一方、現に日米間に意見のまとまらない諸問題は、この首脳会談で必ずまとめることができると確信している旨を力説した。そうして、

「多少の反対論はあっても、それは自分の内閣によって必ず克服されるであろう。もし私が失敗したら、少なくとも私の存命中にはこの問題を解決し得る首相は一人もないであろう。しかして、時機は今である。細部の意見一致を得るには半年、一年の日子を要するであろうし、その時を待って交渉妥結を計るなぞは、時すでに去るものである。今ならば、自分が選んだ目的地へ日本を引っ張って行くことを保障し得る云々」

と述べて首脳会談の一日も速やかなるべき祈願を訴えた。グルーは「今夜の会談を直接大統領に報告するが、その報告は、自分の外交官生活中の最も重要なる電報となるであろう」と述べ、近衛の熱意に感動されたようであった。まことに近衛は真剣そのものであった。彼の智慧も、勇気も、良心も、この四ヵ年の事変に会って立派に磨かれた。今日ほどの近衛の責任感と勇気とがあったら、支那事変は過去において少なくとも三回は解決し得る機会があった。いまあらゆる犠牲をはらって国難打開の関頭に立ったときは、相手のアメリカに信頼感と共鳴の度が低く、いわゆるツー・レートの嘆を深くせざるを得なかったのは残念であった。

日米交渉ははかばかしい進行を見ないで、九月も暮れようとしていた。九月六日の御前会議の決定を覆さない限り、陸海軍の戦争準備開始は三週間の近きに迫ってきた。九月二十五日の連絡会議は、それゆえに殺気を呈した。陸海軍統帥部は、和戦の決定を遅くも「十月十五日」になすべきことを政府に要求した。御前会議の決定に従えば、それは当然の要求であったが、近衛は、現実の厳しさにいまさら当惑の色あり、陸海外の三相を招いて、統帥部の要求に対する感想を質した。及川海相は、世界情勢が刻々変化しつつある際に、日本のみが過早に世界戦争に飛び込むことは再考せねばならぬという見解であったが、しかし、御前会議の決定を変更するのは容易ならぬこととして決断に迷った。その点、東條陸相はハッキリと御前会議の決定どおりに進むべきを主張し、その決定には「十月上旬頃」とあるのだから「十月十五日」としたのは最終期日である旨を力説した。

もちろん陸軍の作戦準備は九月六日を転機として着々と進められたが、九月十八日に至って本格的の第一段階に入り、南方作戦に使用さるべき兵力の一部の移動を開始した。すなわち在満州の第五十一師団、同航空地上部隊、内地において動員ずみの砲兵、通信、兵站の諸部隊を、南支と台湾と北部仏印とに移動し始めた。しかし、作戦軍の編成および南方への集中展開は、開戦決意後でなければできないので、陸軍はその決意を急いだのである。

海軍の方は十月末日までに臨戦準備は完整するまでに進捗しており、矢は弓弦の上にあった。陸軍も船舶の徴用、基地の設定、軍需品の集積などはすでに着々進めつつあったが、大兵力の移動は秘密には行ない難く、判ればたちまち外交を妨害することになるので、開戦の決意が御前会議で確定する以前には実行に移すことができず、それだけ焦慮に駆られてサーベルの音を高くしていたのであった。

10　東條の撤兵反対

近衛との単独懇談も物別れ

統帥部の要求に神経を衝撃された近衛は、九月二十七日から四日間、鎌倉に引っ込んで東京に姿を見せなかった。不眠症の治療や、沈思黙考や、軍部冷却の期待や、理由は種々あったろうが、十月二日、米国政府からの回答が到着するにおよんで急遽上京し、ただちにそのハル覚書の検討に着手した。

数千言を費やした覚書は、要するに、太平洋平和の維持には、一時的の間に合わせの諒解を不可とし、根底のある協定を必要とし、その原則一致の上で初めて首脳会談も開かるべきであるという従来の主張を諄々と述べ、さらにつぎのような日本側の譲歩を提案していた。すなわち、

一、国家間の基本原則四ヵ条の無条件確認（注、領土保全および主権尊重。内政不干渉。機会均等。平和的手段による以外の太平洋現状不攪乱）

二、支那および仏印よりの日本軍の全面撤退

三、日支間における特殊緊急関係の放棄

などを主たるものとする強硬なる主張が読みとれた。

そこで十月四日の連絡会議において、豊田外相はこれに対する回答案原案を提起したが、東條は、米国の主張は容易ならざるものあり、回答の前に、各自が掘り下げて検討し、その上で再議することを提言して散会した。

十月六日、陸軍の首脳会議が到達した結論はつぎの三ヵ条となって政府に通達された。

（イ）陸軍は日米交渉を妥結の見込みなきものと認む。したがって開戦は已むを得ざるべし

（ロ）駐兵問題については、その表現法をも含め、既定の案件を変更するを得ず

（ハ）外交当局が十月十五日を限度として交渉を続行することは差し支えなしすなわち日米交渉を絶望と見るのであった。しかるに海軍側の結論は、反対に「交渉は見込みなきにあらず、鋭意続行努力すべし」という趣旨であった。いわゆる希望的観測であって、この際米国に一撃をあたうべしとする陸軍は、交渉を絶望視したが、日米戦争を回避しようとする海軍は、交渉の見込みがあると考えたのである。しかしてこの陸海軍の対立は、日米戦争に対する両軍の立場の相違と、対支政策に対する相違とから由来するところが多かった。

日米戦争は海軍の戦場であって全兵力の運命を賭するものであるが、陸軍の方は全兵力の二割程度を対米英戦争に向ければよいと考えていた。一方は生命を懸けるが、他方は手足の負傷を考えればいい。自然と慎重の度合いに相違があった。

つぎに対支政策については、陸軍は支那に駐兵することを生命線的要求とするのに反し、海軍は必ずしもこれを固執せず、万已むを得ざれば全面撤兵も致し方なしと考えていた。ゆえに、アメリカの最大の要求である支那全面撤兵を諾すれば、日米交渉はまとまるという見地から、交渉は絶望にあらずと見たのである。しかるに陸軍の方は、内蒙および北支の駐兵をも放棄することは絶対不可能事と決めていた。非併合、無賠償の上に全面無条件撤兵ということなら、四ヵ年の戦争は何のために戦ったか、その十万の戦死者の霊に対して何ものを捧げるか、巨大なる戦費を費やした国民の犠牲に何を以てこたえるか。日支戦争は陸軍が主動者として開始された戦争である。陸軍のこれに対する申し訳けは、内蒙・北支に駐兵して満州国の安定を保証することを最低限とする。ゆえにアメリカの主張に屈することは絶対不可能であり、対米一戦を賭するも譲歩はできぬ、すなわち開戦已むを得ずと結論されたのである。

陸軍だけの立場から見れば、それは已むを得ないものであったろう。いわんや三宅坂の窓は狭い。その窓から凝視する地方は、満州、内蒙、北支であって、太平洋の彼方にはとどかない。

参謀本部の屋上から見る視界は限られている。誰人かが彼を大所高所に連れて行って世界を見せなければ、陸軍の主張を改めさせることはできなかった。

近衛が、東條を荻窪の私邸に連れ出して、二人だけで三時間余りの懇談を重ねたのは、十月五日の夜であった。近衛は、あくまでも日米交渉を続行して諒解に到達することを救国の道であると説いて、東條の大所高所からの協力を懇請した。

東條はすでに主戦論者になっていた。アメリカの支那全面撤兵論は、陸軍の面目を全壊するばかりでなく、無礼であり、傲慢であると憤る武将の感情が燃えていた。永田鉄山がその地位にあったならば、近衛の大所高所論に賛成するのはもちろん、進んで引っ張るくらいの政治的感覚を発揮したであろうが、惜しむべし、東條にはそれを期待することは無理であった。

陸軍の中にも対米戦慎重論者は絶無ではなかったが（たとえば武藤章のごとき）、内蒙・北支の駐兵もを峻拒する米国案をののしり嚇怒する大勢の前には寸言を挿む余地もなかった。東條はその大勢の上に指揮刀を振るう身であった。近衛の誠意をこめた懇請も、東條を承服させることができないまま、再開を約して別れた。

11　白熱する五相会議

「首相一任」を東條承知せず

近衛・東條の再会は、十月七日夜、首相官邸の日本間で行なわれた。その前日、近衛は及川海相と懇談し、支那撤兵の方式を工夫して日米会談を成功させる外交について諒解を求めた。及川は賛成して会談の成果を期待すること、ならびに海軍部内の主戦論は必ず抑え得ることを表明した。

支那撤兵の方式を工夫するというのは、日米会談においては、アメリカの主張どおりに全面的に撤兵し、つぎに日支間の新協定によって内蒙と北支の一部に駐兵を実現することであった。豊田外相はこれを「名を棄てて実を取る駐兵」と呼び、これによって日米交渉をまとめるという可能性を近衛に告げていた。

十月七日夜、東條が近衛に答える約束は、陸軍がこの新方式を承諾するかどうかの一点であった。東條は、「軍としては絶対に承服し得ない」と確答した。近衛は暗然としたけれども、なおあきらめずに外交続行の要を説いて別れた。

この、一時全面撤兵、しかる後に駐兵、という案は、六月中旬に米国の郵政長官フランク・ウォーカーが野村大使に示唆したもので、ウォーカーと大統領の間柄や、またウォーカーの政府部内における発言権から考えても、実現は可能であると信じられたのであった。「しかる後に駐兵」というその日支取り極めならば、汪兆銘政権との間における基本条約にはモット広範囲に約束されており、さかのぼって川越・高宗武会談においても、宇垣・孔祥熙会談においても認められていたものであるから、日支和平成立の後に、小規模の駐兵特別協定をとげることは可能であると信じる理由もあったわけである。

十月十二日は、近衛の五十歳の誕生日であった。この日、近衛は東條、及川、豊田、鈴木を荻外荘に招いて五相会議を開いた。会議の目的は、外交交渉の見通しについて研究するとともに、和戦の方向をも論議しようとする極めて重大なる会合であった。会議は午後二時から開始されたが、その日の午前、海軍軍務局長岡敬純は、富田内閣書記官長を訪ねて、つぎのような重大なる申し入れを行なった。

「軍令部は別として、海軍省首脳部は日米戦争をやりたくない。しかし、大本営で賛成し、御前会議も経ているのだから、海軍自身の口からいまさら『やれぬ』とは言えない。ゆえに本日の会議では、海軍大臣は、和戦の決を首相に一任するという発言をするから、あらかじめ左様御含みおきを願いたい」

というのであった。すなわち、海軍は対米戦争回避の意思を、自身は沈黙して、近衛をして言わしめようとする肚であった。すでにして及川海相の言動の裡には、アメリカとは戦うべからずとする主張が、時折り姿を見せてはいたが、軍人の主戦的雰囲気の中でこれを確信するだけの勇気に欠けていた。

さて会議が始まると、劈頭に近衛は外交的打開の途なきにあらず、一層これに努めたい意見を述べ、豊田外相はこれを敷衍して「駐兵問題にあやをつければ妥結の見込みがあると思う」旨を詳述した。が、東條陸相は多少昂奮して、「交渉妥結の目途はないと信ずる。外交は互譲の精神があって成立するものだが、アメリカは何事にも一歩も譲ろうとしない。日本は譲歩を重ね、難題の四原則までも主義として認めたのに、米の態度には妥協成立の意思は全然認められぬ。これでは外交はもはや見切りをつけねばなるまい」と力説した。

ついで及川が口を開いたが、その要旨は、午前中に岡軍務局長が通告した首相一任論を中心として、和戦を天秤にかけると、外交による和局を主張する意図が明らかに流露していた。大要は「今日まで外交と戦備とを併進して来たが、いまや期日は切迫して和戦いずれかを決すべき関頭に立つに至った。よって、外交で行くなら徹底的に外交を進めてもらいたい。外交をやって二、三ヵ月して駄目だから戦争だと言われても急には間に合わない。いずれにするかの重大決定は首相の裁断に一任し、われわれはその決定に従う」というのであった。

ところが東條陸相はこれをさえぎり、「そう簡単には行かない。陸軍は御前会議の決定に従って現在兵を動かしつつある。もしわが方の不可譲の線を守って統帥部の要求期日内に外交的解決の確信があるなら、戦争準備を中止して外交で進むのもよろしいが、あやふやなことでは困る」と言い、さらに「わが国では統帥は国務の外に独立している。首相が決心しても統帥部との意見が合わなければ和戦の決定はできぬ。したがって陸軍は首相に盲従はできぬ。外交上の確信がないならば、首相が外交で進むと決心しても同意するわけには行かない。外相は確信を持たれるか」と豊田に向かって質問を向けた。

豊田はただちに答えて、

「遠慮なく言えば、御前会議の決定は軽率であった。あの重大国策要綱は、われわれの前に案が示されてから二日後に決定したのだ――。外交は相手のあることだから、期日内に絶対確信があるかと問われても確答はできぬ」と応酬し、東條は「そんなことでは困るではないか。重大な責任において決めたことではないか」と反駁し、議論はいよいよ白熱して行った。

12 沈黙を破り近衛熱弁

為政家の道は「和」を選ぶに在り

統帥部は十月十五日を期間として和戦いずれかに決定することを要求していた。それは御前会議の結果から見れば不当の要求ではなかった。その日はアト三日の間に迫っている。近衛は「和」に決定する意図を以て荻外荘会議を開いた。そこで「主戦」の東條を説得して、外交交渉の続行に同意させようとしたのであった。また、御前会議決定の「十月上旬に至るも要求貫徹の目途なき場合は開戦を決定す」という条項の「目途」の有無を判断して「いまだ目途あり」と決定することを企図したのであった。

豊田外相は、目下日米交渉の難点は、第一が三国同盟、第二が支那における経済問題、第三が撤兵問題だが、前の二つは妥結の見通しがあり、残るは撤兵の一点だけであるが、これについては「主義として全面撤兵に同意し、後に日支間の切り極めを以て、場所と期間を定めて駐兵する方式、すなわち名を棄てて実を取る方式で行けば、妥協の見込みがあると思うから、その交渉をさらに推進すべきである」と反覆主張したのであった。

しかしながら東條はそれに同意しない。強い語調をもってつぎのごとき所信を述べるのであった。

「米国の狙いは名実ともに即時完全撤兵であることが明白である。外相の言うように、名を棄てて実を取るような妥協ができるとはとうてい考えられぬ。いま米国の要求に屈して完全撤兵をしたら結果はどうなるか。戦争四ヵ年の大犠牲は水泡に帰するのみならず、日本の威信は地に墜ち、ひとり支那の侮辱を購うのみならず、満州からも朝鮮からもあなどりを受けて前途に国難を加重するのみである」

これに対しては、近衛も昂奮せざるを得なかった。平素の沈黙主義を破って、めずらしく力強い発言をした。その大要は、

「陸相のように言われるのでは、外交交渉の目途ありやなしやどころではない。まさに目途なしである。外相はさらに譲歩して交渉成立の目途ありと言われる。海相はしきりに首相一任と言われるが、自分としては今日は開戦の方に決意することはできぬ。いずれかに決定せよと言われれば、外相の説を採るほかはない」

と言い切った。しかし東條は承服しない。

「外相は交渉を続けてみるが、相手のあることだから成立の確信は言明できぬと言っている。こんなあやふやなことでは統帥部を納得させることはできないではないか」

と喰ってかかる。

近衛も、この日は退いてはいなかった。

「戦争になれば長期戦において日本には自信がない。それに較べればいまだ外交の方が自信が持てる。どちらにも危険はともなうが、その危険のヨリ少ない方を選ぶのが当然である。

ヨリ自信の持てる方に行くのが為政家の道と思う。自分には戦争には自信がないから責任をとるわけには行かない。戦争と外交と二者択一ならば外交をとる」

とハッキリ言明した。が、東條は納得しない。「総理は戦争には自信がないと言われるが、それは九月六日の御前会議で発言さるべきことである。御前会議では、外交の見込みがない場合には開戦すると決めたもので、総理はそこで同意されたではないか。いまさら責任がとれぬとは言わせない」と詰め寄る。近衛は、御前会議の決定が軽率に過ぎたことを後悔する情において、豊田と軌を一にしていたが、ここで東條に一本取られて退き下がるわけには行かない。

「和戦いずれかの中、一方にヨリ多くの期待を持つにかかわらず、期待の持てない方を採用することには責任はとれぬというのだ。御前会議の決定は、外交がまったく望みを失った場合のことを決めたもので、今日は未だ見込みを失ってはいないから、外交を続けるというのだ」

と応酬した。そこで東條は、今日いずれかに確定することは尚早であるから、中間的に再考するつなぎの案として、モウ一度外交交渉を促進することにしようと申し出で、つぎの諸項を申し合わせることになった。

一、駐兵問題およびこれを中心とする諸政策を変更せざること
一、支那事変の成果に影響をあたえざること
一、右を前提として、ほぼ統帥部の所要時期まで外交的妥結の方針で進むこと
一、その期間軍は作戦準備を打ち切ること

一、外相は右の能否を研究すること

これは荻外荘会議が決裂するのを救った東條苦心の一案ではあった。が、前記二つの前提で、両三日の間に、外交の見込みが得られようとは、豊田が研究するまでもなく不可能事であろう。しかもその短い期間（三日、長くとも五日と東條は踏んだ）、作戦準備を打ち切ることは、準備急進中の軍には一大打撃であって、杉山は不平を鳴らし（十月十三日朝）、省内の中堅層でも、東條の専断に不満の声が高かった。

東條としては一大勇断に出たものであったが、外交を継続する当事者間には断は通用しない。ワシントンにおいて、東京において、反覆される幾回の交渉往来もついに朗報を期待し得るはずはなかった。

13 〝東條演説〟に閣僚黙す

閣内不統一かくて歴然

十月十四日は、大本営が要求した外交最後期間の前日にあたる。その日の閣議は必ずや内閣の運命を左右する大会議に発展するはずである。その前の晩（十三日夜八時）、近衛は豊田外相を首相官邸に招致して外交見通しの最新情報を聴取した。豊田は、全面撤兵を約すれば妥結の見込みあり、これを拒めば絶望という結論を述べた。そこで、近衛は翌十四日朝、東條を首相官邸に招いて懇々と撤兵応諾の必要を説き、危険極まる長期戦の大冒険に突入するよりも、一時の譲歩によって国難を打開しようとする方針に協力を求めた。近衛は、日露戦争時代からの諸例を引いて、諄々として説き、かつ訴えた。結論は「ひとまず支那事変にケリをつけ、無疵の陸海軍を残して相当の発言権を残す方が国家のためである。国連の進展は何人も望むが、大いに伸びるためには、時に屈して国力を培養する必要がある」というのであった。

しかし、近衛の畢生の口説を以てしても、ついに東條を説き落とすことはできなかった。東條が答えた大要はつぎのごとくであった。

「これだけの犠牲に対して撤兵は主義としてできぬ。これは職を賭しても譲れない。首相は名を捨てて実を採ると言われるが、それは軍の士気を維持する上から同意ができない。米国の本心は極東制覇にあり、一つ譲ればまた一つと、停まるところを知らないであろう。首相は国内の弱点を知り過ぎて悲観に陥っているが、米国にも弱点はあるのだ。人間、ときには清水の舞台から飛び降りる勇気を必要とする」

と論駁して逆に近衛を戦争へと鞭撻するの勢いを示した。近衛はついに諦め、「そうなれば見解の相違で致し方ない。閣議で、今の説を述べてもらいたい」と言い捨てた。東條は、「見解の相違というよりも性格の相違です」と言い返し、会談一時間半にして別れたが、両者の感情は明らかに対立した。

十時半から開かれた閣議は、果然、外相と陸相の論争に発展した、というよりも、東條陸相の開戦決意論の独演会を聞くといった方が適切であった。豊田外相は、荻外荘の時と同じ調子で、全面撤兵による外交妥結工作を主張したのに対し、東條も、他の機会にいくたびか述べたところを、ひとまとめにして、弁論会で演説するの観を呈した。

「日本は支那事変において数十万の死傷者を出し、これに数倍する遺家族を擁し、百万の軍隊単位と一億国民とは、戦場において銃後においてともに辛苦と戦い、かつ国帑を消費すること数百億円に達した。しかも終戦には非賠償非併合という寛容なる態度を以てのぞまんとす。ただ駐兵によって事変の成果を結実せんことを要求するのみである。これを失えば、満州の存在を危くし、朝鮮の統治も動揺するを保し難い。撤兵を看板にして駐兵の実を挙げんとするごときは、事実上不可能なるのみならず、軍の士気を破壊するものにして断じて承認するわけには行かぬ。駐兵は心臓である。譲歩に譲歩を重ね、そのうえさらに心臓ともいうべき駐兵をも譲ることとは、結局は降伏と択ぶところなく、日本帝国の断じて譲り得ない生命そのものである云々」

と、軍人が作った作文を、荘重なる語調で読み上げる趣きがあった。近衛も及川も、これに対して一言も反駁することなく、他の閣僚はことごとく黙し、単に心の中で苦々しく東條の演説を聞くのみであった。ここに内閣は完全に意見の対立を暴露し、閣内不統一は歴然たる事実となった。東條が、野戦の司令官としてどこまで戦い得る武将であったかは不明であるが、その領域にある方が、政治の分野にあるよりはましであったというのが、同僚の一致する意見である。

と言っても、彼は陸軍の中堅層が抱いていた猪突討米論よりは高い所を見ていた。ただ、「資源がある程度続くならアメリカに対して一戦を試みたい」と、武藤や佐藤を前にして密かに漏らした程度の条件付主戦論者であった。

その条件は、アメリカの強い要求に対する反抗と、さらに陸軍部内の怒濤のごとき反米論のために剝ぎ取られ、九月、十月と危機のいよいよ深まるにつれて、ほとんど丸裸の主戦論者に変わってしまったのだ。彼は深夜目をさまして、対米長期戦の前途に心臓の波打つのを感じたこともたびたびであったが、しかし、暴れ狂う部内の討米論を抑える自信の皆無なることを思い起こし、運命の赴くところ、ついに清水の舞台から飛び降りるのほかはないと悟ったものである。また、彼は、いかなる陸軍大将を以てしても、昭和十六年十月の陸軍を、対米和平の方向に導くことは、落日を東に回すほどの不可能事と観じたのであった。

果たしてしからば、近衛内閣の下においては、三宅坂は間もなく火を発するであろう。すでに閣議は分裂し、また、九月六日の御前会議の厳粛なる決定にも違背しつつある。これを救う道は何か。最後の手段として、東條、阿南、武藤が案出した方途が二つあった。一は、海軍の真意確認。二は東久邇宮殿下の総理推戴がそれであった。

14　手ぬるき常識海軍

主戦陣を突破する一弾は不発に終わる

分裂の閣議から帰った東條は、阿南と武藤を大臣室に呼んで、危機の打解に関する智慧を絞った。結論は、「海軍の真意を確かめて再考しよう」ということになった。及川海相の口吻では、日米戦争を回避したいようにも思われるが、永野総長の言動は、死中に活を求める一戦論に終始している。海軍省と軍令部と、いずれが海軍の総意を代表するのか。しかし政策決定は海軍省にあるのだから、省の確定意思を知ることが今日の緊急事であり、それを確かめてから陸軍の最終態度を決めようということになった。

軍務局長武藤章がすぐに富田内閣書記官長を訪ね、「どうも海軍の真意は戦争回避にあるらしい。海軍が本当に対米戦争ができぬというならば、陸軍も考えなければならぬ。ところが海軍は、陸軍に向かって表面それを言わないで、ただ『総理一任』とだけ言っている。しかし、総理の裁断だけでは今日の陸軍部内はとうてい抑えることはできない。しかし、海軍の方から、『この際は戦争はできぬ』と公式に陸軍に申し入れるなら、部内を抑え得る。どうか海軍からそう申し出るよう仕向けてもらいたい」と訴えるのであった。

が富田は、言下にその不可能事であることを答えた。御前会議の手前もあり、今日に至って海軍から「戦争ができぬ」というような申し入れのできるはずはあり得ないではないか、というのであった。しかし念のためということもあるので、富田は軍務局長岡敬純を訪ねて（十月十四日午後三時）、自分が武藤に答えた事のしだいを報告し、試みに海軍の意嚮を確かめたが、返事は富田が信じたとおりの「首相一任」につきるのであった。

武藤と岡とは、陸海両省の軍務局長として親しい間柄であり、本来ならば、富田をわずらわさずに直談しそうなものだが、この際二人の直談は陰謀と睨まれるほどに部内が灼熱していた。二人は、できるだけ日米戦争を回避しようとした政策の共鳴において相許し、たがいに軍務局長の重要なる椅子によって、主戦の大勢を平和に導こうと、半歳にわたって努力してきたが、その努力は今まさに水泡に帰そうとしていた。とくに陸軍においては討米論の勢い凄まじく、一個の武藤章では、隻手を以て大河の氾濫を堰き止めるような不可能事であった。

一方、岡敬純の場合は、かろうじて奔流を制し得る瀬戸際にあり、海軍をして「総理の裁断」に従わせるだけの統制力は残っていた。が、海軍が主動者となって日米戦争を回避するということでは、とうてい部内を抑えることはできないし、また、不敗の海軍を誇って来た手前もあって、屈服の首唱者になるのはその矜持が許さないのであった。

アメリカを想定敵国として、営々として建艦錬磨すること三十余年、百万トンの大海軍は米英とともに天下の海を三分し、その一流の戦力はアメリカといえども容易に日本を侵し得ない保障として厳存した。それは、彼の野望を制する太平洋の城壁として整備されていた。それは敵がいわれなくして皇国を侵略する場合に処する大防御力であった。しかるにいま支那を侵し、進んで南洋を侵さんと欲し、それゆえに追い込まれたる危機の局面に際会したのだ。もし支那と南方とから侵略の手を退けば、大海軍の生命を賭する必要は消滅するのだ。海軍当局者が、勝算なき長期戦の大賭博に赴くよりも、支那と南方を譲って、大海軍を無疵に残そうと希うのは常識の当然であったろう。

しかしながら「不敗の海軍」の名を謳われるや久しく、「世界無比」の形容詞も、いまは好戦的言論の上に常識のように噺されていた。何の面目あってか、この期におよんで「対米戦争はできない」と、海軍自身の口から言い得るか。

また海軍の部内においても、主戦論の大勢は、すでに常識の府を半分近くは侵していた。やがては海軍を荷って立つであろうと約束された優秀な人材のなかにも、「勝てるかも知れぬ。少なくとも負けると決まってはいない。その戦争を、海軍だけが独り尻込みする必要はなかろう」という議論を聞くようになっていた。

それはもちろん「抑え得る」ことにおいて、陸軍とは熱度を異にしていたが、ここに一つ、海軍の不決断を導く他の理由があった。それは「この問題で海軍が正面から陸軍と衝突し、軍を二つに割ってしまうことは絶対に避ける」という方針であった。かかる海軍の常識は、一応の常識であったが、国家そのものが割れてしまう危険のある場合の見識としては不合格であった。

及川海相は九月末にも、東條に対して、日本が過早に世界戦争に飛び込むことを憂えると言い、十月九日の連絡会議では、永野の「外交遷延反対論」を制止し、十二日の荻窪会談では、外交重点論らしき発言をして、近衛のために間接射撃を試みるなど、海軍が対米戦争を欲しない意思を一生懸命に表現しようと努めてはきたが、しかも、最後は「総理一任論」の煙幕を張り、あえて自ら東條に直接弾を送ることを避け通してしまった。十月十四日は、彼の直弾が東條の主戦陣を崩す最後の機会であったが、不幸にして、海軍のいわゆる常識方針は、この止めの一弾を不発に終わらせた。

第十三章　東條和平に転ず

1　内外驚く東條の組閣

和平追究へ逆手の非常手段

海軍から不戦の公式通告を得られなかった東條は、即刻、陸軍として残された唯一つの途につくことになった。内閣総辞職。そうして後継首相に東久邇宮殿下を推戴することであった。

十月十四日夜十時半、東條は鈴木企画院総裁を使者として、荻外荘に近衛を訪わしめ、内閣の総辞職(九月六日の御前会議決定に対して輔弼の責を尽くさない理由)を勧告し、かつ後任には東久邇宮殿下を奏請することに尽力を願う旨を伝えた。東條がとくに宮様を担ごうとしたのは「和と決まった場合に、陸軍を抑え得るものは殿下以外にはない」という観測から出たものであった。なお東條が自分で近衛を訪わずに、鈴木を使者に出したのは、二人が差し向かいで話すのは堪え難いまでに感情が激化していたためであった。

翌十五日午後、近衛は参内し、東條の伝言として東久邇宮殿下の件を奏上した。陛下はつぎのように御答えになった。

「東久邇宮殿下は参謀総長には最適任と思うが、今日の危局に皇族が政治の局に立つのはいかなるものか。自分はどこまでも平和で行きたいと思う。皇族は自分の名代のようなものだから、戦争の方に決められては困る。平和に決めてもらわねばならないが、その際に陸軍が統制に服するかどうかも問題である。いずれにしても異例のことだから、かりに皇族が出るとなったら、閣僚の銓衡なぞよほど慎重にやってもらわねばならぬ」

と軫念深く語られたが、絶対に反対とも思われなかったので、その夜、近衛はひそかに東久邇宮邸に伺候し、護良親王になったつもりで御出馬を願う旨を縷々進言した。殿下は、事あまりに重大ゆえ、両三日考えさせてもらいたいが、「自分の力で陸軍が抑えられるかナ」と語り、それよりも、和平派の陸相を迎えて、第四次近衛内閣を作る方が適切であると奨めた。

翌十六日午後に捧呈した近衛の辞表には、東條陸相の主戦論を覆そうと努力してついに成功しなかった理由が詳細に記録されていた。近衛内閣を倒したものが、東條を主とする陸軍であったことは一点疑う余地はなかった。が、東條は「和」の場合をも考慮して、その際の統制のために東久邇宮大将を推したこと前述のとおりであり、近衛もまた自らそれに奔走したのであったが、陛下の御心配と、松平宮相以下の宮中の意見は、皇族内閣に反対であったので沙汰やみとなり、時下最も困難なる後継首相の問題と取り組むことになった。

主動者は内大臣木戸幸一であった。木戸の判断では、軍部の勢力が今日のように圧倒的になってしまった以上は、民間の政客が両軍を制して国政を司ることはほとんど不可能事である。よってこの際は、陛下が東條と及川を同時に召され、一方に組閣の大命を下し、他方に協力するよう御諚を賜わり、同時に、九月六日の御前会議決定は再検討せよとの御沙汰を下されるのが一番実際的であるというのであった。これは木戸から進言して陛下の御賛同を得た方針であった。さて東條、及川のいずれを主にするかについては、はじめは及川を当然と考えたが、後に、海軍から首相が出た場合における陸軍の反発を考慮し、今後なお「外交を継続する」ことは、むしろ東條にやらせる方が効果的であるという結論に達した。実力を有する主戦論者が、心機一転して外交交渉に入ることは、かえってアメリカを安心させて案外の好結果をもたらすかも知れないというのだ。これには近衛も賛意を表した。

後継首相を推薦する重臣会議は、十月十七日午後一時から、宮中西溜の間で開かれた。真に重大なる会議に相違なかったので、清浦奎吾のごときは、夫人と主治医をつれて、九十二歳の老軀を熱海から運んだ。若槻、広田、岡田、林、阿部、米内、原、木戸の九人が額を集めた。若槻が宇垣を推したり、いろいろの説が現われたが、木戸が東條英機を推薦する理由のいかにも適切に響くところに一致した。

主戦派として内外等しく認められ、また事実、主戦論を以て近衛内閣を倒した東條に、組閣の大命が降下したことは天下の驚きであった。それは、いよいよ日米戦争だという観測を一般にあたえるのが当然であったからだ。しかし、内情はまったくこれと異なり、東條はできるだけ和平を得るための逆手の使臣として、生まれ変わって登場したのだ。この年齢と性格とを以て、彼が本当に生まれ変わることができるかどうかは、重臣の大半が疑問としたところであったが、十月十七日においては、彼は和局追究の指導者として陛下の大命を拝したのであった。

組閣の大命は、東條にはまったく意外であった。東條についで及川も御召しになり、両軍協力の御言葉が下された。両大将が控室に退がっていたとき、木戸内府は別の御沙汰書を持参して伝達した。それは、「国策の大本を決定するについては、九月六日の御前会議決定に捉わるることなく、内外の情勢をさらに深く検討して慎重なる考究を加うべし」という御諚であった。これが当時有名になった「白紙還元の御諚」と称するものであった。

2　陸軍の歓声に東條耳を掩う

「駐兵心臓論」も白紙還元

「白紙還元の御諚」というのは、九月六日の御前会議決定を水に流すことで、すなわち「開戦決意」を放棄することである。換言すれば、日米交渉をさらに継続することである。そうして最大の含みは、日米戦争を避けて平和で行くということである。天皇の御期待はそこにあった。忠臣東條英機の能力は、それに応え得るであろうか。

東條の資格審査表の中では「忠義」が最高点で、他はおおむね中位であった。彼は、陛下の御意思の前には、自説を廃履のごとく捨てて顧みなかった。熱火のごとく主張している説を、陛下の御考えはその反対だと聞いて、即座にそれに従った実例は、彼の次官時代にも省内の話題になっていたほどだ。しからばいま大命を拝した東條は、主戦の鬼となっていた身を翻して、日米和局の方向に二直角転針を断行することも、決して自己瞞着ではあるまい。ただ、あまりにも戦争にコンミットしてきた陸軍大将のプライドの限界が、平和追及の借り衣を、どこまで着こなせるかに、天下の疑問が懸かっていた。

しかしながら、東條は、白紙還元の御諚を、天皇の御墨付として押し戴き、平和への一大努力に転進しようと決意したのであった。十月十七日の彼の心境はそれに相違なかった。彼はさらに神意を拝するという気持になって、明治神宮、東郷神社、靖国神社と歴拝しつつ組閣の構想を練り、「和」に決まった場合の陸軍部内の統制に任ずるために陸相を兼摂すること、ならびに、国内の混乱に対処するために――当時の国内は対米英戦争の前夜祭のように躍っていた――内務大臣をも兼ねることを決意した。これは聖意に応えようとする東條の精神を如実に語るものであった。

それだけではない。入閣の交渉を受けた外相候補東郷茂徳に対する東條の約束は、数日前「駐兵は心臓なり」と疾呼して近衛内閣を倒した当人の思想を明白に改めていた。東郷は入閣の要請に対し、「陸軍が支那駐兵について従来のような強硬態度を続けるなら、外交交渉は不可能に決まっているから、外相は引き受けられぬ」と言ったのに対し、東條は「支那駐兵の問題を含め、日米交渉上の諸問題は再検討さるべきであり、陸軍も合理的基礎の上に協力する」と確答したので、東郷は外相就任を諾した。さらに蔵相の交渉を受けた賀屋興宣は個別会談を求めて、（イ）貴下は日米開戦を決意しているのかどうか、（ロ）内閣と統帥部との間に一致を欠くとの世評があるが、かくては日米交渉の成立も平和の維持も覚つかないが貴見いかにと質したのに対し、東條は、

「日米開戦を決意しているようなことはまったくない。反対に、日米交渉に努力して何とか成立を期したいと思っている。また、政府と統帥部の協調一致については十分に努力するつ

もりである」

と明答した。それは、人を口説く場合の割増しの約束ではなく、真剣なる決意であることが読みとれたので、賀屋も大いに安心して入閣を諾したのであった。これらの経緯から見ても、東條は、討米戦の激流に面して堤防の決潰を防ぐ青壮年の意気を以て起ち上がったことが判る。

前日、まったく予期に反して東條に大命が降下したときの陸軍省の騒ぎは大変なものであった。こんどは陸軍省が本式に組閣本部だ。気の早いのは、東條が神社参りから帰る前に、閣員の下銓衡を試みて、能力批判の論議をする騒ぎであった。それよりも、東條への組閣下命は、取りも直さず、日米戦争が勅許されたに等しいものと早合点し、アングロ・サクソン征伐の素願ここに成るとばかり雀躍歓談する声は、陸軍省の廊下に満ちあふれる実況であった。

夕刻帰ってきた東條の部屋には、次官以下課長までが流れ込んだ。御祝い、激励、献策の声が、親分に対する乾分の仁義において親し気にあふれた。が、東條は、昨今までの東條ではなかった。彼の挨拶は冷たかった。

「君たち、モウあまり干渉してくれるな」

という一語であった。総理大臣になったから威張るのではない。そこに集まった多くの将校の主張を覆そうとしていたのだ。きのうまでは、軍務課で作った「駐兵は心臓なり」の一句を、バイブルの聖語のように尊重活用してきたが、これからは、「駐兵は小指の一本」として説諭せねばならないかも知れぬ。甘い顔は見せてはおられないのであった。

このように、東條が、日米交渉の道に舞いもどって一大努力を試みようとする決心は疑う余地がなかった。海軍は、山本五十六とか豊田副武とかいう骨のある大将を避けて、嶋田繁太郎を推した。嶋田は、日米交渉の継続と、国内の急激なる変化を避けることを希望条件として入閣を諾し、昭和十六年十月十八日、東條を首班とする歴史的内閣が誕生した。

3 「駐兵不譲歩」変わらず

和戦いずれ？ 連絡会議

東條内閣の下において、政府大本営の連絡会議は、十月二十三日から十一月二日にいたる間に十回を重ねた。ほとんど連日であって、そのいずれの会議も緊張そのものに終始した。最初の会議において、杉山参謀総長は、九月六日の御前会議を持ち出し、そのときの決定は十月に入れば戦争を主として外交を従とする方針であったが、いまや十月も末となって作戦準備を急施せねばならぬ、政府の至急決断を要望すると述べ、塚田参謀次長は、米国の態度はすでに明白であり、日本は自衛のために打って出ずるほかに方策はないはずであると論じ、永野軍令部総長は、もはやディスカッションのときではなく行動に出るべきときだ、一日も早く決めてもらわねば困る、と迫った。

すなわち統帥部は、戦争以外に道なく、戦争をするには十二月上旬を気象的に最終の時機とする関係上、一刻も早く開戦決定下の本準備に入ることを要求したのだ。天皇陛下が、あくまでも平和で行きたいと願われた深刻なる御期待は、参謀本部と軍令部の代表によってほとんどかえりみられていなかった。東條は、これらの公式会議で陛下の御言葉を披瀝することを避け、「統帥部が急がれる事情は自分も軍人としてヨク判るが、しかしながら政府としては、この超重大なる国策決定には十二分の検討を加えて責任を取りたいからこれを諒せられたい」と答えて、国策再検討の会議を重ねるのであった。結局、日本が譲り得る最後の線において対米交渉条件を練り直し、それが容れられなかった場合の去就を決定することになった。いわゆる「甲案」と「乙案」の策定と、その不成功の場合に和戦いずれを取るかを議定することであった。

甲案すなわち最低譲歩案は、たびたびの論議を経たのちに、十月三十日に至ってまとまった。近衛内閣の最終案と較べて幾分は譲歩されているが、アメリカが短時日の間に賛成するほどの譲歩案ではなかった。その要項は、

一、日本は、通商無差別原則が全世界にも適用さるる条件の下において、支那においてもその適用を承諾する。

二、三国同盟の関係は、自衛権の範囲を極端に拡大せざることを期待するとともに、日本政府は該条約の適用を自主的に決定する

三、日本国軍隊は、北支、蒙疆の一定地域および海南島に一部の兵力を所要期間駐屯せしむべく（注、二十五年見当）、他は日支和平成立後二ヵ年以内に撤兵を完了す

また支那事変が解決しまたは公正なる極東平和確立するにおいては、日本軍隊はただちに仏印より全部の兵力を撤去す

というもので、一と二は従来ほとんど諒解点に近づいていたと信じられたもの（事実はし

からず）であるが、三は最大の難点となって近衛内閣を倒壊させたこと前述のとおりである。本案においても、「駐兵」は依然として固執され、東郷新外相が入閣当時に期待した駐兵の譲歩は得られずに残された（全面撤兵後の再駐兵は軍部から峻拒された）。

以上は、当面の三大難点を最短期間に協定する目的でつくられたもので、これでまとまる見込みがない場合には、最後の局面打開案として、別に「乙案」を提議する構想であった。

「乙案」は、

（一）日米両国の東南アジアおよび南太平洋地域に対する武力的不進出

（二）蘭印物資獲得のための協力

（三）日米通商を資産凍結令以前に復活することおよび米国の対日石油供給

（四）米国は日支和平の努力を妨げないこと

を骨子とするものであった。

最後最大の問題はこれらの提案が米国の容るるところとならなかった場合における国策の方向決定にあった。その日は十一月一日であった。その前日、東條は、国策方針の三つの場合を想定起案して、連絡会議の構成員に内示し、十分予備検討の上で一日の会議に意見を述べることを求めた。それは、

第一案　新提案による交渉不成立の場合にも戦争を回避して臥薪嘗胆につくこと

第二案　ただちに開戦を決意し、政戦略の諸施策をこの方針に集中すること

第三案　戦争決意の下に作戦準備の完整に進む一方、外交施策を続行してこれが妥結に努むること

第一案はすなわち明治二十八年の三国干渉当時の屈従と我慢の方針、第二は戦争即発、第三はさらに譲歩を勘案して外交交渉を続けることで、東條の真意は第三案にあった。しかし統帥部は第二案の即戦論に決まっているので、これを説得するために、一日の午前七時半に東條は杉山を訪問して懇談した。東條は、「いま開戦を決意することは、お上がとうてい御聞き届けにならないと思う。第三案でさらに努力すべきだ。統帥部があくまで開戦を主張するなら止めはしないが、お上に納得して戴く自信があるか」と杉山の翻意を求めたが、杉山は戦争のほかに手が無いの一点張りで、意見不一致のまま連絡会議にのぞむことになった。

4　外交終止日を明示

「時は今」と突ッ張る永野大将

十一月一日の連絡会議は、午前九時に開会して、翌日午前一時半に終わるという未曾有の長時間にわたったが、その内容もまた未曾有の激しいものであった。その大本営記録は厖大なる一冊を成す日本歴史上重要なる文献であるが、本文はもちろんそれを紹介するいとまはない。ただ一言にしてつくせば、統帥部の熾烈なる主戦論に対して、東郷外相と賀屋蔵相が平和論を主張し、結局「作戦準備と外交の併進」――第三案――に帰着した大会議であった。

まず第一案として、「外交不調のまま現状を以て臥薪嘗胆するの是非」が論議された。劈頭、永野が起ってこれを「最下策」と断じ、

「米国の戦備は日ごとに強化され、日本は日ごとにジリ貧になりつつある（海軍は一時間に

四百トンの油を消費していた）。今日をおいては、日本がアメリカと戦う時機はなく、今日の機を逸すれば、開戦の機は米国の手に委ねられて、ふたたびわれに帰る日はない云々」と一気ただちに主戦論に導いた。好漢永野修身も年老いて従前の頭脳の弾発力を失っていた。杉山元にいたってはもとよりであった。

「開戦は十二月初頭を最終の適格時とする。あと一ヵ月しかない。一ヵ月で外交妥結の見込みはない。外交をやるならば、それは開戦の企図を秘匿する手段としてやるべきだ」と提言した。両総長が、強力に第二案――即戦案――を提げて会議をリードしようと約束してきたことは、当時の情勢において不可解のことではなかった。

賀屋は永野に向かって反問し、日米決戦の機は米国の掌中にあるのではないか。米国が艦隊を退避して機会を待ち、二年三年の後に決戦を挑み来たるとすれば、日本には勝算があるのか、と質した。永野は短期戦には勝算あり、戦争第一年第二年は南方進出によって長期戦の態勢を整え、その間も確算はある、ただし三年以後は予断は許さない。しかしながら、無為に二ヵ年を送った結果よりははるかに有利であろう、と応酬し、杉山は南方攻略の自信を以て永野を支援した。

東郷外相は日米戦争が長期戦になることはほとんど確実であり、そうなれば国民の士気の上にも、物資の供給の上にも多くの困難が予想されて前途ははなはだ暗い。日本から挑戦しない以上、アメリカの方から戦争を仕掛けて来ることは考えられないのだから自重すべきではないか、と提論した。これにたいして永野は「来たらざるを恃むなかれ」という孫子の兵法を引用し、「統帥部は敵の来たらざるを恃んで安心しておることはできぬ。三年もすれば米英の軍備は著しく強化される」と、やや昂奮して答えれば、賀屋も昂奮して、「しからばいつ戦ったら勝てるのか」と突っ込むと、永野は「それは今である」と応じた。

　次いで杉山と塚田は、ただちに開戦を決意することと、戦争発起を十二月初頭とすることを絶対であると主張し、これを先決してから外交を研究せよと迫った。東郷と賀屋はこもごも発言し、かかる大決心をする前に皇国二千六百年の歴史を顧み、その日本の国運を賭する決定は、あくまで外交をつくした後でなければならない旨を力説し、和戦の論争はいつ果つべしとも思われなかった。

　結局、作戦準備と外交とを併進するという第三案を考究することになり、それなら外交交渉をいつまで続けるのかの論議に入った。伊藤軍令部次長は、海軍としては十一月二十日までは外交を続けてもよろしいと言ったが、塚田参謀次長は、陸軍としての限界を十一月十三日と言明した。あと二週間足らずだ。東郷はもちろんそれを駁し、外交を実施するなら、条件と期日の上に多少の余裕がなければ不可能だし、二週間以内なぞでは問題にならぬ、戦争決意を御破算にして外交をやり直す方がよろしいと抗弁した。

　そのとき、東條首相は沈黙を破って「外交と作戦準備とを併行して実施する場合における第一の前提は、外交が成功した場合に戦争発起をまちがいなく止める保証である」と提言し、陸軍統帥部は十一月十三日までは請け合うが、それ以後は保証しかねると頑張り、外相との間に論争を繰り返すことになった。結局、外相が必要とする外交期間いかにという問題になり、激論が昂じ、再検討のために二十分間の休憩が宣せられた。その間に、統帥部側は各作戦部長を招致して相談した結果、外交打ち切りの日を十一月三十日とすることで会議を再開した。

東條は外交の期間が一日でも長いことを欲するという理由で、打ち切り日を十二月一日とすることを要望し、文字どおり一日をあらそった結果、その日を「十二月一日零時」に決定した。そこで第三案はつぎのように具体化された。

一、対米（英蘭）戦争を決意し、武力発動の時機を十二月初頭と予定して作戦準備を完整す

二、外交は十二月一日零時（東京時間）まで続行し、同時間までに外交が成功したる場合は武力発動を中止す

和戦の岐路は、いよいよ数字となって眼前に現われてきた。外相は果たしてこの限られる期間内に交渉成立の可能性を信じ得たのか。

5　東郷と賀屋の立場

戦争反対論十六時間の後に屈す

外交交渉の期間を十二月一日までと区切った後に、東郷外相は、既定の「甲案」が不成立の場合の応急対策として「乙案」を提起し、最後の段階において、日本が忍び得る懸け値のない最終案として説明した。それは前述のように、日米危機の直接原因となっている南方関係の紛争を妥結するねらいで、（イ）両国の南方武力不進出、（ロ）蘭印物資の獲得協力、（ハ）米国の対日石油供給を骨子とするものであった。

激烈なる反対が、杉山と塚田から発せられた。理由は、それが肝腎の支那問題を放擲し、単に副次的なる南方問題に関して彌縫的の取り極めを計るに過ぎず、根本を遺却する姑息の平和であって、やがてふたたび日米戦争の原因を他の方面に惹起するおそれ明白であり、しかしてその時は、日本の戦力が相対的に著しく低下して勝算を失っている、すなわち国防の責任を果たし得ない、というのであった。

しかし東郷外相は屈しなかった。刻下外交の要は日米戦争を回避するにある。日本が忍び得る限度においてあらゆる手段を執ることは外務大臣の輔弼の責任であって、諸君は作戦準備をするのと同じことである。ここで一旦日米戦争を避け、冷静に後図を策するのが日本の活路である。南方問題と石油問題とを解決し得て――これも難しいことはもちろんだが――日米の協定ができれば、支那問題以下は漸を追うて自ら解決の順路につくことができよう。本案は、外交の尽くすべきを尽くす最後の途である。その途を塞ぐというなら、外務大臣の責任はとることができぬ、と言い放った。

場面はすこぶる険悪になってきた。そこで武藤章は十分間の休憩を提議し、東條と二人で杉山と塚田に「乙案」の承認を説得した。結局、乙案三ヵ条のほかに、第四項として、「米国は日支和平の成立を妨害しないこと」という一項を追加してようやく話をまとめることができた。

東郷は、この追加条項は余計なことで、かえってアメリカの感情を害したり、疑惑を深めるものであると言って反対したが、しかし日支和平は国策の重点であるから、日米協定案中にそれを逸するのは画龍点睛を欠くものであり、また感情や疑惑の点は交渉の話し合いにてどうでも緩和し得ようというので、東郷も渋々ながら黙諾した。

以上で三案おのおの検討を終わり、第二の即戦案は、統帥部の主張が通らずに除外され、第一と第三のいずれかを取るかについて、改めて論議が戦われた。つまり、十二月一日に至って交渉が不成立の場合は臥薪嘗胆か戦争かを決定するのであった。四ヵ年に余る戦争で大きい消費と困苦を嘗めた後、いま、片足を大陸の泥沼に突っ込みながら、世界の強大国アメリカ、イギリスと戦争を始め、それも長期戦となって三年以後は確算がないという大冒険では、常識的にはとうてい企て得ない捨て鉢であると、東郷や賀屋は考えざるを得なかった。

統帥部の考えは、座して死を待つよりも、戦って活路を求めるのが武人の道と確信したが、軍人以外の構成員である東郷、賀屋の二人には、軍人の考え方を正気の沙汰とは思えなかった。

時計は午前一時半を告げた。十六時間半の論議に人は疲れ果てた。しかしてなお、「外交打ち切り即開戦」の第三案は、満場一致に至らない。そこで東郷は、さらに一晩考えさせてくれと提案し、賀屋もおなじ希望を述べて散会することになった。司会者東條英機の顔は真ッ赤に熱していた。

東郷外相は、仮睡の後、早朝先輩広田弘毅を訪問し、外交的妥結に対する方針を説明した後、甲乙の両案によるも一ヵ月以内に交渉のまとまる望みは確信がなく、しかもその場合にはただちに対米戦争を決行するという軍部の主張は極めて強く、自分の手ではとうていこれを阻止することはできない。この際、かかる危険を警告して自分が辞職すれば、国策再検討の途を拓くチャンスを作る可能性ありやいなやを相談した。

が、広田は、君が辞職すれば、戦争賛成の外相を任命するであろうから、この際は留任して最後まで平和政策を守ってもらいたいと激励してやまなかった。一方に賀屋蔵相も終夜黙考（その間東條から催促の電話が数回におよんだ）したが結局、自分たち二人が辞職すれば、後には必ず主戦派の外相・蔵相が任命される。それよりは、一応本案に賛して内閣に残り、洋上一片の藁をつかんでも和平の努力を最後まで続ける方がいいという結論に達した。かくて賀屋は、早朝来訪の外務次官西春彦にその意を伝え、二人はついに第三案に同意することになった。

第三案にまとまったので、東條は杉山、永野とともに、午後五時宮中に伺候し、昨日来の経過と国策要領とを上奏した。天皇陛下は始終を聴き取られ、いと沈痛なる御態度で御考えの後、「日米交渉を極力試みて目的が達し得られない場合には、米英と開戦しなければならないかね」と半信半疑の憂慮深い御言葉を漏らされ、

「事態が今日のようになれば、作戦準備をさらに進めることは已むを得ないとしても、なんとか極力日米交渉の打開を図ってもらいたい」

と切言された。しかしながら三人の軍人は、大元帥陛下の聖慮に応えて開戦決意を再考する気持も、実力も、これを有しなかったごとくであった。

6　第二次御前会議

軍事参議官の合同会議は空虚

天皇陛下の御憂慮の有様は、木戸内大臣の涙を誘うほどのものであった。二日夕刻、上奏を終わって退室した東條も泣いていた。少なくとも彼は、陛下の御心を察して恐懼に堪えなかったのである。

せめてもの最慎重の手続きとして、十一月四日、御前において、陸海軍軍事参議官の合同会議——前後ただ一回——を開催し、和戦の論議を重ねることになった。

実はこれも、因は陛下の御希望によるものであって、陛下は「現統帥部、主要閣僚および軍事参議官の連合大会議を開いて、忌憚なき意見を聴きたい」と申し出されたのであったが、東條は、責任を有する一団と、有しない一団との会議は混乱を招くおそれがあると考えて代案を案出し、かくは異例の軍事参議官合同会議となったもので、その開催にさえ、統帥部は猛烈に反対したのを東條が押し切ったのであった。

この会議には、東條、杉山、永野、嶋田のほかに、陸軍からは、閑院宮、朝香宮、東久邇宮、寺内、西尾、山田、土肥原、篠塚、海軍からは、伏見宮、百武、加藤、監沢、吉田、日比野の諸将が出席し、陛下の御前で、午前十時から午後二時まで会議が続けられた。まず永野軍令部総長から対米戦の余儀ない事情と作戦の見通しに関する説明、ついで杉山参謀総長から南方攻略の必要や、兵力関係その他の説明があって後、各参議官から質問があり、結局、「陸海軍統帥部が、最悪の事態に処する戦争準備を促進する措置は適当と認む」と議決して奉答した。

軍人たちから戦争自重論は出なかった。天皇陛下が御期待を裏切られたことは掩うべくもなかった。翌五日に迫った御前会議も、もはや戦争決意の勢いを阻止することは百パーセント不可能であろう。

御前会議は、十一月五日午前十時半から開かれた。議題は「帝国国策遂行要領」と題し、つぎの三ヵ条に要約されていた。

第一、帝国は現下の危機を打開し、自存自衛を完了するための対米英戦を決意し、別紙要領にもとづき、日米外交交渉により打開を図るとともに、その不成立の場合の武力発動の時機を十二月初頭と定め、陸海軍は作戦準備をなす

第二、独伊との提携強化を図り、かつ武力発動の直前に泰国との軍事的緊密関係を樹立す

第三、対米交渉が十二月初頭までに成功せば作戦準備を停止す

この国家危機を救い得るものがあるとすれば、それは外交の奇蹟しかない。その重要性にかんがみ、東郷は主役の立場にあって詳細に外交全般の経過を述べ、かつ甲案乙案の内容を解説したが、その中で、「日米交渉は時間的にもいちじるしく制約を蒙っており、その間、外交的施策の余地にとぼしく（中略）、交渉妥結は焦眉の急を要しますので、きわめて困難なる状況の下に折衝を致さねばならず、かたがたその円満成立を期待し得る程度の少なきははなはだ遺憾であります」と、悲観的予測を下したのは注目すべきところであった。しかし東條首相は原枢府議長の質問に対して、

「若干交渉成立の見込みはあると思う。米国にも多少の弱点はある。この案によって日本軍が展開位置につけば日本の決意も米国に判る。米国は元来日本が経済的に降伏するものと思っているのであろうが、いよいよ日本が決意したと認めれば、その時機こそ外交の手段を打つべき時と考えるものである」

と述べて一分の希望を抱いていることを示した。

東條は、絶望と知りつつ、陛下の前を繕って外交の贋物を売るような不忠の臣ではなかった。軍部はほとんど討米戦一色に塗られていたが、東條と武藤は、外交にいまだ一縷の望みを繋いでおり、できるかぎり聖慮にそうて和局を得ようと努力したことだけは、戦争を一人で造ったように攻撃された東條のために弁じてしかるべきであろう。彼が近衛内閣の陸相として主戦論の先頭に立ち、近衛の外交を妨げた責任は不滅であるが、首相となって直接に陛下の御意思に接して後は、「日本国は陛下のものである」という思想を胸底に呼吸し、本来の主戦論を殺して和に赴きたいと願ったことだけは疑いない。ただ、内外の大勢は、彼の急造の政治能力を微塵に砕き去ったというだけである。

野村を助けるべく急使となって旅立つ特派大使来栖三郎と二人で懇談した際（十一月四日夜、陸相官邸）、東條は（イ）米国の両洋作戦準備未完成、（ロ）輿論未だ戦争を支持せず、（ハ）ゴム・錫など軍需物資の不十分の三つの理由により、「いまならば米国もみだりに戦争を望むまいと思われるから、成功三分、失敗七分と見てよかろう。困難は重々判っているが、くれぐれも妥結に努力を願いたい。ただ駐兵を譲ると、自分は靖国神社の方を向いて寝られないから、これだけは支那の実情を懇々説いて承諾させてもらいたい」と誠意をこめて力説した。

来栖は、首相は少しく楽観に過ぎると思うが、万が一交渉が成立した場合に予想される強烈なる国内の反動を制し得るかと質したところ、東條は力強い語調で「必ずこれを制する」と断言した。来栖はワシントンに飛んで三週間日夜奔走し、結局「騙された」と思ったが、東條のその夜の言葉を、虚構とは最後まで思わなかった。

7　来栖、ワシントンに飛ぶ

米は日独同盟無力化を諷す

野村・ハル会談は、半歳にわたって幾十回も反覆されたが、四月下旬の好機を逸して以後は、一種のマンネリズムにおちいったという見方もあり、それよりも、日本の南部仏印進駐を転機としてにわかに難航の度を加え、一方に石油を断たれた軍部の憤懣と焦慮とにより、外交は作戦的制肘をこうむって半身不随の姿におちいり、ついに、交渉期間を一ヵ月と限定される土壇場に追い込まれた。

政府は藁をもつかむ気持を以て来栖三郎を急派し、外交技術的に野村を支援することになり、同氏は十一月五日午前四時、東京駅発一番電車で追浜に行き、そこから海軍の爆撃機で台湾に飛び、香港・桑港間の定期クリッパー機に特別搭乗を許されて（グルー大使の斡旋で同機は香港出発を二日延期）アメリカに飛び、途中不時着の事故を経て、十一月十六日夜、ワシントンに到着し、十七日朝から大統領との二時間会談に入るという外交競走に登場した。

来栖は新しい提案を携行したわけではない。技師が照明を工夫して暗いところに光線を送ることができれば、意外なる道が発見されるかも知れぬという一縷の望みを以て参加したのだ。野村の誠実と率直は、すでに大統領も長官も十割信用して高く評価していた。外交官のエチケットの方面に洗練を欠くところはあったろうが、大使の第一条件とする「信用」の点に満点であるかぎり、日米交渉の第一線から動かしてはならなかった。単に説明の技術を加えれば足りた。野村が少しも虚言を吐かず、そうして心底から日米不戦を熱望して変わらなかったことは、アメリカの当事者が、日本外務省の暗号電報解読によって確かめたところであるから、間違いのあるはずはなかった。

来栖が到着する前に、ワシントンの空気は急激に悪化しつつあった。十一月九日、郵政長官ウォーカーは、野村と二人の会食の機会に「神に誓って君にだけ話すが、大統領も長官も日本がすでに戦意を決定した確報を握っている。したがってアメリカもその準備を急施するであろう。明日、君の大統領との会見は形式的なものになろう。来栖君が来てもモウ何の役にも立たない」と遺憾の声を強めて語った。御前会議から連絡会議における日本の国策遂行要領は、アメリカに筒抜けには判らなかったが、その情報網は大要を捕捉することにおいてまちがわなかった。が、かりにそれが全部探知されたにしても、それゆえに外交妥結のいよいよ急を要する理由の説明にはなったろう。

野村は一目散にその道を走っていた。海軍の大御所プラット提督は、「問題は天皇と大統領とで片づけるほかはなかろう。戦後の平和会議に、日本は無疵の海軍を以て臨むことを忘れてはならないネ」と野村に切言した。軍令部長スターク大将は、「撤兵といってもソウ簡単にはできぬだろう。何か役に立つことがあったら言って来い。おたがいが戦争することは止めたい」と述べた。アメリカが戦備に大車輪であったことは、時局柄当然であり、そうして目標は援英討独にあり、日本との戦争は両洋作戦の不利から考えても、極力これを回避したいと思っていたことは明らかであった。

援英と同時に、アメリカは自国をヒットラーの世界征服から護ることに真剣であった。そうしてまた、ヒットラー主義（力による征服）を世界平和のために打倒しようとする理想主義にも燃えていた。したがってそのヒットラーと軍事同盟を結んでいる日本を味方と考えることを躊躇した。

対独参戦の機がだんだんと近づくにつれて、アメリカの三国同盟に対する関心は真剣になってきた。十一月十四日の野村・ハル会談において、ハル長官は、日本の駐兵が無期間でないことが判ったのは、交渉を進める上に一つの進歩だという意味を漏らし、最大の難点は三国同盟にあることを明言して、「日本が一方で太平洋平和に関する交渉を進めながら、他方でドイツと結合しているのは矛盾であるという米国内の有力なる批判は当然である。日米間に全太平洋平和に関する取り極めができれば、日本はもはや三国同盟に留まる必要はないではないか」と切り出し、さらに十六日の会談の折にも、「日米諒解成立の上は、三国同盟条約の死文となることを欲するものである」と直明に陳述した。難点は、撤兵から日独同盟に移行し、それだけ解決の困難を加えてきた。

ゆえに十一月十七日、来栖が初めて会談に参加したとき、とくに本問題を取り上げ、「米国が三国同盟を反古にせよと言うのならば、日本は国の名誉の問題としても同意はできないが、その義務履行は、その条約目的が平和維持、戦局不拡大となっている建て前から、日本独自の見解によるという約束はできる。これは日本がドイツの手さきになって働くものでないことを表明している。第一、日米諒解ができれば、三国同盟は影が薄くなるではないか」と述べてル大統領の考慮を促した。

来栖は、日米諒解が三国同盟を“outshine”するという言葉を使った。ルーズベルトは、微笑を以てアウトシャインの一語を肯定した。

8　難航洋上に晴れの一瞬
日本当局の和平の声を待つ

難航を極めた日米交渉は、十一月十七、十八の両日あたりには、激浪が幾分鎮まり、どうやら目的地にたどり着けるのではないかと思われるような楽観的な一面を見せた。ルーズベルトは来栖に向かって、かつて加州問題で日米外交が難航したとき、国務長官ブライアンが珍田駐米大使に告げた「友人の間には最後の言葉というものはない」（There is no last word between friends）という文句を引用し、あくまでも交渉を続けたい意思を表明し、進んで、「不可侵条約は時代遅れで面白くないから、この協定ができたら、一般的諒解にする方が適当と思う」旨を述べた。大統領の意中にあったのは、英・蘭・支を含めた太平洋協約のようなもので、当時アメリカの閣僚間では、日米二国だけの平和協定では、日本が深くドイツと結んでいる関係から、間接にドイツと結ぶような形となって、米国の主義、政策、面目がこれを許さぬという意見に一致していた。そのうえに、陸相スチムソン（満州事変当時の国務長官）のごときは、日本の軍部に対して肚の底から不信をいだき、海相ノックスこれに和し、日米はいつかは戦わねばならぬであろうという宿命論を以て、時間稼ぎの意味で、ハル長官の日米交渉に賛成していた事情もあった。

大統領は一段高いところにいた。外交で日本をあやなすのもよろしい。しかし、交渉が成功して欧州参戦の場合に背後を衝かれない保障ができれば最善であるという建て前から、反日的の閣僚を適当に抑えながら、交渉を続けようとしたのである。来栖が、大統領の太平洋一般協定に対して、日本は第一次大戦で連合国の一員として戦ったのにかかわらず、パリ会議で苦杯を嘗めた歴史を想起する、と言ったところが、ルーズベルトは即座に "Let us cover it all" ——そういう点を全部考慮しようじゃないか——と答えるほどの熱心さであった。

翌十八日には、野村と来栖はハル長官と三時間にわたって打開策を協議した。両大使は、日米現下の緊迫した空気を緩和することが先決であると説き、そのためには、日本は南部仏印から撤兵し、米国は凍結令を解除することが一番の近道であることを示唆した。ハルは、「一時的手段は彌縫であって根本主義の一致が必要だ。米国は日本が東亜においてリーダーシップをとることを望んでいるが、武力征服の主義には何としても同意するわけには行かない」ことを反覆した。野村、来栖が、危機解消の要を熱説した結果、ハルも最後に同調し、「もし日本政府が公式に平和政策の遂行を声明するならば、それを契機として、英・蘭を説いて、資産凍結以前の状態に復帰することを考慮しよう」と約して別れた。

その夜、ハル長官は、英・蘭・支の大公使を招いて、日本が平和政策に転じ南方侵略を中止する場合の対策として通商復活の是非を諮った。三国の代表は、日本にその意思があるならば、凍結の解除によって危局を救うことは結構と思うが、すぐに本国政府の意見を聞いて確答する旨を約した。そのとき、凍結解除は一気にやらないで、石油のごときは、最初は少量に止め、漸次にふやす方が安全であろうというような意見まで現われた。

ワシントン舞台裏の空気は七ヵ月ぶりで和やかな気分を漂わせた。十一月十九日の朝、日米交渉の道を最初にペーブした司教ウォルシュは来栖を大使館に訪ねて来て、アメリカが昨日の野村の提案——日本軍の南部仏印撤兵と米国の凍結令解除の協定——を受諾する肚であることを、確実なる筋から聞いたと言って祝詞を述べた。一方に、その夜、フランク・ウォーカーは往訪の野村と来栖を迎え、ルーズベルト大統領も、まず戦争気分を一掃したうえで早急に平和協議に入りたいと考えるようになった朗報を伝え、「アドミラル野村は、石油の軍事用と民需用を取り違えないだろうナ」と冗談を飛ばして歓談の夜を更かすのであった。

それは本当にワシントンの交渉代表が、七ヵ月ぶりで味わった平和の日であった。この稀有の好機をとらえ、もしも東條首相が何か演説の形をとって日本の平和意図を表現したならば、その一声は、太平洋の平和を招来する天の福音として世界史の上に残るほどのものであったろう。東條にして対軍部の都合が悪いというなら、東郷外相のステートメントでもよかったろう。

顧みるに、日米交渉開始以来、日本政府の首脳が、平和の呼びかけを行なったことはただの一回もなかった。近衛も松岡も東條も、大東亜共栄圏や国民の覚悟は説いたが、日米平和に関しては一言も触れたことはなく、それは言論に非常に敏感なハル長官も、ル大統領も、残念なことであると言って野村の考慮を三回までも促したところであった。東條と東郷は、この時こそ一言を切要としたのであった。ところが事態は正反対の方向に盲進していた。

第十四章　ついに破局

1　時しも討米大演説
外交舞台へ決定的の悪反響

南部仏印撤兵と凍結令解除の交換条件によってワシントンの空が急に陽光を見るようになったのと反対に、東京の空は満天墨を流したように暗黒であった。その日（十九日）、日本政府は、「甲案」に見限りをつけ、いよいよ「乙案」による最後の交渉を試みることに決定したのであった。「乙案」は本物の最後案であるから、これを提起する前にはあらかじめ本省と打ち合わせることが命令されてあったのを、野村・来栖は、交渉の勢いに引かれて、その中の重要な一部をハルに申し入れ、それが商議好転の原因となったものである。しかも、南部仏印からの撤退は、陸軍を挙げて反対したところで（南から北部仏印への移駐）、その代償は、石油年額四百万トンの供給を米国が保証することと、および日支和平条約に米国が干渉しないことを条件としてようやく黙諾したほどの難物であった。

それを野村が簡単に気軽に先方に提示したので、東郷は嚇となって急電第七九八号を発したが、その訓電には「単に凍結前の状態に復帰するだけの保証にては現下の危局を収拾し得ず」と叱り、「まず緊迫せる空気を緩和したうえにてさらに交渉を進むるがごとき余裕は絶無なり」と責め、この上は正式に「乙案」を提出し、米国が応諾しなければ交渉の決裂も已むを得ずと言い切った。東郷の感情もいささか平静を欠いた嫌いはあったろうが、国内の急迫した事情は、まさに東郷電訓のとおりであった。子供でない野村・来栖、いな常識と外交とにおいて日本を代表すると言って差し支えないほどの大人に対する訓電としては、少しく当を失するものであったが、一方に国内の情勢は、東郷をして過激の言を発せしむるだけの物騒きわまる言動が縦横無尽の暴走をほしいままにしていた。

十一月十八日、臨時議会第二日に、各派連合の国策完遂決議案の説明に登壇した島田俊雄の演説は、その影響において代表的のものであった。その長演説は要するに米英膺懲論であって、語調もそれだけ激越に終始し、そのなかには、

「国民は、政府当局にして一度び大盤石の決心を以て前進一歩するならば、電光石火瞬時にしてこれに呼応して邁進するの覚悟をしていることが判っておられるか。ここまで来ればもはや遣るよりほかはないというのが全国民の気持である」

「われわれは、政府が戦争目的遂行の一本槍でやって行かれることを希望する。道草を喰うことは止めてもらいたいのである」

「政府は、わが国家国民のために、何を憚り何を恐れているのか。われらの憚り恐れるところは相手もまた憚り恐れるところである。われわれはすべからくこの機会において、いわゆる敵性国家における政界財界の曲解者どもをして、苛烈なる実物教訓を受けしめるべきである」

などの討米誅英論が、満場雷のごとき拍手の裡に滔々と演説され、さらに結論として、アメリカ当局の心にメスを入れねばならぬというつぎのごとき語句、すなわち、

「近衛メッセージには太平洋の癌という言葉が用いられたそうだが、その癌たるや、じつは、太平洋にあるのではなくして、アメリカ現在の指導者の心の裡にあるのだ。この癌に対しては、断乎として一大メスを入れる必要がある。これ肇国の昔より永遠の将来にわたる大日本帝国のその現在を負担するわれわれの最重大なる責任である。政府は、果たしてわれわれをしていつそのメスを振わしむるか」

の絶句は、文字どおり満堂を魅了するの概があった。これは日米開戦論以外の何物でもない。それが二回まで大臣を勤めた政友会の老領袖によって叫ばれたのである。島田俊雄はもとより闘争的性格の持ち主ではあったが、常識を逸脱する単なる闘士よりは一段上の総務級政客である。若い議場のいわゆる雄弁家が、煽動的文字を駆使して訴える手法を幼稚として排斥するだけの識見を持った老弁護士でもあった。その島田が、各派を代表して前記の主戦論を勇敢に吐露したところに、当時の国民感情が如実に現示されていた。当時の政党が、その権威において昔日の俤を損じていたとはいっても、これを外国人から見れば、各党一致の意思を集結して表明された代表演説の中に、日本国民の総意を見るのは当然である。いわんや議会政治の国においてしかり、またいわんやその攻撃を、現に平和交渉中の相手から浴びせられたアメリカ政府の首脳においてしかりとするのであった。

この演説が、アメリカ諸新聞に掲載され、全文が外交筋から入手されるにおよんで、ハル長官の野村に対する不満の表面は真剣味を帯びてきた。かかる国論の改まらない限り、米国

の国論ももとより激昂するその渦の中で、二人の小さい男が平和の手段をささやいても一体何の役に立つか、と皮肉を述べて野村を沈黙させた。

いな、それは島田一人の言論ではない。すでに以前から「アングロサクソン亡びずんば大和民族の活くる途なし」と言った有名なる一流論客の筆法が全国を風靡し、大新聞の言論もほとんど反米英の激調を帯びていたことが、いくたびかワシントン会談中の話題となっていたのだ。源を訪ぬれば軍の情報部の指導にあったろう。いずれにしても、国内だけを見て世界を見ない言論は国に禍いした。しかして島田の代表演説は、時機が和戦の岐路にかかっていただけに、甚大なる影響を、ワシントンの外交舞台に投げつけた。

2　国務長官〝手を洗う〟
ハル・ノートに日本政府断念す

一両日の晴れ間の後、ワシントンはたちまち元の曇天に逆もどってしまった。日本の臨時議会は、首相の演説に「平和」の呼びかけは一語もなく、そうして、各党連合の「対米一戦論」ともいうべき非常決議と膺懲論とを聞き、全新聞がこれを無条件に声援するのを知った米国の官民は当然に怒るであろう。国務省の階段は、野村・来栖には、アルプスの高さに感じられた。

それをのぼって、二人は「乙案」をハル長官の手に渡した。「乙案」は前にも書いたように、(イ) 両国の南方武力不進出、(ロ) 蘭印物資の獲得協力、(ハ) 凍結令解除および米国の対日石油供給、（二）米国の日支和平への不干渉、の四項から成るものであった。そうしてこれに付帯して、日米諒解なれば南部仏印の軍隊を北部に移駐すること、ならびに日支和平あるいは太平洋地域における公正なる和平確立のうえは仏印よりの全面撤兵を約する一項があった。

経済的にひしひしと追い詰められ、とくに毎日石油の出血を計算しながらジリ貧の前途を焦慮する日本。そうして軍部はすでに戦争決意の下に作戦準備を急施中の日本から見れば、「乙案」の四ヵ条は、非常識のものではなかった。しかし、それを受け取った米国から見れば、平和交渉の提案として、「平和的の心構え」を欠如するものと映じた。まして連日のように、アメリカ罵倒の国論を聞いて不快を催していた米国政府当局には、同情を以てそれを検討する気持は起こらなかった。

陸軍長官スチムソンは、主要閣僚の懇談会の席上で「これは宛然要求（Demand）ではないか。いまごろ何を言うのか。要求は当方から申し入れてしかるべきだ」と、ハル長官を牽制した。ルーズベルトは、そこでも「最後の言葉は不可い」と言って、交渉継続の方針を語り合った。が、会議の空気はもとより冷たく、そうして厳しかった。

有名なるハル・ノート（十一月二十六日）はかかる空気の中で作られたアメリカの対日新提案であった。内容は二部に分かたれ、第一部は日米両国の政策基礎に関する共同宣言案、第二部は両国の採るべき措置に関する政策具体案であった。前者は、政治に関する例の四原則と、経済に関する五原則を列記したものだが、後者の具体的政策案において、容易ならぬ提案を試みている。それは十ヵ条から成るが、その中のつぎの三ヵ条は、日本の枢要なる従

来の主張を、頭から否定するものであった。すなわち、
第三、日本は、支那および仏印から、すべての陸、海、空の兵力および警察力を撤退す
第四、日米両国は重慶政府以外のいかなる政府または政権をも、政治的、軍事的、経済的
　に支持せず
第九、両国政府は、第三国たる一国もしくは数ヵ国と締結したる協定が、本協定の基本的
　目的たる太平洋地域全般の平和確保と衝突するごとく解釈せられざることに同意す
の三ヵ条であった。第一は、日本の全面的無条件撤兵、第二は汪兆銘政権の否認、第三は日独伊三国同盟の実質的廃棄である。これは、いかなる譲歩外交でも、そのまま承服するわけにはまいらない。いわんやすでに殺気立っていた日本において、これを「アメリカの最後通牒」や「開戦の決意表面」と速断し、たちまち背を決したのも、無理のない当時の勢いであった。

もちろんそれを受け取った野村と来栖はただちに遺憾の意を表しながら、これを以て妥結を進めることの不可能な所以を力説した。ハル長官は、日本の「乙案」を五日間審議し、かつ関係各国とも協議したが、残念ながら同意ができないので、その対策を提出するしだいであるが、本案は、支那を見殺しにするなというアメリカの強い国論と、日本側要人の非平和的言論を背景として生まれたものであると言った。そうして両大使のこもごも追及するのに答え、「要するにこれは一つの試案（a plan）であるから、これを一つの基礎としておたがいに考えよう」と述べて会見を終わった。

両大使は十一月二十八日午後、ルーズベルトを白亜館に訪ね、米国の新提案がいちじるし

く日本政府を失望させたに相違ないことを訴えると、大統領は、「自分も実は失望しているが、米国は本交渉中に南部仏印進駐で第一回の煮湯を飲まされた。最近の情報によると、第二回目の煮湯を飲まされそうな懸念がある」と応酬し、なお、「この七ヵ月の平和交渉中に、日本の指導者から一言も平和的言辞を聞き得なかったのは残念だ」と言い、「十二月三日には療養先から帰るからすぐ会おう。その間に局面好転の兆があれば有難い」と繰り返して別れた。

一方、ハルはその前日に、有名な“Wash my hands off telephone”――僕は日米交渉の手を洗った。これからは君たちの番だ――という電話を、スチムソン陸相にかけている。全体いずれが本当の心なのであったか。

3　潔癖過ぎた米外交
日本も劣らず〝作戦優先〟

無条件全面撤兵、汪政権否認、三国同盟骨抜きのハル試案を土台として、新たに交渉を開始するような余裕は、十一月五日の御前会議決定をふたたび覆してしまわないかぎり、日本の政府大本営の持ち合わせないところであった。この御前会議に従って作戦準備は着々と進められていた。ハル・ノートが日本に到達する前々日、南方総軍司令官大将寺内寿一は、すでに征途に向かって東京を発っていた（十一月二十五日）。

開戦劈頭に真珠湾を奇襲する任務を帯びた南雲忠一中将の機動艦隊は、十一月二十六日午後六時、東方に向かってエトロフ島の単冠湾を出航していた。十二分の訓練を積んだ雷爆撃隊は、二週間以内に、真珠湾の米国太平洋艦隊を急襲撃滅するはずである。その航海中に日米交渉がまとまれば、一電ただちに途中から引き返す手はずになっていたが、もしかりにハル・ノートがかかる挑戦的なものでなく、したがって交渉が十二月一日において希望裡に進行中であったとしたら、南雲中将の奇襲部隊は、一体、どこへどう収拾するつもりであったろう？

寺内の出発も、南雲の出航も、ともに十二月八日を、「奇襲による開戦」の当日と予定しての行動であった。それは十二月一日午前零時までに交渉が成立しない場合は、自動的に発起される戦争なのである。まことに危ない吊り橋であった。吊っている基根が不安定であった。合理性を欠いていた。外交と作戦の併進も、観念としてはよかったろうが、それを期日を限って確定したところに、外交の否定があった。

アメリカも昔から外交の上手な国ではない。現在でも同様の批判はあるだろう。あの場合アメリカをイギリスに置き換えたと仮定するならば、太平洋平和交渉はとっくに成立していたことであろう。アメリカの外交は潔癖に過ぎるのだ。一を譲って一・五を得ることを知らないのだ。譲ることを、負けることと同じに考えるのだ。内蒙や北支の一部に少量の駐兵を黙認するくらいは、日米戦争回避の大目的の前には、爪の垢くらいの譲歩ではなかったか。

現にハルも、十一月十八日の会議では、駐兵が無期限でないことを知ったのは一つの発見である旨を諷し、大統領も、四ヵ年半にわたって戦争をしている国民の心理が、平和の米国人とは違うことを諒解すると語ったりして、一時はかなり明るさを見せたのであったが、米国の国務省内は、ウェルズ次官、ヴァレンチン参事官以下の親支那派によって固められており、支那を知らない大統領も長官も、結局はこれらの外交専門家に引きずられることになったのだ。

大国日本の訴えるところよりも、侵されている支那の訴えの方が魅力的であり、かつはるかに上手でもあった。アメリカにもパトロン癖はある。支那の親分となって深く援助の手を差し伸べ、あわせて門戸開放主義の主人公に納まろうとする野心も胸底にうずいていたことは争われないが、もし英国がその立場にあったならば、双方の顔を立てながら、自分は大西洋にフリー・ハンドを揮う協定を遂げていたであろう。現に十一月二十二日、政府大本営連絡会議は日米交渉望みなきにあらずと認め、協定の具体案には、米国からの石油供給を年額六百万トンに交渉する方針を決めたほどに歓んでいたのだ。喰らわすに利を以てするの要なく、餓えたるものに少量の糧を以てすれば、日米交渉はまとまっていたかも知れないのだ。

しかるに主義偏重、潔癖、対日警戒、そうして支那育成の方向に暴走して、ついに太平洋戦争を招くに至った。その戦争の大犠牲をはらって援けた支那から、アメリカが得たものは何物であったか、現状がそれを雄弁に説明している。けだし対支外交とヤルタ会談とは、第二次大戦中におけるアメリカ外交の二大失敗として永く歴史に残るものであるが、これは本文の埒外の事項でこのうえ追及する要はない。

ただアメリカのために惜しむに過ぎないが、それ以上はるかに惜しんで余りあるのは、日本の外交もまた、アメリカに劣らず下手であったということだ。三国同盟の誤りはここに再論しない。日支事変解決の再三の逸機も、繰り返して説く要はない。日米交渉に入ってからでも、曲がりなりにこれをまとめる機会は両三回はあったし、まして「勝算なき長期戦」を覚悟で戦争に突入するような無謀は避け得たはずである。

これを避け得なかった理由はいくつもある。が、その最大のものは、作戦が外交に優先したことである。軍の本業は作戦であり、また前線国防である。その国防は油の遮断により、一両年にして完全に立ち往生におちいる。油の貯蔵のある間に打開の一戦を試みなければ、座して死を待つのと少しも択ぶところがない。そこで外交に期限を付した。東郷は経験のある立派な外交家ではあったが、期限付のサーベルの催促の下では、とうてい正常な外交のやれるはずはなかった。

4 「開戦は早計」と上奏

重臣大半の判断一致す

ハル・ノートを読んだ日本の当局者は、みなほとんど諦めて、一戦避け難しという結論に飛躍した。ハルはこれを「一つの試案」であると言ったが、「十二月初頭に至るも交渉成立せざる場合は武力を発動す」といったその最終日は三日の後に迫っていた。三日の間に「一つの試案」、しかも苛烈なる試案を基礎として交渉を成功させるなぞは、神といえども不可能とするところであったろう。

要するに、十一月五日の御前会議決定を変更しない以上は、ハル・ノートは、事実上の「最後通牒」と称しても過言ではなかった。アメリカとしてはこれによって日本の様子を一層ハッキリ確かめようとする肚であった。ハルは陸相スチムソンに「これからは君たちの番だ」と電話で応答はしたが、よもやこれで戦争になってしまうものとは思っていなかった。外交によって米国の参戦準備の時を稼ぐ含みはもちろんあったが、だからといって、対独宣戦の際にただちに背後を衝かれても構わぬという捨て鉢の戦略を取るわけではない。将来は別として、とにかくも、当分日米戦争を避けるのが援英討独のために切要であることは、子供にもわかる理窟であるから、あくまで外交を粘りたかったことは想像に難くない。現に、ルーズベルトが、十一月二十日に英・蘭・支の三国に開示して意見を質した日米妥結案は、

（イ）米国は日本に石油の輸出を再開す。最初は少量にして漸増す
（ロ）米国は日支間の直接会談を斡旋す
（ハ）日本は海外派兵を中止す
（ニ）日本は米国が欧州戦争に参加する場合に、三国同盟条約を発動せず

というのであった。チャーチルは賛成したが、支那の猛反対によって取り消しとなり、代わってハル・ノートに激変したのである。右の大統領案ならば、日本は応諾したのではないか。とにかく、ルーズベルトが、日米の平和を欲していたことは疑いないようである。

が、それはとにかくとして、あと三日しかないのでは、妥結は問題にならない。十一月二十八日の閣議においても、打開の道に関する意見は一語もなく、ただ開戦の余儀なきを観念する無気味なる静けさに幕を閉じ、すべての決定を、十二月一日の御前会議に任することになった。

天皇陛下は、米大統領が平和を欲するよりも一層の高い度合いを以て日米の不戦を祈念さ

れた。十一月二十九日、陛下は、かつて総理大臣であった人々を宮中に召されて、時局に関する意見を徴せられた。

若槻、岡田、平沼の三氏は、「わが国民の精神力については心配がないが、物資の方面において果たして長期戦に堪え得るや否やはなはだ心配であり、政府の説明だけでは安心ができない」旨を述べ、米内は「俗説を使いまして恐れ入りますが、ジリ貧を避けようとしてドカ貧にならないよう十分の注意を御願い致します」と言上した。

ついで広田は、「午前中政府の説明によれば、今日は外交上の危機に立っているように思われますが、由来外交談判の危機なるものは、それを二、三度繰り返して初めて双方の真意が判るものであって、一度危機に直面したからといってただちに戦争に突入するのはいかがかと思われます云々」と、開戦即決の危険を警告した。思うに、広田弘毅の公人生活中の言葉として、最も含蓄のある最後の表現であったろう。近衛文麿の意見も憂国の情をこめて傾聴に値した。その大要は

「政府の説明により、日米外交交渉の継続はこのうえ見込みはないと判断するほかはありません。しかしながら、外交交渉が決裂したといってただちに戦争に訴える必要があるかどうかは、別に大いに考えねばならぬところと存ぜられます。すなわちこのままの状態、すなわち臥薪嘗胆の状態にて推移し、その中にまた曲面打開の途を発見する工夫もあるのではないか、この点を後刻政府当局に質してみたいと思います」

というのであった。林、阿部の両氏は軍人であり、軍に担がれた首相でもあって、大本営の方針に反省を求める立場ではなかったので、「政府は慎重の上にも慎重を重ねて、開戦の

決意をしていることと思いますから、それに信頼するほかはない」旨を答えるのみであった。

最後に若槻礼次郎は再び起って、

「戦争が自存自衛上真に已むなしとすれば、敗戦を予見し得る場合といえどもあるいは立たざるを得ませぬが、それが国策上の理念、たとえば大東亜共栄圏とか、東亜の安定勢力とかの理想に駆られての戦いなら誠に危険千万と申さなければなりません」

と結論した。要するに、かつて首相であった者の大部分は、ハル・ノートだけを以てただちに戦争に突入することを早計と断じたのである。それはじつに天皇の御判断と同一の線であり、また少数識者の等しく抱いていた感想でもあった。しかしながら、現実の問題としてハル・ノートが、日米戦争の最大最後の原因となった事実だけは、客観的には覆すことができない。このつたない外交文書がなかったら、日米戦争は起こらなかったかも知れないからである。

5　海相に欠けた〝真勇〟

陛下の頼みの綱も断たる

十二月一日、いよいよ対米開戦を決定する御前会議の日である。この一ヵ月、天皇陛下は深慮のために体重も減ぜられ、痛く御憔悴の姿にて、木戸は内大臣としての自らの無力腑甲斐なさを嘆ずるほどであった。その前日、すなわち十一月三十日、高松宮海軍大佐は午前中に陛下を訪われ、ともに時局を嘆かれた機会に、海軍の真意は、目下手一杯にて、できるだけ日米戦争を回避したいようであるから、陛下がモウ一度それを御確かめになってはいかがかという旨を言上した。そこで陛下は午後三時半に東條首相を召され、海軍の戦争回避希望の真相如何を質された。

東條は、今日となっては日米開戦のほかに打開の道なく、その方針は陸海軍統帥部の完全に一致しているところで、あまつさえ戦争には相当の確算を持っているように承知している。しかしながらこの戦争は海軍が主役を勤めるものであって、万一にも海軍に信念がないようならば、それは大変なことであるから、陛下から直々に軍令部総長と海軍大臣とを御召しになって、真意を御確かめ願いたいと言上した。

永野と嶋田が宮中に召されたのは午後四時五十分であった。日米戦争を、少なくとも延期して再議熟考する最後の鍵は、期せずして海軍の二人の大将の手中に托された。その前日、重臣岡田海軍大将は、政府の説明では日米開戦の必要を納得し得ないと奏上し、同じく米内海軍大将も「ジリ貧を避けようとしてかえってドカ貧におちいる」旨を御答えしている。現役の二人の海軍出身の首相級の両名は、日米戦争を回避すべきであると、率直に言明した。海軍大将は、陛下の最終の御質疑に対していかなる返答をしたか。

陛下の当日の御心中を推断することは恐懼避くべきであるかも知れないが、その日米平和を国家国民のために心底から御祈念になっていた顕然たる事実と、また、高松皇弟宮からの情報を基として直接に海軍当局に御確認になろうと決意された事実とに徴すれば、海軍に多少でも避戦の意思の存在することが明らかとなれば、翌日の御前会議を延期するか、あるいはそこで大方針の再審議を御下命になる御考えであったことは、九十九パーセント確実と見てまちがいないであろう。

永野修身が戦争の不可避性を述べ、将兵の士気極めて旺盛、一死奉公の念に燃えていることを奏上したのは、もとより怪しむに足らない。残るただ一人の責任者が嶋田繁太郎であった。午前中、高松宮殿下から海軍部内有力者の真意として内奏された避戦論は、殿下が嘘を言われるはずは絶対になく、確かに海軍首脳部の底流として実在したに相違ないその避戦の希望を、嶋田海相が正直に言上する勇気を持つかいなかの問題であった。

それは普通の勇気ではできる芸ではなかった。蛮勇に隣りするほどの勇気が必要であった。もしも嶋田がそのような勇気の持ち主であったら、海軍はもちろん、日本は救われたであろう。が、嶋田には、米内や山本のような勇気はなかった。東條内閣の海相として一ヵ月余りを勤め、陸海協調の方針を墨守してきた彼は、この最後の機会において、さきに及川が荻外荘で直言を避けたのと同じ筆法を以て、海軍の戦争回避希望を表明することを避けたばかりでなく、永野とほぼ同様の主戦論を述べてその責任をふさいだのであった。

両大将が退出した直後、陛下は木戸を召され、海軍代表の見解を聞いたが、この際戦争の避け難いことと、また相当の自信を以て戦い得ることを聞いたから、明日の会議――開戦決定の御前会議――は予定どおり開催して差し支えない旨を申し渡された。

陛下は、打つべき手はことごとく打たれて余すところなく、最後の頼みとした海軍代表の避戦的意見も聞くことができなかったので、ついに観念遊ばされ、御自身一個の平和論を捨てて、輔弼の臣に従われることになったのは、真に残念の極みであった。ゆえに翌十二月一日の御前会議においては、陛下は一句の御発言もなく、端座瞑目、あたかも天運を観ずる高僧のごとき御態度を以て終始された。陛下の御心境を拝察し得る人々にとっては、それは重苦しい以上の会議であった。

ただ、御前会議の場合に、陛下の御言葉を代弁する含みを以て特に出席する慣行になっていた枢府議長原嘉道から、「開戦はもはや致し方ないであろう。そうして当初の勝利は疑いないように諒解するが、長期戦ともなれば国内の困難は寒心に堪えないものがある。その長期化を何とか克服して、早期解決をとげるよう十二分の努力を望む」と提言したのに対し、東條首相から「この決意後も開戦に至るまでの間に外交がまとまれば作戦を中止すること、ならびに戦争となった場合に早期にこれを解決するよう全力をつくす」との返答があったのを、遠洋朧ろに見る一片の微光と観ぜられて、陛下は足取り重く大会議から退出されたのであった。

6　無実の討米演説

希望つなぐ大統領の陛下宛親電

日本が開戦を決定した十二月一日、米国においては、ルーズベルト大統領が、急遽静養地からワシントンに帰った。国内は騒然たるものがあった。が、それは日本の御前会議の決定が漏れたためではなく、無責任なる日本の一部言論が、アメリカをして日本の開戦意図を想察させた結果であった。

十一月三十日の米国の新聞の全部は、第一面に特大号活字を以て「東條首相の米英駆逐演説」を掲載し、陸海軍省は緊急首脳会議を開き、ハル長官はウォーム・スプリングスに電話して大統領の帰京を促し、国内上下ひろく戦争の急迫を感じて異常なる緊張を示したのであった。東條の演説というのは、「長くアジア民族を搾取して飽くことを知らなかった張本人は、アメリカとイギリスである。今こそわれらは、人類の名誉と誇りのためにも、彼らを東亜の天地から徹底的に追放せねばならぬ」といった趣意のもので、米紙には

"For the honour and pride of mankind we must purge this sort of practice from East Asia with vengeance"

と訳載されていた。ハル・ノートを送って日本の反応を見ている最中に、日本の総理大臣から「アメリカを東亜から徹底的に駆逐する」という言明を聞けば、日本は外交交渉を打ち切って戦争に突入する決心をしたものと判断するのは、少しも不思議ではない。

東條は何たる軽率を犯したのか？　いな、東條は何も言ってはいなかったのだ。それはじつに、興亜同盟の事務局員が、起草して勝手に発表するという狂気乱行を仕出かした結果であったのだ。

興亜同盟は日華基本条約の一周年祝賀会を主催し、十一月三十日に日比谷公会堂でこれを開くことになっていた。該同盟の事務局は、当日臨席して祝辞を朗読する約束になっていた東條首相の祝辞を起草し、それを東條に見せる以前に新聞に発表してしまったのだ。あたかも祝賀会が日曜にあたるので、その前の晩に自分の作文を新聞にレリーズしたのだ。東條は全然それを知らなかったし、また都合があって当日の演説もしていない。しかし、世界はこれを本物と信じて、戦争のいよいよ迫ったことを痛感したのだ。アメリカ当局がこれを信じ

たのは、東京にいたグルー大使までが、その日の日記に「この演説はフェータルだ」と痛嘆していた事実に徴しても、当然性を認めないわけには行かない。

日米交渉は未だ進行中なのだ。しかも和戦の危機を背景として最後の重要段階に入っていたのだ。その際に、これに終止符をあたえるごとき超乱暴の行為を犯した事務局員は、その頃、国内にあふれていた思慮浅薄なる主戦青壮年中の名もない一人であった。ちょうど翌日の会見で、野村と来栖はハル長官に対し、日本からは近衛か石井、米国からは大統領の懐ろ刀であるホプキンスを出して、ホノルルあたりで会談する応急案を提議したが、ハルは「何にしても、今日のような日本指導者の言動を以てしては、米国がいかに妥協を欲してもとうていお話にならぬではないか。先決問題は日本の言論改善である」と答え、そうして十一月二十六日の米国提案に対する日本の返事を催促した。

十二月二日に至って、東郷外相は、交渉打ち切りの通告を、攻撃開始前に是非とも実行すべきことを主張し、統帥部は奇襲の必要から躊躇したが、結局、攻撃の一時間前に先方に手交する諒解が成立し、そうして攻撃日は十二月八日である旨が、東郷にだけ内証で知らされた。東郷はすぐに浩瀚なる対米通告文の作成に着手した。同日午後五時三十分、連合艦隊司令長官山本大将は、南雲中将に対して「新高山登レ」の隠語電報を発した。それまでは作戦準備行動であったのが、この命令を以て艦隊の戦闘行為突入を指示したのであった。

アメリカ側は、戦争が早晩避け得ないことを予想して戦備を全速力で進めてはいたが、彼はその時機のできるだけ遅いことを欲し、またルーズベルトは、ホプキンス、ウォーカー等の直系政治家とともに、できることなら日米は戦わぬに越したことはないという考えを依然として放棄せず、十二月六日、天皇陛下宛の直接親電発送の上にその一端を示した。

ルーズベルトの陛下宛親電は、日本の南部仏印増兵を以て戦争の発生を不可避にするものと指摘し、陛下の御声がかりを以てこれを制止することを懇願し、そうして「余は陛下と共に、日米両大国国民のみならず、隣接諸国民のためにも、日米両国が伝統的友誼を回復し、世界における死滅と破壊とを防止する神聖なる責務を有することを確信するものである」と結んであった。ルーズベルトの真意は幾様にも解釈されるであろう。英蘭の防御陣強化のために時間を稼ぐ手段とも見られ、あるいはプラットやフーバー（前大統領）の言ったように、「最後は大統領と天皇陛下で解決するほかはない」とする政策手段の実現第一歩とも見られよう。それがどうなったかは一顧の値があろう。

7　親電と奇襲と行き違う

謁見時には真珠湾を攻撃中

風雲いよいよ急を告げるに至った十一月二十九日以降、すべての外国電報で、配達を五時間延期することが、参謀本部の通信課から中央電信局に命令され（日本政府および独伊両国政府の電報を除く）、さらに十二月六日に至って、それを十時間留め置くことに変更された。それは作戦機密に属するもので、軍のごく一部と中央電信局外電課の役人だけが知っており、外務省は全然知らされていなかった。

ルーズベルト大統領の天皇陛下宛緊急親電は、この留置きに引ッかかって、十二月七日正午から夜の十時まで、空しく箱の中に眠らされていたのであった。十二月六日、アメリカでは、大統領の日本天皇陛下宛親電のことが公式に発表されて国内が緊張した（内容秘）。そのUP通信社至急報が同盟通信社に入り、七日午前十時、外務省に内報された。外務省は固唾を飲んで緊張した。まさにこの際の最大事件であり、内容いかんによっては戦争を未発に防止するかも知れぬ――。が電報は、待てども来ない。

午後二時、野村大使から大統領の親電が発せられた旨の至急電が入った。アメリカ局第一課長加瀬俊一は全課員を動員して入電を待ったが、ついに来ない。夕飯の弁当もすませ、一同は首を長くして待ったが、何の音沙汰もない。時計は刻々と貴重なる時を刻んで夜の八時になった。加瀬はいよいよ待ち切れず、松平秘書官長に電話して宮内省当局や侍従職方面を調べたが、ついに配達されていないことが判った。親電は中央電信局内の電信官室の箱のなかに抑えられているのだ。そうしてその事実を知っていたのは、参謀本部通信課長戸村中佐と、二、三の電信官だけであって、外相も首相も親電の来ていることさえ知らなかった（電報は午後十時三十分に宮内省に配達された）。

東郷外相が、その内容を知ったのは、十二月八日の午前零時十五分であった。言うまでもなく開戦の当日である。東郷はグルー米大使によって知らされたのであった。十二月七日の午後七時半、グルーは、ハル長官から「超緊急」の電訓を受けた。それは「大統領の陛下宛親電を暗号に組んでいるから、到着しだい大至急に天皇に伝達するよう手配せよ」というのであった。グルーは、電報解説の所要時間を見計らい、夜中の十二時前後に東郷外相に面会を予約し、かくて十二時十五分の会見となった。東郷はコピー一部を受領するとともに、グルーの真夜中の謁見取り次ぎの切願を承諾した。日米和平の念に燃えていたグルーの眼は爛爛と光っていた。

東郷は、すぐに松平宮相に電話をして真夜中の謁見が可能かどうかを質すと、松平は政治上の問題は木戸内府を通す方がしかるべきであると答えたので、ただちに木戸に電話した。木戸の答えは「この重大問題に関しては、陛下は決して深夜の拝謁を御厭いにならぬと信ずるが、それについてはまず首相に一言相談するがよい」という注意であった。東郷が、陸相官邸に東條首相を訪ねたのは、八日午前一時五十八分であった。東條は、なにかアメリカから大譲歩でもして来たかね、と問うて、その親電の次第を知ると、すぐに時計を見て、

「いずれにしても、モウ何の役にも立たない。海軍の飛行機は、今ごろは母艦を発進して、真珠湾の上空に迫っているはずだ」

と告げた。初耳の外相は驚倒した。奇襲は比島への上陸戦と想像していたから。

事実、その時間には、いなその十五分前に、すなわち日本時間八日午前一時四十五分、淵田中佐の指揮する戦・爆・攻連合の第一次攻撃隊百八十三機は、空母「赤城」と「加賀」の甲板を離れ、真珠湾目がけていっせいに飛び去っていた。

が、東郷は親電を没にするわけには行かない。服装を正して参内したのは午前二時四十分であり、すぐに拝謁を賜わって、大統領電を詳しく御説明申し上げた。その最中、すなわち午前三時、嶋崎少佐の率いる第二次攻撃隊百六十七機は、爆音も高く母艦を発進していた。

天皇陛下は、最高度の緊張を以て、ルーズベルトの電報を一句も漏らさぬよう御聴取になった後、「さて今となってはいかなる返答をなすべきや」と御下問になった。東郷は、首相

と話し合った内容を御伝えし、極めて事務的の御回答をなされるのが適当かと存ずる旨を奉答して原文を作って御見せした。しかしその御親電は、おそらく太平洋に起こった大爆煙の陰に空しく消えてしまったことであろう。

十二月八日、日米戦争が奇襲を以て開始されることを知っていた者は極めて少ない。ましてそれが真珠湾攻撃であることを知っていた者は、海軍高級将校の中でも数えるほどしかいなかった。ましてアメリカには一人もいなかった。ルーズベルト大統領が、陛下の南部仏印増兵を制止されることを契機として、日米交渉の平和的転換を策した親電は、軍部が定めたタイム・リミットに間に合わなかった。文字どおり、ツー・レートであった。

8　誰が戦争の火つけ役か

支那事変と日独同盟はマッチと薪

もしも、世界の歴史が、一九四一年の八月にはじまったものと仮定するならば、戦争の張本人は、日本ではなくして、むしろアメリカであったと言って大きい間違いではない。英国の軍需大臣オリバー・リットルトンは、昭和十九年六月二十日、ロンドン商業会議所午餐会のテーブル・スピーチで、「日本が米国を戦争に追い込んだと言うのは歴史の狂言である。真実はその逆である。アメリカが、日本を真珠湾に誘い込んだと見る方が正しい」と述べて問題を起こしたことがある。

戦後に至っては、同じ趣旨の著書は幾冊も出版されている。なかには、ル大統領が、真珠湾奇襲を事前に知っておりながら、米国の参戦を理由づけるために、わざわざ眼をつぶって、日本に先制攻撃を演らせたのだ、と真実らしく書いている評論家も少なくないのだ。

いずれも、歴史を一九四一年（昭和十六年）の八月から起算しての論評であって、そのかぎりにおいては正鵠を射たものと言っていい。真綿で首を締められてきた日本は、とくに日本の軍閥は、秘蔵の武力を揮って一刀両断の挙に出ずる以外に、活路のないところまで追い詰められたからである。

まことに、A・B・C・D包囲陣――米・英・支・蘭の経済圧迫――は、日本の国家生活を脅かした。石油、ゴム、錫、ニッケル、米、マンガン等の必需物資が入らなくなったら、日本の生活はどうなるであろう。なかんずく、石油は死活の第一品であった。二十四ヵ年かかって備蓄した海軍の貯油は、一ヵ年で空になってしまう。陸軍の飛行機も戦車も、何ヵ月かで動かなくなってしまう。百万トンの大艦隊と、五十一個師団の大陸軍は、一ヵ年の後には、ショーウィンドウの玩具と化するのだ。その時に、何かの要求を突きつけられたら、たちまち平身低頭するほかはない。国防とは何ぞや。そうなる以前に、国の安定を確保することだ。その途は二つある。外交と戦争である。そうして、軍閥治下の日本は後者を択んだのであった。

その是非はすでに歴史が厳格なる判定を下しているが、日本がそこまで追い詰められ、ついに焦燥の一戦を冒すに至ったのは、A・B・C・D包囲陣と、石油の遮断が近因であったこと明白である。ゆえに、歴史がその年（昭和十六年）の夏から始まったとすれば、戦争の責任者は、米英であって日本ではない。

ところが歴史の起源は、不幸にしてその以前に実在した。満州事変に遡るのが本筋であるが、それはしばらく措くとして、少なくとも昭和十二年七月の支那事変は、戦争起源の第一日でなければならなかった。戦乱が全支に拡大するとともに、欧米諸国の権益は蹂躙され、その対支貿易は遮断されて物的損害をこうむること四ヵ年におよんだ。そのうえに、日本の行動を「侵略」と見るのが世界の一致した眼光であって、国際連盟の五十余ヵ国は、「支那に同情し、支那の戦力を弱らせないよう配慮する」旨を決議した。それは世界の援蔣行動の一種にほかならない。援蔣は、日本の間接の敵である。そのなかの実力者は米英であったから、したがってこの二大国と日本とは、そのときからすでに味方ではなかったのだ。少なくとも、昔のような親類交際の間柄とは程遠い関係に分離していたのだ。

さらに対外関係を別として、支那事変だけを見ても、日本の陸軍はこれを持て余し、自発的撤退方針（十五年三月の省部連合会議）まで有力となったところへ、ドイツの対仏英戦勝に会し、にわかに南方進出を思いつき（十五年七月）、これによって支那事変を第二次的舞台に置き去ろうと企てたところに、大戦争の魔がしのび入ったのだ。海軍の南進は「侵略」を意味しなかった。新たに出現した陸軍の南進は、その用兵の方式から見ても「占領」を必須とし、そこに戦争を誘発する危険をともなうのであった。支那事変は、日米戦争の遠因であったし、また近因の大なる一つでもあった。その撤兵問題が日米交渉の決裂を来たす直接の大なる理由となったからである。

それからさらに起源を縮めて、昭和十五年九月の日独伊三国同盟がある。それは、支那事変の表裏関係一般と並んで、日米戦争の一大根因を作り上げたものである。松岡外相は、これを以て「アメリカに対する日本の毅然たる態度を示す要具であって、これによってのみ彼を牽制して平和を保ち得る」と揚言したが、それは松岡の遁げ言葉か、あるいはそれが本心であったとすれば、決定的の見込み違いであった。アメリカは、これを以て「日本が敵の陣営に参加した」ものと確認し、心の中で、日本を味方から清算したのであった。

松岡が、この一大外交事業により、軍部と国民の間に手柄を売ろうとする政治的野心を企てたとする説は、当否半々であるが、日独同盟なるものが、陸軍年来の願望であったことは明白であり、第一次近衛内閣から平沼内閣にかけて、板垣陸相がいかに執拗に日独同盟を要求反覆したかは既述のとおりである。東條と沢田はこの同盟運動を自制することを申し合わせたが、ドイツに頼る陸軍の総意は不変であった。このハッキリとした背景なしには、松岡が、アメリカを見向きもしないで、一挙にベルリンに走る脱線をあえてしたかどうか、はなはだしく疑問である。

9　〝船腹〟喪失に大誤算

南部仏印で墓穴を掘った陸軍

支那事変および日独同盟と列んで、日米戦争の三大原因の一つが「南部仏印進駐」であったことは、一層明らかである。

その事情は再説の要はないが、昭和十六年七月には進駐の切迫した理由はなかったのだ。日本が少し譲歩すれば、日蘭協定は成立する見通しがついたのだが（六月芳沢報告）、日本は

「大国の名誉」のためにそれを蹴ったのである。それに乗じて軍部は「仏印との軍事関係強化」の国策要綱（四月策定）の実施を要求し、ついに進駐を実現したのだ。一つには、日本が逡巡していれば、英米の方が先手を打って南部仏印を占拠するかも知れぬという戦略判断も作用した。いささか、己れの心を以て他を疑うの譏りをまぬかれないが、とにかく当時の軍部は、そこまで深く戦争心理の中に呼吸していたのだ（事実は、英米にその意志は皆無であった）。

松岡は「南に手をつけると大事に至る」と言ったが、その含みは「対ソ攻撃即行」にあったので、ともに葬り去られた。もちろん、軍部も、南部仏印進駐が日米交渉の上に多少悪影響をおよぼすかも知れないとは思ったが、もとより「大事に至る」とは信じなかった。それはまことにフェータルな誤診であって、結果はたちまち大事に至った。一週間もたたない中に、対日石油の輸出禁止という無形の原子爆弾が投下された。軍部は愕然色を失った。が、しばらくして驚愕から醒めるや、反動的に拳を握って起ち上がった。油を失って日本が枯死するわけにはまいらぬ。交渉によってパイプの口を開くことができればいいが、できない場合には強奪に赴くほかはない。かくて、九月六日の御前会議となり、軍は対米戦争の道に一歩を踏み入れることになったのである。

陸軍は、南部仏印の地に己れの墓穴を掘った。海軍はその墓造りを手伝った。政治家はこれを制する能力を持たなかった。国論またしかり。かくて別荘を建てるつもりが墓地の造営と変じた悲劇の源は、南方への土地の選定を誤ったところにある。既述のごとく、陸軍は、十五年夏、ドイツの大勝により、英仏の屈服近しと見て、にわかに南進に急転し、揚句の果てが、墓地行となったのである。他力本願が人生の行路に示す教訓を、日本帝国の犠牲において演出したものにほかならない。

　さて、以上戦争の三大原因が、支那事変とくに撤兵問題、日独同盟、南部仏印進駐にあったことは異論がなかろうが、最後に、軍部は果たして対米戦争に勝算があると信じたかどうかが、何人も知りたい開戦決意の最後の謎であろう。十一月五日の第二次御前会議当時に至っては、軍部は、正確なる算盤よりも、もはや戦争による打開のほかに途なし、という観念の捕虜になっていた。

沈没と建造対比概観
500トン以上の船舶

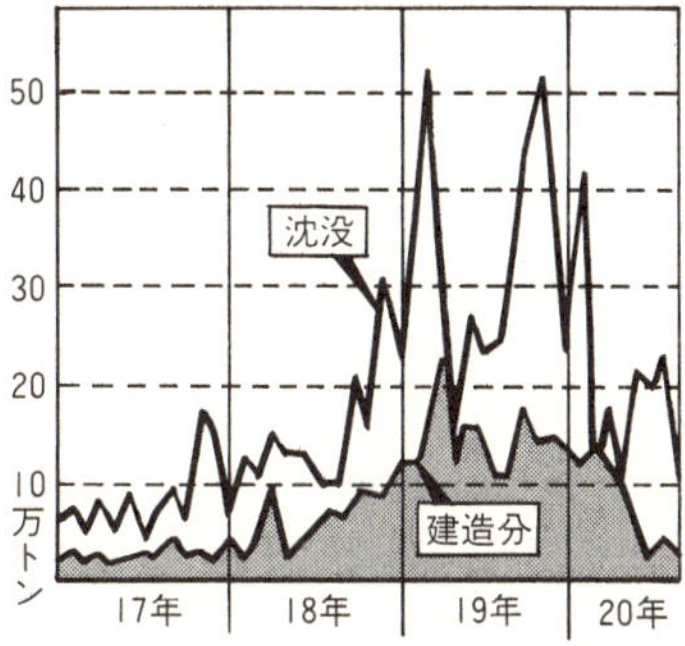

　しかしながらその場合においても、「敗北」が確実であると判断されたら、軍部もまた臥薪嘗膽の平和に赴いたであろう。その「判断」はどうであったか。緒戦は勝つが、二年三年以上の長期戦となったら勝敗の予想はどうか。その「判断」は不可能ではなかった。それは「船腹」であった。石油以下の戦略必需物資を、南方から輸送する船腹が保証されるかいなかが、数字の上に勝敗を判断し得る活きた資料であった。当時の日本は世界第二位の海運国で、所有航洋船舶六百万トン。年産六十万トンは可能であった。そうして陸海軍の戦時徴傭は三百十万トン（最初の半歳は四百九十万トン）を不可避とし、一方に民需船腹は最低三百万トンであった（昭和十六年の生産維持のた

め)。数字はハッキリしていた。ギリギリ一杯で出発する計算である。だから、もし戦時被害率が、百五十万とか二百万とかいう数字に上るとすれば、二年以上にわたる戦争は敗北が確実であって、いかなる主戦論者といえども屈従のほかはなかった。

すなわち和戦の鍵は、最後の段階にあっても、船腹の保証に懸かっていた。しかしてその保証は、一に戦時喪失量の推定によって定まるのであったが、主戦派はこれを少なく見積もり、避戦派は多く推算して争った。推定ではあるが、素人の盲目算ではなく、幾回か図上演習を行ない、英独の戦史、航路の関係、敵潜の実力、護衛力の消長などを勘案して算出したのであるが、十六年九月頃(近衛内閣)は、年損百五十万トン前後と推定されて長期戦は絶対見込みナシと判断されていたが、十一月になると(東條内閣)、それが約半分に削減され、第一年度の被害八十万トン、第二年度は六十万トン、第三年度は七十万トン、第四年度も大差なしと見積もられ、これならどうやら戦い得るという推定が成立した。

それがいかに楽観に失した酷い推算であったかは、次表を見れば一目瞭然である(単位一万トン)。

年間	被害予想	被害実数
第一年度	八〇	一二五
第二年度	六〇	二五六
第三年度	七〇	三四八
終八ヵ月	四〇(?)	一五〇

通商破壊戦と護衛戦の批判は別問題であるが、和戦の鍵を握っていた船腹喪失量の推定に

関して、多少の誤算は許されるとしても、四倍から五倍の大見込み違いをしていたのも、主戦の作意が介在していたと評されても弁解の辞はあるまい。推定者は玄人なのだから。

10　失敗に終わった事前通告

攻撃から一時間半の後に手渡す

船舶損耗量を過少に推算したのは、海軍の一部主戦派が陸軍に同調したことで、要するに、海軍が陸軍に引ッ張られた失敗の一面を語るものであった。海軍は自説を勇敢鮮明に主張せねばならなかった。陸海軍が五分に対立していたら悲惨なる戦争は起こらずにすんだのだ。歴史的大教訓である。

陸軍も昭和十六年の前半は、対米戦争を非常識と考え、日米交渉の成功を祈ることにおいて他省に劣らなかった。それが逆転して討米論に変じたのは、南部仏印進駐をとがめられ、石油の遮断を喰った後である。そうなると、四ヵ年余りの戦争生活に慣れた心理は、平和人が戦争を恐れる心理とは異なり、ものを武力的に解決する方向に急進する。しかしてすでに掌中にあった政治的支配力を駆使して戦争に突進したわけである。世界の文明国が軍国主義を排斥する理由を、身を以て証明したのであった。

軍国主義の活動は、現役陸軍大将が総理大臣に就任するにおよんで頂上に達したと考えられた。東條の任命は、じつは戦争回避の非常手段であったのだが、それは日本の宮中の手品であって、世界には通用しなかった。世界は、東條が撤兵反対を固執して近衛内閣を倒した張本人であること、および対米主戦派の頭目であったことを知っていたから、彼の首相就任を聞くや、危機いよいよ迫れりと痛感して戦備を急ぐことになったのだ。

戦後の歴史家は、アメリカが数年前から対日戦備を講じつつあったことを指摘し、したがって日米交渉のごときも、日本の武力発動を誘い出すための手段として行なわれたに過ぎないと判断するけれども、かかる謀略は、かりに事実があったとしても、全局中の一部分に過ぎなかったであろう。アメリカが、満州事変で一大衝撃を受け、ついで第二次ロンドン軍縮の破綻、つづいて日本の華府海軍協定廃棄、さらにまた日支事変という連続的の武力示威に対し、スターク提督の両洋艦隊案を以て対抗して来たことは周知の事実であった。日本がアメリカを想定敵国とするかぎり、彼もまた日本を想定敵として軍備作戦を練るのは自然の帰趨であって、その当時においてすでに広く認識されていたところであった。

いな、国際情勢に敏感なる識者の一派は、「日本が海上ではアメリカと競り合い、陸上ではソ連とにらみ合い、正面では支那大陸に大軍を送って暴れまわっている現状は、国家を累卵の危きに導くものである。やがて世界から袋叩きにあう日が来なければ幸甚である」と、ひそかに警告していたのであった。これは単なる杞憂ではなくして、日本が適時に反省しなければ、あるいは生起するかも知れない亡国的危険であったのだ。

ただ、アメリカもイギリスも、甚大なる血の犠牲において、是が非でも日本を叩こうと決意した証拠は、昭和十六年十一月までは確然とは存在しない。いずれにしても、ヒットラーは叩き伏せねばならぬ、日本の方はその上のこととして考えよう、といったところが本心であったろう。日米交渉で時を稼ぐやり方も、この観点から諒解されぬことはない。しかるに、日本の言動は急テンポを以て戦争の方向に驀進しつつあり、もはや外交で様子を見る手法も限界に達したことを観念し、にわかに戦争準備の歩をはやめるに至ったのが、事態の真相である。

十一月に入っては、わが国の避戦派の軍人中にも、「ジッとしていたら逆にやられるのではないか」という心痛が訴えられるようになった。そこへ、唯一の頼みとした日米交渉が、ハル・ノートによって半ば絶望を宣せられた。くわうるに、米英の戦備は現実に眼前に迫ってきた。このままで来年三、五月にもなれば、彼は兵力増強、われは石油漸減、手も足も出ない惨状におちいる。今は、十二月初頭の奇襲攻撃のみが、危局を打開する唯一の方法であると断ぜられた。

実際を見れば、当時の作戦準備は、日本の十に対して、米英は三か四の程度しかできていなかったが、有史稀なる渡洋大攻勢を、必勝の確算において実施するためには、「奇襲」が絶対の要件であった。そこで、攻撃実施の前に外交打ち切りを通告するその時間の間隔について、東郷外相と伊藤軍令部次長との間に数回の議論を重ね、結局、攻撃の三十分前、すなわちワシントン時間十二月七日午後一時（東京時間で八日午前三時）、国務長官に通達されることになった。

史上稀なる短時間の事前通告である。果たせるかな、電信翻訳に時を費やし、一時間半近く遅れてしまった。野村と来栖が国務長官の部屋に飛び込んだときは、ハルはわが航空隊の真珠湾攻撃の戦況をラジオで聞いている最中であった。奇襲は歴史的成功を収めたが、国際法の通則は痛々しく破られる結果となった。かつて日露開戦時のわが対露通牒が、外交文書の御手本として、英国外務省の若い外交官の教材に使われていた誇りは、いまや微塵に散り去った。

ハルは、覚書を読み終わって、「このような大仕掛けの恥ずべき虚言と歪曲とに満ちた文書を作成することは、地球上のいかなる国家といえども想像もおよばないであろう」と憤った。二人の大使は、沈黙したまま、ただ握手を交わして、急ぎ己が官邸に帰った。

11 「実力者」針路を誤る
一度は〝世界を敵として〟

顧みるに昭和十六年の晩秋に至っては、日本はすでに戦争の気構えにあえいでいた。政界の一流人物であった島田俊雄が「政府は道草を喰っていては困る。アメリカ政府首脳者の心の癌にメスを入れねばならぬ時期はすでに熟している。これは全国民の要求である」旨を叫んだのは（十一月十八日議会演説）、偽りのない国民大多数の意思を代弁したものであった。

日本人の心は傲っていた。まさに自惚れていた。もちろん、今日とは違って、国力は相当のものであり、総合戦力において世界の第三位から五位の間にあった。少なくとも大東亜においては、傑出した第一位の民族として君臨していた。経済力の根が浅く、国民の平均教養も不足ではあったろうが、一番勝負をすればあるいは優勝するかも知れないほどの武力を備えていた。その大帝国日本が、支那大陸で足を縛られ、いままたアメリカから首を締められそうになったとき、その最後の打開策として決意一番したものが、「戦争」であったことは、軍人が政治を指導する場合の自然の帰結であった。

いまかりにルーズベルトの天皇陛下宛親電が間に合い、陸下が南部仏印増兵の中止を命令されて、第三次和平交渉のスタートを切られたとしたら、国内は治まったであろうか。革命か、内乱か、いずれにしても、稀有の国内擾乱が勃発したであろうとは、多くの批評家が真面目に回顧想定するところである。日本は、もはや、そこまで行ってしまっていたのだ。国民を引きずったのはもちろん軍部であるが、終わりには、軍部の方が国論に引きずられるような形勢をさえ馴致していたのだ。ここに至っては、だれが戦争を主唱したとか、誘導したとかいう個人の問題ではない。個人はただ、渦巻く全国的奔流の中で泳いでいたというに過ぎないであろう。それがいわゆる「勢い」であった。

「いかなる大政治家といえども、一人で国内の大勢を動かすことはできぬ」という諺が英国にある。おそらく天下の真理であろう。しからば、大政治家とは縁の遠い東條英機が、いかに悪戦苦闘したとしても、大勢を覆すことのできなかったのは当然でなければならない。

ところが、ただひとり、この大勢を覆し得るものが日本にあった。それは軍部であった。すなわち陸軍省と参謀本部の首脳部が結束し、日米戦争の亡国的危険を反省し、また天皇の聖慮を顧み、真勇果断、軍の面子にかかわらず、戦争を否定して臥薪の平和を主唱する時にのみ、日米戦争は抑制することができたのである。かりに明治軍閥をしてその地位にあらしめたならば、大山や児玉は、政治家の平和外交を支持し、部内を統制し、「陸軍の面子のためよりも、国家国民の幸福のために」その針路を定めたであろうことを疑わない。惜しむべし、陸に大山・児玉なく、海に山本・加藤なく、天晴れ開国七十年にして世界の一流にまで築き上げた大日本帝国を、一朝にして第三流か四流かの小島国に転落させることになったのだ。

軍国主義が民主主義に改まったことは、意外の大儲けである。しかしながら、漸増する人口に対して領土のバランスを喪った悩みは、おそらくは永久に日本を苦しめるであろうし、そこに戦争の大損失は歴史の上に消えることはない。

以上、昭和軍閥の形成と、その十年間の歩みと、戦争発起の真相とは、大要をつくし得たと思う。が、その間に読者が判定されるであろうごとく、戦争責任の全部を陸軍のみに帰するのは公平でない。海軍もその一部を負担すべきはもちろん、政治家も、政党も、言論界も、またその他の階層も、多かれ少なかれ、その責を分担せねばならない。ただ、軍閥が実際の政治勢力であったこと、さらに、最後の戦争の危機を救い得た唯一の実力者であったこと、ならびに支那事変、日独同盟、南進という戦争の三大原因と最も深い関連を持っていた事実等に徴し、敗国の主人を陸軍に求めるのは、史家はもちろん、心ある陸軍将星の等しく是認するところであろう。

しかしながら敗戦からすでに十三年、いつまでも古きを責め、過ぎしを嘆いているのは、復興を生命とする民族の能ではあるまい。過失を繰り返さない反省と用意とはもとより絶対の要であるが、昭和十六年十二月には、世界を敵として起ったこともある一大民族の姿を顧みることも、再生への心の糧でなければなるまい。

今は賠償を払っているが、東洋において独立した十個の民族国家は、日本の戦争がなかったならば、今日なお多くは被搾取国の旧態に呻吟していたのではなかろうか。単なる結果には過ぎないとしても、日本の当時の実力がもたらした輝かしい人類解放の史実は忘却してはならない。侵略もとより不可。軍国主義またしかり。ただ、それらの断禁事を芟除して、単に、日本がかつてあったように、隣国と対等に口がきける国家に復活し、また、世界一のストライキ常習国だなぞと嗤われない国に改まることは、この三巻の興亡史に現われた民族成長の史実から見て決して不可能ではあるまい——と、いくたびか黙想し、切にそれを祈りつつこの文を終わる。

〔第三巻・了〕

単行本　昭和三十三年十二月　文藝春秋新社刊

NF文庫

軍閥興亡史〈第三巻〉　新装版

二〇一七年一月十五日　印刷
二〇一七年一月二十一日　発行

著　者　伊藤正徳
発行者　高城直一
発行所　株式会社潮書房光人社
〒102-0073　東京都千代田区九段北一-九-十一
振替／〇〇一七〇-六-五四六九三
電話／〇三-三二六五-一八六四(代)
印刷所　慶昌堂印刷株式会社
製本所　東　京　美　術　紙　工
定価はカバーに表示してあります
乱丁・落丁のものはお取りかえ
致します。本文は中性紙を使用

ISBN978-4-7698-2990-4　C0195
http://www.kojinsha.co.jp

ＮＦ文庫

刊行のことば

第二次世界大戦の戦火が熄《や》んで五〇年――その間、小社は夥しい数の戦争の記録を渉猟し、発掘し、常に公正なる立場を貫いて書誌とし、大方の絶讃を博して今日に及ぶが、その源は、散華された世代への熱き思い入れであり、同時に、その記録を誌して平和の礎とし、後世に伝えんとするにある。

小社の出版物は、戦記、伝記、文学、エッセイ、写真集、その他、すでに一、〇〇〇点を越え、加えて戦後五〇年になんなんとするを契機として、「光人社ＮＦ（ノンフィクション）文庫」を創刊して、読者諸賢の熱烈要望におこたえする次第である。人生のバイブルとして、心弱きときの活性の糧《かて》として、散華の世代からの感動の肉声に、あなたもぜひ、耳を傾けて下さい。